民國歷史與文化研究

十八編

第 **16** 冊

胡先驌年譜
（第六冊）

胡 啟 鵬 著

花木蘭文化事業有限公司

國家圖書館出版品預行編目資料

胡先驌年譜（第六冊）／胡啟鵬 著 -- 初版 -- 新北市：花木
蘭文化事業有限公司，2024〔民 113〕
目 4+290 面；19×26 公分
（民國歷史與文化研究 十八編；第 16 冊）
ISBN 978-626-344-645-8（精裝）
1.CST：胡先驌 2.CST：年譜
628.08 112022508

ISBN-978-626-344-645-8

9 786263 446458

民國歷史與文化研究
十八編 第十六冊 ISBN：978-626-344-645-8

胡先驌年譜
（第六冊）

作　　者　胡啟鵬
總 編 輯　杜潔祥
副總編輯　楊嘉樂
編輯主任　許郁翎
編　　輯　潘玟靜、蔡正宣　美術編輯　陳逸婷
出　　版　花木蘭文化事業有限公司
發 行 人　高小娟
聯絡地址　235　新北市中和區中安街七二號十三樓
　　　　　電話：02-2923-1455／傳真：02-2923-1452
網　　址　http://www.huamulan.tw 信箱 service@huamulans.com
印　　刷　普羅文化出版廣告事業
初　　版　2024 年 3 月
定　　價　十八編 22 冊（精裝）新台幣 55,000 元　　版權所有・請勿翻印

胡先驌年譜
（第六冊）

胡啟鵬　著

目

次

第一冊

凡　例

前　言 ……………………………………………………… 1

名　言 ……………………………………………………… 5

名人論胡先驌 ……………………………………………… 7

胡先驌年譜 ………………………………………………… 11

　身世 ……………………………………………………… 11

　清光緒二十年甲午（1894）一歲 ……………………… 30

　清光緒二十一年乙未（1895）二歲 …………………… 33

　清光緒二十二年丙申（1896）三歲 …………………… 34

　清光緒二十三年丁酉（1897）四歲 …………………… 34

　清光緒二十四年戊戌（1898）五歲 …………………… 35

　清光緒二十五年己亥（1899）六歲 …………………… 36

　清光緒二十六年庚子（1900）七歲 …………………… 37

　清光緒二十七年辛丑（1901）八歲 …………………… 39

　清光緒二十八年壬寅（1902）九歲 …………………… 40

　清光緒二十九年癸卯（1903）十歲 …………………… 41

　清光緒三十年甲辰（1904）十一歲 …………………… 41

　清光緒三十一年乙巳（1905）十二歲 ………………… 42

清光緒三十二年丙午（1906）十三歲……………44

清光緒三十三年丁未（1907）十四歲……………45

清光緒三十四年戊申（1908）十五歲……………46

清宣統元年己酉（1909）十六歲…………………48

清宣統二年庚戌（1910）十七歲…………………49

清宣統三年辛亥（1911）十八歲…………………50

民國元年壬子（1912）十九歲……………………51

民國二年癸丑（1913）二十歲……………………55

民國三年甲寅（1914）二十一歲…………………57

民國四年乙卯（1915）二十二歲…………………65

民國五年丙辰（1916）二十三歲…………………74

民國六年丁巳（1917）二十四歲…………………84

民國七年戊午（1918）二十五歲…………………91

民國八年己未（1919）二十六歲…………………97

民國九年庚申（1920）二十七歲…………………116

民國十年辛酉（1921）二十八歲…………………167

民國十一年壬戌（1922）二十九歲………………186

第二冊

民國十二年癸亥（1923）三十歲…………………241

民國十三年甲子（1924）三十一歲………………278

民國十四年乙丑（1925）三十二歲………………296

民國十五年丙寅（1926）三十三歲………………316

民國十六年丁卯（1927）三十四歲………………351

民國十七年戊辰（1928）三十五歲………………375

民國十八年己巳（1929）三十六歲………………402

民國十九年庚午（1930）三十七歲………………422

民國二十年辛未（1931）三十八歲………………460

第三冊

民國二十一年壬申（1932）三十九歲……………499

民國二十二年癸酉（1933）四十歲………………543

民國二十三年甲戌（1934）四十一歲……………… 603
民國二十四年乙亥（1935）四十二歲……………… 695

第四冊

民國二十五年丙子（1936）四十三歲……………… 747
民國二十六年丁丑（1937）四十四歲……………… 813
民國二十七年戊寅（1938）四十五歲……………… 864
民國二十八年己卯（1939）四十六歲……………… 886
民國二十九年庚辰（1940）四十七歲……………… 908

第五冊

民國三十年辛巳（1941）四十八歲 ……………… 1005
民國三十一年壬午（1942）四十九歲……………… 1140

第六冊

民國三十二年癸未（1943）五十歲 ……………… 1287
民國三十三年甲申（1944）五十一歲……………… 1402
民國三十四年乙酉（1945）五十二歲……………… 1447

第七冊

民國三十五年丙戌（1946）五十三歲……………… 1577
民國三十六年丁亥（1947）五十四歲…………… 1711

第八冊

民國三十七年戊子（1948）五十五歲…………… 1821
1949 年（己丑）五十六歲……………………… 1970

第九冊

1950 年（庚寅）五十七歲……………………… 2003
1951 年（辛卯）五十八歲……………………… 2113
1952 年（壬辰）五十九歲……………………… 2153
1953 年（癸巳）六十歲………………………… 2167
1954 年（甲午）六十一歲……………………… 2175
1955 年（乙未）六十二歲……………………… 2206

第十冊

1956 年（丙申）六十三歲 ……………………………… 2245

1957 年（丁酉）六十四歲 ……………………………… 2302

1958 年（戊戌）六十五歲 ……………………………… 2335

1959 年（己亥）六十六歲 ……………………………… 2393

1960 年（庚子）六十七歲 ……………………………… 2402

1961 年（辛丑）六十八歲 ……………………………… 2413

1962 年（壬寅）六十九歲 ……………………………… 2435

1963 年（癸卯）七十歲 ………………………………… 2453

1964 年（甲辰）七十一歲 ……………………………… 2472

第十一冊

1965 年（乙巳）七十二歲 ……………………………… 2501

1966 年（丙午）七十三歲 ……………………………… 2539

1967 年（丁未）七十四歲 ……………………………… 2542

1968 年（戊申）七十五歲 ……………………………… 2544

譜後 …………………………………………………… 2546

附錄一：胡家玉資料 …………………………………… 2623

第十二冊

附錄二：胡湘林資料 …………………………………… 2687

附錄三：胡承弼資料 …………………………………… 2721

參考文獻 ……………………………………………… 2727

補遺一 ………………………………………………… 2755

補遺二 ………………………………………………… 2809

後　記 ………………………………………………… 2889

民國三十二年癸未（1943） 五十歲

1月1日，中正大學顯微學社舉行第一次學術演講。

　　顯微學社成立後，一方面邀請名流演講，砥礪學生氣節。第一講邀請胡先驌作題為「如何砥礪氣節？」演講。胡先驌鼓勵學生為國為民為社會犧牲，希望繼續將姚名達發揚光大。〔註1564〕

1月3日，蔣介石致陳立夫信函。

　　蔣介石給陳立夫1943年1月3日的信中也說，中正大學「行政不良」需「切實整頓」。〔註1565〕

胡先驌墨蹟

1月3日，蔣介石要求教育部物色校長人選。

　　早在1943年1月初時，蔣介石就已萌生撤換胡先驌的想法，

〔註1564〕《本校顯微學社舉行第一次學術演講》，《國立中正大學校刊》第3卷第7，1943年1月1日，第11、12頁。高志軍著《政治與教育的互動：國立中正大學研究》，2021年12月華中師範大學博士學位論文，第101頁。
〔註1565〕《軍事委員會委員長蔣中正指示陳立夫為據報中山中正大學內部腐敗行政不良希整頓改進》（1943年1月3日），臺北「國史館」藏，國民政府／總類／史料管理／先總統蔣公，蔣中正手令及批示（三），典藏號：001-016142-00010-002.高志軍著《政治與教育的互動：國立中正大學研究》，2021年12月華中師範大學博士學位論文，第177頁。

要求教育部長陳立夫物色得力人選代胡：「現任校長關於行政難期有所進，希即遴選幹員前往接替，切實整頓為要。如何辦理，並希詳報。一月三日。」〔註1566〕

1月6日，胡先驌致楊綽庵信函。

綽庵吾兄廳長勛鑒：

本校科學館早經落成，各種標本亦在採集製造中，所需陳列櫥櫃經商承商允購置、無任感荷、茲本校農學院依據標本種類，繪具各式櫥櫃圖樣，送經江西省教用品廠估價完竣，計需國幣二萬二千九百一十八元，現因此項櫥櫃亟需應用，特將預繪圖樣及估價單送請吾兄，惠允訂製或撥款由本校代辦亦可。惟所用材料須選極乾燥之上等樟木，並希察照為荷。

　　專此敬頌

勛鑒

　　　　　　　　　　　　　　　弟　胡先驌　拜啟

　　　　　　　　　　　　　　　一月六日（1943年）〔註1567〕

1月7日，胡先驌致建設廳楊綽庵信函。

　　函文：綽庵廳長吾兄勛鑒，本校科學館早經落成，各種標本亦在採集製造中，所需陳列櫥櫃經商承吾兄面允購置。茲由本校農學院依據標本種類繪具各式櫥櫃圖樣送經江西省教育用品廠估價完竣，計需國幣二萬二千九百一十八元，現因此項櫥櫃亟需應用，特將所繪圖樣及估價卑送吾兄惠允訂製撥用或撥款由本校代辦亦可，唯所用材料須選極乾燥之上等樟木，並希謄照為荷……

　　（鄭瑤先生提供）〔註1568〕

〔註1566〕《軍事委員會委員長蔣中正指示陳立夫為據報中山中正大學內部腐敗行政不良希整頓改進》（1943年1月3日），臺北「國史館」藏，國民政府／總類／史料管理／先總統蔣公，蔣中正手令及批示（三），典藏號：001-016142-00010-02。高志軍著《政治與教育的互動：國立中正大學研究》，2021年12月華中師範大學博士學位論文，第163頁。
〔註1567〕《胡先驌全集》（初稿）第十七卷下中文書信卷，第446頁。
〔註1568〕江西檔案館，檔號：J037-1-01002-0170。

1月11日，中正大學農學院為學生申請獎學金。

　　國立中正大學呈送本校三十一年度上學期申請學生名冊。中正大學農學院為五位學生申請「林主席暨中正獎學金」，分別是森林系的黃律先和龔景遂、農藝系的劉松泉和董仁恕、畜牧獸醫系的鍾紹周。〔註1569〕

1月12日，周拾祿致胡先驌信函。

　　函文：據本院農藝系函稱，查本校附近（杏嶺腳下）居民，十之八九均以農業為生，農田水利年久失修，稍遇旱澇，即遭荒歉，考其中水溝關係最大者，即上自曾村往泰和小路之石橋起，下至本校學生宿舍往泰和小路之石橋止，中間原有水溝一道，溝身既狹，溝底又淺，每當夏季暴雨之際，山洪暴發，溝身容量太小，排水不及，常時演成洪水橫流，兩旁千餘畝之禾田，遂遭浸沒，其損失誠有不堪設想者關：本場場地亦坐落於該水溝之北岸，所有地中種植之試驗作物，以及供學生實驗之材料，關係重大，常凜於洪水之為害，凡此均與本場附近農民有切膚利害之關係，不可不加修濬，然與修水利非局部工作，亦非一兩人之力所能奏效，際茲農閒之際，適手與修水利之時，設請函請校長室致函本省水利局及泰和縣政府，及時派員來此勘查水道，安置涵洞，及徵發與此水利有關之民工，從速修濬，利莫大焉。

　　（鄭瑤先生提供）〔註1570〕

1月14日，中正大學致教育部信函。

　　從1943年1月14日正大回函教育部的函電中，可窺正大心境。電文如下：「前奉鈞部來電，令今年取消分校，本應遵辦，然困難滋多。蓋分校有房屋數十幢、租金只三萬元。去秋所招新生有三百餘人，今秋招生當不在此數。本擬將二年級生遷回本校，而新生仍在分校上課，如此或可減少建築經費。若取消分校則須添建八百餘生

〔註1569〕鄭瑤著《繼往開來責在斯——國立中正大學農學院研究（1940～1949）》，2019年江西師範大學碩士研究生學位論文，第84頁。
〔註1570〕江西檔案館，檔號：J037-1-00700-0008。

住宅，膳廳及三十餘家教職員住宅。度非今年建設費所許。故擬於卅三年秋季始行取消分校，則不至無法應付。而經常費方面所增有限。只有在總預算中統籌也。此種內情，當乞核允為感。今年秋間擬赴都述職，並面聆訓誨。今年預算緊縮在在，捉襟見肘，如何維持，大是問題。但當黽勉公期，無隕越秋後，面謁時甚望我公尚有補助之道」。由此可見，正大不願撤銷贛校分校的原因在於：1. 贛縣房屋租金低廉。如遷回泰和建築費高昂，不能負擔。2. 預算處處緊縮，如何維持學校運轉成為一大難題，若遷泰和經費緊張態勢必會有增無減。〔註1571〕

1月14日，中正大學致教育部信函。

　　1943年，在經費「羅掘俱窮」「十萬火急」的情況下，校當局要求追加預算費用。在戰時該校緊急事務頻仍發生，自身又無力解決的情況下，事實上加深了中正大學對教育部的依附。〔註1572〕

1月18日，蔣經國大力支持中正大學龍嶺分校。

　　其次是經濟上的援助。師生貧困化是戰時大學面臨的普遍問題。蔣經國對此做出一定回應。對家在淪陷區，經濟斷絕確實貧困的學生，經分校與蔣經國商洽，蔣同意撥款5000元救濟該生。1943年1月18日，正大為此還發布布告，作出過嚴正宣布。〔註1573〕）蔣經

〔註1571〕《國立中正大學概覽校歷及中山文化教育館十週年工作概況以及呈報校務工作計劃報告之有關文書》（194103～194812），中國第二歷史檔案館藏，全宗號五，案卷號5534，第67、77頁。由《為函復該校贛縣分校仍應於本年暑假前遷回本校由》（1943年3月6日），《國立中正大學有關遷校及借用校舍的文書及農學院儀器標本目錄》（194206～194508），中國第二歷史檔案館藏，全宗號五，案卷號5330，第15頁：「一月十四日大函及匯寄三民主義研究集均已奉悉」一語，可斷為1943年。高志軍著《政治與教育的互動：國立中正大學研究》，2021年12月華中師範大學博士學位論文，第169～170頁。

〔註1572〕《懇即匯款濟急》（1943年1月14日），《中正大學戰區生自費生請領補助費膳食貸金名冊及相關文書》（194112～194211），中國第二歷史檔案館藏，全宗號五，案卷號3777（3），第67頁。高志軍著《政治與教育的互動：國立中正大學研究》，2021年12月華中師範大學博士學位論文，第120頁。

〔註1573〕《校務主任室關於舉行第七次國父紀念周、召開廢除不平等條約慶祝髮等6

國為紀念其生母毛氏,「專事收容教養貧苦失學兒童及從淪陷區逃出來的流浪兒童」而設的贛南廣慈博愛院,〔註1574〕也曾向分校伸出援手。該院「俯念學生艱困」,惠撥正大1萬5千元以為救濟費。該項經費本擬照1942年辦法通知學生申請,然蔣經國念及「學生膳食營養不足」,為此還特「蒞校關垂」。於是正大將這筆費用改作學生營養補助費,「由學生膳食委員會每星期具領一千二百五十元,自辦菜蔬加餐一次,俾能增加全校學生營養」。〔註1575〕最後是戰局演變,多請蔣經代為國關照。1944年6月時局緊張,江西省政府敦勸正大疏散。正大為此於6月16日致函教育部請示遷校情形。〔註1576〕同日,正大接教育部通知,稱:「函贛縣遷移與蔣專員洽商」。〔註1577〕6月29日,蔣經國所轄搶糧船隻駛至泰和時為江西省建設廳所扣。這批船上,就裝有中正大學的儀器藥品。蔣經國特函建設廳時,特別指出將藥品儀器「分裝帶下」。〔註1578〕1942年初,江西戰局不穩,新到任的教育部長朱家驊「陳」規「朱」隨,毅然委託蔣經國擔負起正大贛縣先修班幼稚師範的「照料墊款應變」工作。〔註1579〕

1月19日,胡先驌致江西省水利局、泰和縣政府信函。

項的布告》(1943年1月18日),江西省檔案館藏,檔號:J037-1-00581-0023。

〔註1574〕 胡越一:《蔣經國在贛南》,《文史資料選輯》編輯部編:《文史資料選輯合訂本》第28卷,第81~83輯,北京:中國文史出版社,2000年,第163頁。

〔註1575〕 《承撥學生救濟費擬表數撥作補助學生營養之用函請查照備案由》(1943年12月29日),江西省檔案館藏,檔號:J037-1-01079-0107。

〔註1576〕 《中正大學現金出納表領款收據經費累計表等各類會計表文書》(194205~194504),中國第二歷史檔案館藏,全宗號五,案卷號3763(1),第111頁。

〔註1577〕 《密》(1944年6月16日),《中正大學現金出納表領款收據經費累計表等各類會計表文書》(194205~194504),中國第二歷史檔案館藏,全宗號五,案卷號3763(1),第109頁。

〔註1578〕 《贛縣蔣經國關於本區搶糧船駛至泰和被扣留請轉飭放行並懇予各船內將中正大學儀器藥品分裝帶下的代電》(1944年6月29日),江西省檔案館藏,檔號:J045-1-00694-0111。

〔註1579〕 《電報處理各校院疏散遷惟口請速匯款濟急》(1945年2月21日),《中正大學歲出概算書由江西寧都遷至南昌修建經費概算等文書》(194008~194505),中國第二歷史檔案館藏,全宗號五,案卷號3763(3),第124頁。高志軍著《政治與教育的互動:國立中正大學研究》,2021年12月華中師範大學博士學位論文,第167~168頁。

函文大致內容：案據本校農學院轉據農藝系函稱「查本校附近農田水利亟待修濬……」等情，茲經本校水利學教授何正森擬就疏濬水溝辦法及繪具簡圖各一份隨函送達，請察核辦理由。

（鄭瑤先生提供）〔註1580〕

1月21日，《敬悼熊純如先生》文章在《江西民國日報》所刊「江西各界追悼熊純如先生大會特刊」發表。摘錄如下：

監察院監察委員心遠中學校長熊純如先生，於民國三十一年十一月十九日以疾逝於寧都心遠中學分校，享壽七十有四。噩耗傳來，遐邇震駭，唁電交馳。政府悼念勳舊之凋謝，特頒明令褒揚，檢察院同官及行都友好與門人弟子，先後舉行公祭及追悼會。今日江西省政府、江西省黨部、江西省參議會、皖贛監察使署、國立中正大學及旅泰之友好與門人復於泰和舉行追悼大會，皆所以紀念一代之耆宿，公誼私恩，畢萃於此矣。驌與先生相知逾二十五年，雖未北向受業，而敬佩之忱，二十五年如一日。

丁茲追悼之辰，敢不以平素蠡測碩德之所見，以告諸故鄉之父老昆弟。純如先生一生以樂育英才為職志，其事蹟為婦孺所熟知，無庸贅述。初期辦學，已開風氣之先，嗣後創辦心遠中學，人才輩出，熊氏子弟尤多儁才。嘗憶民國元年江西都督李公協和遴拔俊士出國留學，心遠中學學生獲儁者多人，至李公召見之日，相見輒問是否肄業於心遠。既而主持第二中學校，學風學業甲於全省，作育英才之多，一如在心遠時。如清華大學理學院院長吳有訓博士有聲於國際物理學界，即其一也。驌之晉接先生，在民國五年自美國歸來之後，雖曾與其哲嗣雨生兄在美國同學，然前此並未識先生也。先生歸故里，即邀至心遠及二中任課，於是承先生馨欬之時漸多，而知先生之德業亦漸稔。先生待人一秉至誠，教育事業為其畢生心力之所寄，視僚友如昆弟，視學生如子侄，聞人一善，每稱述不去口。平日畜手冊，廣識平生知交或英俊少年之性情才智，以為延譽或作育之參考。故鄉人士多歸之，其育化之所被固不僅限於及門之弟子也。

先生平生服膺王船山、曾文正公、胡文忠公及郭筠仙侍郎。蓋

〔註1580〕江西檔案館，檔號：J037-1-00700-0007。

先生之興學，實以經世為職志也。清季以淹貫中西學術為舉國所響風者，首推嚴幾道先生。先生早歲委贄為弟子，十餘年中，為學術政事，先生與嚴先生質疑問難，函問往復，幾無虛日。嚴先生亦竭其所知以相詔告，積之日久，書札逾千百通。驌曾擷其菁華，刊布於《學衡》雜誌中，此實近代學術界中一大事也。惜先生致嚴先生之書札，未曾寓目，未知尚存於天壤之間否？苟得以刊布之，則先生愛國之忱，論學之慨，可以昭示後世矣。

先生當師事嚴先生時，對於時政不取躁進，然亦畢讀總理之著作，服膺三民主義。清室以紈綺親貴當國，義旗一舉，形同瓦解，先生即首贊革命，主持教育，功績爛然。民十以後，恫於軍閥之橫恣，國勢之阽危，乃以六十高年，響應國民革命。一日召集心遠及第二中學兩校師生，公開討論加入國民黨，致為鄧如琢氏所忌，望門投止，有如張儉。非此大仁大勇過人，孰克臻此？故總裁蔣公克南昌後，即舉先生參省政也。

先生在省政及建設廳時，對於省政之因革，忠言讜論，曲盡至誠，無所顧忌，尤忠於黨。時異黨方謀篡取政權，故尤忌先生。及變作，李公協和出走，異黨乃置先生於獄。其時人心之險詐，波譎雲詭，匪夷所思，即如先生之門下士吳某，平日素賴先生為之提薦，至是竟投井下石，期免嫌而攘功。迨匪亂既平，政府裁吳某從匪之罪，而先生反為之緩頰，大儒與小人賢否之差有如此者，故時人益佩先生之盛德焉。

迨後政府以先生為黨中耆宿，而公忠為國之心，老而不衰，是宜掌風憲，乃任先生為監察委員。十餘年來，對於國政多所獻替，年益高而望益隆。然先生每憮然以為從政復不能專志於教育，心遠大學以亂中輟，而竟不能復振，屢引以為大憾然心遠中學以付託有人，先生雖遠居京都，其精神所感，猶若親在其左右。至二十六年，先生以年七十請歸政，乃返里，仍主心遠，直至薨逝之日，蓋先生以心遠中學為其終身事業也。

先生之質樸真誠，可於一小事見之。先生雖績學而不尚浮華。平生不善書法，而喜臨池，時時以油紙臨摹不休，至耄年猶不輟也。平生喜下問而有卓見，不為浮言所動，言行率以古聖賢為則，稱述

曾、胡不去口，不直時尚，邪說詭言直斥之不稍諱。朋而不黨，雖久主黨務而不為私計，故數為僉壬所乘，而不懼不悔，蓋得力於船山乾剛中正之訓者深矣。

山頹木壞，哲人其萎。然君子之澤，乃於五世。矧一代師儒，其教澤所及，至深且遠。今政府以總理所創之三民主義建國，揭櫫歷聖相傳之誠正修齊治平之一貫大道，以四維八德為建國之基，與先生畢生誨人與實踐之主張吻合，則其德化之被於鄉里後生者，寧有涯涘？先生之靈其將永憑依於庠序中矣。〔註 1581〕

1 月初，胡先驌應教育部之邀請，進行文化外事交流活動，他特請中正大學名譽美術教授胡獻雅先生，為國立中正大學畫了兩幅國畫，分贈美英兩國首腦。送美國總統羅斯福的是《神鷹》，送英國首相邱吉爾的是《紅梅》。除作者署名外，胡先驌特以大學校長親筆題款，以示鄭重。兩幅畫是由美英兩國駐重慶使館轉送的（據說《紅梅》現藏大英博物館），當時重慶《中央日報》和路透社、美聯社等報刊都為此發表新聞，報導這一國際文化活動。胡先驌撰文如下：

羅斯福總統、丘吉爾首相：閣下主持正義力抗強權，為人類謀幸福，為國際求和平，本校員生同深欽佩，茲由驌敬贈，校名譽藝術教授胡獻雅所繪畫國畫神鷹、國花各一幅。以寓神鷹傳擘，小鬼優群；國畫春回，孤標絕世。立意伏新，哂納籍留念，專此敬頌。

1943 年 2 月 9 日。

1 月 22 日，國立中正大學校長胡先驌致楊惟義信函。

聘楊惟義先生兼社會教育推行委員會委員。

（鄭瑤先生提供）〔註 1582〕

1 月 24 日，秉志復任鴻雋信涵。

叔元吾兄如晤：

十二月一日尊函已拜悉，弟以示丕可。弟等二人曾於兩周前奉上一函，未審何日得達。還鄉之計，弟與丕可斟酌再四，均以為攜眷而歸，家口甚眾，所費實多不貲，單身前往，所獲工資不足以事

〔註 1581〕 胡宗剛撰《胡先驌先生年譜長編》，江西教育出版社，2008 年 2 月版，第 331～332 頁。

〔註 1582〕 江西檔案館，檔號：J037-1-00035-0017。

俯畜家，在在勢必陷於絕境；且弟等每日做工，在此猶可進行，一還鄉所作者必被迫而放棄。弟等現乘此際將根基充實，以為來日之助；且目下各有所纂述，異日後可以貢獻於世。與其長途跋涉，耗費鉅資，何如忍痛受苦，爭扎一時。遂決定將計〔劃〕暫行擱起。上次一函已略言此點，想在洞悉之中也。

弟以尊函示洪芬，據云渠處無有收入，未能找撥，因此之故，丕可與弟不得不向垚生處商洽，渠為弟等籌一萬元（弟已備五千，其餘仍存渠處）。垚生謂渠已兩次函尚君，以便尊處與之接洽，或者尚君已通知尊處矣。

弟等在此生活，所需實難言其定，若為物價變化無常，只得以最經濟之辦法應付之，俟每年六月將其數報告尊處，倘於弟等正常工資之外，惠予津貼，俾得償清所貸之款，則弟等將工資以為生活者，不至負債終其身，天長地久無力清償，其為感激當何如乎！

再者，弟之研究，在振談進行，彼處朋友甚願幫忙，水電、煤氣、甚至一部分之藥品皆任弟使用，而不取分文。惟飼養白鼠廿餘頭，家兔七八頭，弟不得不擔任其費；此外尚有其他費用，至必要之藥品，該處未備者，弟須自購。前半年，弟已借墊二千餘元，以後六個月尚需二千元之譜，幸洪芬相助，為籌此款，渠必已函至尊處，弟可安心從事店務矣。昔人謂：「求名不來，學問在我」；弟則謂：因家雖未，學問在我。可以不改其樂也。

科學事由兄及析薪照料，想甚順利，家眷已安抵故里，慰甚。允中甚安若，仲熙經營生意聞甚佳。融歲發春，不久將屆，嚴寒已過，天日晴和，諸故人可圖一快晤也。望保重。

專此，敬頌

日祉

弟 濟 拜

一月廿四日〔註 1583〕

〔註 1583〕 秉志復任鴻雋，1943.1.24，南京：中國第二歷史檔案館，484（1026）。胡宗剛著《靜生生物調查所史稿》，山東教育出版社，2005 年 10 月版，第 174～175 頁。

1月26日，國立中正大學龍嶺分校正式成立。

　　召開贛縣分校第一次全體教職員大會。羅容梓會上報告了分校接洽 10 萬元經費及以後按月撥付分校合作社資金 5 萬元經費經過情形。至此，國立中正大學贛縣分校創設完成。〔註1584〕

1月30日，中正大學致教育部信函。

　　1 月，中正大學因教育部前發的「全國中央機關公務員戰時生活補助費基本數及按薪加成成數表」引發不滿。校方認為，核定補助費基數及按薪加成成數過於低微，泰和、贛縣兩地的物價除食米較西南各地低外，其他物價平均約較重慶僅低二三成，如照表中規定，勢難維持生活，因此該校請求教育部設法救濟。〔註1585〕

1月，《中國生物學研究之回顧與前瞻》文章在《科學》雜誌（第26卷第1期，第5～8頁）發表。

　　文章指出，二十年來吾國生物學之研究，其所成就，在艱苦之環境中，不得不謂為相當之偉大。以生物學之有地方性，而在吾國，斯學亦方在萌芽，故所研究首先注重動植物之調查，亦勢之所必然者。自區域言之，在動物學則研究肇始於長江流域與浙海沿岸動物之調查，十年以還，積稿盈尺；在植物則肇始於浙、皖、贛三省之調查，在吾國開一新紀元，繼以華北、滇粵之搜討，海隅山陬，煙瘴邊塞之區。莫不畢往。自後備趨專精，成就益著。諸君各有專詣，不乏成為世界權威者，大足為吾國科學界生色焉。

　　今後國家自當積極提倡科學研究，生物學為農林醫藥各學科之基礎，益當積極邁進，以圖對於建國有基本之貢獻。竊以為欲達此

〔註1584〕《國立中正大學贛縣分校全體教職員第一次大會記錄》（1943 年 1 月 26 日），江西省檔案館藏，檔號：J037-1-00615-0001.高志軍著《政治與教育的互動：國立中正大學研究》，2021 年 12 月華中師範大學博士學位論文，第 166 頁。

〔註1585〕《為奉核生活補助費基數及按薪俸加成成數過於低微電懇設法救濟並核示遵由》（1943 年 1 月 30 日），《中正大學特別補助費收支對照表軍訓教官學術研究補助費發給標準等報告文書》（194306～194608），中國第二歷史檔案館藏，全宗號五，案卷號 3766（2），第 56 頁。高志軍著《政治與教育的互動：國立中正大學研究》，2021 年 12 月華中師範大學博士學位論文，第 144～145 頁。

目的，必須對於整個之生物學研究有縝密之計劃，不可仍如前此草創之時，但隨個人性之所近，為漫無限制之自由發展，姑貢所見，幸同人有以商榷之焉。生物學研究，重點在以下三方面。

（一）宜積極提倡應用生物學之研究。吾人從事研究之時，只須稍為偏重應用，即可得巨量有裨於國計民生之結果，而並不減少其在學術上之價值，同時亦易得政府及社會之支持。以後生物學研究規模之大，必須十百倍於今日，方能對於建國有偉大之貢獻，亦必須有實用之貢獻，方能獲得大量之資金，以充研究之經費。此皆吾人宜以全力赴之者，亦即政府與社會所切盼於吾人者。苟同人能群策群力集中意志與力量，從事此類之研究，不但在短期間可得實效以博得社會之信仰；其久遠之影響，甚且能改變吾國之歷史而斷定吾民族之前途焉。

（二）宜有全面之研究計劃。吾國地大物博，動植物品類至繁，過去吾國生物學之研究，皆隨個人之興趣，為零縑斷簡之工作；殆少預先立定計劃，按部就班，一面訓練人才，一面照預定之方案以進行者。以後允宜召集全國之生物學專家，詳密訂定研究之方案，在政府指導之下，或請求政府協助，以長期間按計劃進行，則重要工作方有完成之可能。如編纂中國植物誌、中國動物誌、中國昆蟲誌、中國樹木誌、各省區之動植物誌等，皆非有一定之計劃，以十數年至數十百年之長期，集合各專家通力合作不為功，甚且必須獲得國外專家與著名生物學機關之協助不為功。

（三）宜極力鼓吹設立全國性之大規模生物學研究機關。生物學研究則創自私人發起之社團，故經費竭蹶而與政府亦欠連絡，政府因而亦不瞭解其重要性。如靜生生物調查所不過為一私人社團創設之機關，故雖得中華教育文化基金會之支持，而所得到之經費究屬有限，欲負調查全國生物之責任。中央研究院之動植物研究所雖為國立之機關，然不過中央研究院眾所中之一所，其經費與事業究屬有限。故苟欲調查全國之生物，必須設立全國性之生物調查所，其經費必須與今日中央研究院全院研究之經費相若，方能大展鴻圖，達成其應負之使命。此外如昆蟲研究所、經濟植物研究所、植物園，皆須有全國性，而具十倍於今日之規模。在中央設立全國性之備研

究機關外，尚須在各省設立全省性之類似機關，共策進行，方可收偉大之功效。

上列三端實為吾國生物學者亟須通力合作以求其實現者，如能發為言論，以促起政府之注意，並以大力推進之，使在勝利獲得之後，即可見諸實施，方不負吾人先知先覺之責任。其影響於國家社會民族者至深且巨，有非言語可以形容者，同人其勉之哉。〔註1586〕

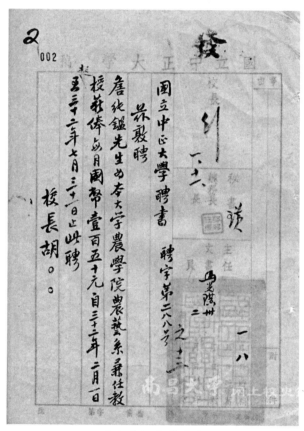

國立中正大學聘書

2月4日，胡先驌致泰和農民銀行信函。

胡先驌致函泰和農民銀行函。胡先驌呈請教育部確認農學院張肇騫、馮言安、戴立生、王宗佑、周蔚成五先生為本校久任教員，希望能得到服務獎金。款項匯到之後，泰和農民銀行卻因電碼不明

〔註1586〕張大為、胡德熙、胡德焜合編《胡先驌文存》下卷，中正大學校友會出版發行，1996年5月版，第326～329頁。

等因截留，胡先驌立馬致函稱：「函文：查教育部匯發本校教授服務獎金一萬五千元業已匯到，但據本校出納員余澄清報告，貴行因電碼不明須覆電詢確實後方能取兌，查此項獎金亟待發放，函請貴行特別通融惠予先行取兌，如有錯誤，茲由本校如數退還」。〔註1587〕

2月7日，羅容梓、余永年致胡先驌信函。

2月7日，校務主任羅容梓、總務主任余永年致胡先驌的函電中對此有充分展現。該函首先詢問分校是否繼續辦理：「三十二年度分校是否遵照部令撤銷？抑賡續辦理一學年？」其後又指出，雖承蔣經國撥贈房屋，該項租金可望免除，但屋內外整理裝修「均急待興工」，這些費用據估需工料費4萬4千元，實際情況是「此項工程費在分校開辦費項下已無餘款開支」。因此，不得不請求採取折衷之，「可否由本校撥款先行墊用，將來列入本大學三十三年度臨時建築設備費項下報銷」。〔註1588〕

2月18日，《民國日報·顯微週刊》第1期出版。

顯微週刊編者言

「顯微、昌達二烈士殉國」已經7個月，這一度的壯烈犧牲，演繹成了驚奇的故事，播下了復仇的種子，自然也帶給文化界不少素材；但是接受這遺產而產生的刊物，較顯著的還只有《顯微》週刊，也是丘引、白楓、徐晴嵐、聶公陽等先生主編和創辦他們最先響應正義，對二烈士紀念、敬佩和同情，是值得我們感謝的。

不久以前，顯微學社成立，同志們於緬懷師友之餘，茲以研究學術、砥礪品格，來遺志。因此今日的《顯微週刊》，除發揚正氣、紀念先烈外，並擬擴充到學術領域裏。凡繼承屬發顯徵隱、敦品立學等述作，皆為本刊所歡迎。想各界先迪，都會樂於指教和惠稿的，

〔註1587〕 江西檔案館，檔號：J037-1-00318-0007。鄭瑤著《繼往開來責在斯——國立中正大學農學院研究（1940～1949）》，2019年江西師範大學碩士研究生學位論文，第63頁。

〔註1588〕 《羅容梓關於核示各項問題並予以匯款的函》（1943年2月13日），江西省檔案館藏，檔號：J037-1-01084-0106。高志軍著《政治與教育的互動：國立中正大學研究》，2021年12月華中師範大學博士學位論文，第169～170頁。

我們熱忱期待著！〔註1589〕

2月19日，胡先驌致泰和縣政府信函。

　　函文：查興修杏嶺一節農田水利業經本校函准貴府，先後會同江西省水利局及本校水利學教授商擬辦法，關於工程方面經決定（一）全部工程需民工三千；（二）每日需工二百以上；（三）本月二十日上午六時為開工時間；（四）開工時民工五十人以上集中梁村，一百五十人以上集中本校學生宿舍，俟候指揮；（五）開工時請泰和縣政府派員擔任監工。

　　（鄭瑤先生提供）〔註1590〕

2月22日，胡先驌致吳宗慈信函。

靄林先生惠鑒：

　　別來冬夏忽更，開歲以還，敬維道履多吉，為頌為慰。

　　頃讀尊著散原先生傳，高文健筆，至為佩仰，然尚覺未能盡述散翁德業。先生以文章名海內，右銘先生（編者按，即陳寶箴）為湘撫，時張南皮（編者按：即張之洞）為鄂督，慕先生名，竟枉駕

〔註1589〕原載《民國日報・顯微週刊》，第 1 期，1943-02-18 出版。(1) 即民國日報社編《顯微副刊》，每週刊出。(2) 即國立中正大學顯微學社學術股主編《顯微週刊》。(3) 本期《顯微週刊》，載王諮臣《中國史學家之精神》，請閱《姚名達年譜・附錄》滋陳先生紀念姚名達一章；亢行（鄭唯龍）《論語中所見孔子的古史知識》，續刊《顯微週刊》，第 2 期，1943-02-25。(4)《顯微週刊》，第 3 期，1943-03-11 刊載，歐陽祖經《說微》（長篇論文，請閱《姚名達年譜・附錄》社會各界人士看姚名達一章）。(5)《顯微週刊》，第 4 期，1943-03-18 刊載，施亞光論元劇曲的文章（篇名記不清了，因本期複印件寄給作者本人了——編者）(6)《顯微週刊》，第 5 期，1943-03-25 刊載，望（社員）《由學生徵兵談到將來建國人才》；捨（社員）《獻》（小說）；巴雨（巴怡南）《自己》，請見《姚名達年譜・附錄》漱泉夫人懷念姚名達一章。(7)《顯微週刊》，第 6 期，1943-04-15-刊載，巴雨（巴怡南）《看難民思良心》，請見《姚名達年譜・附錄》漱泉夫人懷念姚名達一章；辛梅（易新楣《宋明二代之學生運動》）。(8)《顯微週刊》，第 7 期，1943-04-22 刊載，滋陳（主諮臣）《論董理史料》；王繪《空軍將士傳》（高冠才、鄭少愚、黃榮發等將士傳）。這一期以後顯微週刊》。（詳請見史實探疑章——《顯微》副刊與《顯微週刊》）姚國源執行主編《浩氣壯山河——原國立中正大學抗日戰地服務團紀實》（上冊），江西高校出版社，2010 年 11 月版，第 215～217 頁。
〔註1590〕江西檔案館，檔號：J037-1-00700-0005。

光顧，右銘先生始命先生回謁，南皮一代名臣而傾倒先生至此，此傳略中不宜漏略者。故先生父子罷斥之後，先生仍居南皮幕府中，嗣復先後在端陶齋（編者按：即端方）張安圃處，皆尊為上客，蓋不僅以詩文為長江盟主，庚子以後，先生於鄂督江督之新政贊襄實多，一如其贊襄右銘先生於湘撫任內也。

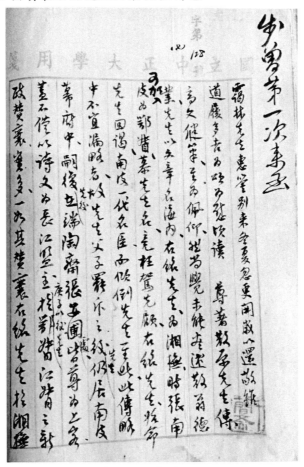

胡先驌致吳宗慈函手跡

先生詩句云：「作健逢辰領元老」，以南皮之元老而先生竟泰然『領』之，其胸中浩然之氣可想。

尊文所云韜晦不出，恐非先生初志。南潯路督辦在先生經歷中，實至微末之事，殊不必特書也。先生鼎革後即剪髮，雖疾視袁項城與諸軍閥，而絕不以遺老自居。尊文云其『甘隱淪為遺民以終老，只自盡其為子為臣之本分』，又達先生之志矣。晚年居牯嶺，居北平，

其婿俞大維任兵工署長，先生藉悉蔣公備兵禦日之雄略，乃極佩蔣公，盧溝橋變作，驌親謁先生於北平寓廬，先生對於我國抗戰，具莫大信心，蓋先生平生負豪氣，其忠於國家之忱，至死不衰有如此者，尊文似未能盡描繪之能事焉。

師曾名衡恪，彥通名方恪，幼子名登恪皆能文，而寅恪淹貫東西古今學術，為吾國今代通儒第一人，雖王靜庵章太炎不能比擬，故英人禮聘主講其牛津國學，蓋不僅『能謹飭廉隅以世其家聲』而已。先生遺文全部在陳贛愚手中。贛愚居北平，有戰後彙刊先生全集之志，或不至盡喪失歟。輔所知先生者如此，盼公勿以此文為定稿，更作佳文以傳世。某年印度詩人泰戈爾來華講學，楊杏佛曾請先生與之同攝一影，華印兩詩人各為其國之泰斗，吾人亦宜與以恰當之評價也。

　　耑此敬頌
撰安

弟　胡先驌　拜啟
二月廿二日〔註1591〕

【箋注】

吳宗慈（1879～1951），字藹林，號哀靈子，江西南豐人。歷史學、方志學家。1905 年冬，畢業於廣東饒平師範學堂。武昌起義爆發時，任《江西民報》（原名《自治日報》）主筆。1912 年，當選為國會眾議院議員，兼憲法起草委員會委員，主編《醒華報》。1917 年，赴廣州參加非常國會，任軍政府列席政治會議秘書兼交通部主任秘書，參謀部秘書長。1919 年，出任國會憲法起草委員會理事兼書記長，主持起草憲法。曾任中山大學研究院與文學院教授，西南聯大教授。1940 年 12 月，應約為重修《江西通志》籌備委員會主任、《江西通志》館館長兼總纂、江西省文獻委員會主任委員。1950 年 1 月，受聘為江西省人民政府參事室參事。學術成就表現在方志學和史學兩個方面。編撰《江西通志》（稿本）《廬山志》《續廬山志》。編著的《中華民國憲法史》是近現代中國的第一部憲法史。

2 月 24 日，胡先驌致教育部信函。

正題名：國立中正大學校長胡先驌關於查本校久任教員事宜及發放各員獎金的代電。農學院久任教員名單：張肇騫、馮言安、戴立生、王宗佑、周蔚成。

（鄭瑤先生提供）〔註1592〕

2月25日，吳宗慈復胡先驌信函。

步曾吾兄惠鑒：

奉賜書，對《散原老人傳略》批評及補充事實，甚感！蓋即奉寄此稿之本意所在也。惟此事動機當略以奉告。去歲舊臘底，彥和函告李中襄等，欲為老人請褒，索其尊人事略，渠無以應。因請褒決非老人意，為之子者難於措詞，遂託弟為之，限年內交卷（為期只五日），材料枯窘（彥和只附事略百餘字），姑以此文為請褒者，作呈文之底本之用而已。故只名傳略，由弟署名，將來正傳，尚有待另撰也。其入《通志》之傳，執筆人之地位有殊，斯文章之機構亦異矣。

現就尊兄商榷如下：南皮之仰慕，陶齋、安圃之尊崇，彥和既有所述，不得攄取傳聞之異詞。至韜晦不出，與南潯鐵路事，亦為彥和之言。知父莫若子，未便抹殺也。且韜晦為事實，辦路為本身獨立事功。雖功未克竟，要難略而不道。老人撰《李有棻墓誌》，鄭重述辦路事，知此亦非小節也。其作遺民以終老，尊意謂違老人之志，弟見略有不同。昔修《盧山志》，本推老人主其事，老人謂弟曰：「民國以來，凡所為文，未用民國正朔。今修山志，將焉用之？有關民國事，聽兒輩為之足矣！」觀此言，其志趣不既昭然乎？至對蔣公之欽佩，與大維之稱述者。居盧山數載，間有蔡子民、李任潮、戴季陶等來訪，其談話弟或在座，或事後敘談，蓋飫聞之矣！此與本身志趣另一事也。清庚子後，老人未嘗無用世之志，然不得其位與其時，亦終於韜晦不出。在今日似難用理想而演繹其事實也。弟以為老人愛國，出於衷誠，亦何間於其為遺民乎？前稿論松坡節，內有「再造民國」四字。彥和昨來函商擬刪去，猶此意也。不用「民國正朔」事，不能入傳略，則以請褒之舉，不能作罵題文章也。師

曾昆玉之名，弟偶然記憶不清，曾囑彥和自行改正。彥通滯跡滬濱，
不克內渡。二十八年春，弟與寅恪在昆明晤商，擬於中大或聯大介
其任教，乃去小函，尋復。故文中末，於老人諸子中，惟師曾已故，
故得略述其身世。至寅恪昆玉等尚存。惟寅恪學誠極高明，然礙於
文例，不便詞贅。初本欲略述其昆玉在各大學任教事又不便。彥通
不言，故只以「皆能謹飭廉隅，世其家聲」簡略帶敘耳。關於老人
著作原稿，最後篇幅與事實略有未符者，已更正百餘字。因詩已由
商務印書館鉛印行世，文則存師曾夫人處。至陳贛愚處所存，乃得
諸彥通者。中有贗鼎，並非全璧，此袁伯揆所親告，當非飾言。老
人與泰戈爾合攝影事，弟所不知，承見告，此當持筆書之矣。弟此
函所述，如仍有與尊見出入，尚盼賜示，俾作正傳時，多有參評，
至幸！又師曾擬為作傳，其生平事實，兄有所知，望隨時書示，可
與他方徵集者參訂擬稿，尤所企也。

　　專復即頌

著祺

　　　　　　　　　　　　　　弟　吳宗慈　拜啟

　　　　　　　　　　　　三十二年二月二十五日

　　又兄所引老人詩「作健逢辰欽元老」句，據弟所知，當時南皮
閱之，頗有誤會。後經人解釋，「欽元老」者，乃倒裝句法，以元老
為欽，非欽元老也。南皮爽然自失。弟意亦頗以元老為欽之解釋為
合，南皮偶未察耳！以老人之謙沖，決不作此等倨傲語。尊意云何？
箋有餘白，特附及之。〔註1593〕

　　2月，《推進國防科學與技術運動之重要性》文章在《浙江青年》（第 12
期，第14～15頁）發表。同年3月，轉載於《資聲月刊》（第3卷第2～3合
期，第1～2頁）。摘錄如下：

　　　　最近三民主義青年團第一屆全國代表大會在重慶開會，通過了
　　一個「發動青年建設新中國案」。這案的主旨，是發動全國青年從事
　　於五項建設運動：其中一項便是「國防科學技術運動」。關於這個運

〔註1593〕胡宗剛撰《胡先驌先生年譜長編》，江西教育出版社，2008年2月版，第334
　　　～336頁。

動決議案中，曾具體的說：「本團今後訓練團員，應以國防技術為重
點。務使每一個團員，最低限度從事於一項國防科學研究（如國防
化學國防工業等）及具備一種國防科學技能（如跳傘、滑翔飛行、
划船、游泳、騎射、偵探、測量、無線電、攝影、駕駛、投擲手榴彈
等）。」又說：「推進國防科學技術宣傳，使全國青年明瞭國防科學
技術運動之意義及其重要，並激發其對國防科學技術之學習興趣。」
又說：「擴大國防科學技術教育，運用各項方式，增進全國青年國防
科學知識及訓練其國防技術，使每一青年均有國防科學常識，均受
國防技術訓練。」這個運動是具有十分重要的意義的，今天對列位
便要討論這個運動的意義。

對於國防科學這個名詞，我們必須有極廣義的認識。現代的戰
爭，主要的不是人和人戰，而是物與物戰、機械與機械戰、科學與
科學戰。國防科學便是一切科學之應用在國防上的知識。所以在各
種科學都發達的國家，其作戰便較各種科學或其部分科學不發達的
國家容易佔優勢。在第一次歐戰的時候，德國的軍隊在普魯士作戰，
有一次在前線逃回一個軍官，沒有臂章符號或任何證件，大有間諜
嫌疑，但他說的話是道地的德國口音，而所說的一篇言語，也頭頭
是道。那時德軍營中有一個植物學家是研究藻類植物的，於是德軍
司令官便叫他把那個軍官指甲裏與鞋底上的泥土取來用顯微鏡一
看，便發現其中有俄國某地方所產而東普魯士不產的某種藻類植物，
於是一問而曉得他是自俄國某地方來的一個間諜，這是應用純粹科
學以解決國防問題的一個好例子。近年心理學家發明了一種測腦波
的機器，將這機器套在人的頭腦上，腦中因思想而發生的電波便會
記載出來。一個人若說真話不要作偽的勉強，所發生的電波與說謊
話的時候所發生的電波大不同的，所以在今日若用腦電波的機器在
審問間諜，一定十分容易，使用不著藻類學家了。

又如德國在這次侵略戰爭發動多年以前，曾設立了一個極大規
模的地理政治研究院，網羅全國一千多位各項專門學者，研究國防
地理。他們不但研究世界各國的地形並且研究各地的一切自然環境，
及各國的歷史風俗習慣政治經濟等等，憑這些綜合的知識，來決定

他作戰的方針。所以在初期作戰能所向無敵，便是這個緣故。又如日本有一個營養學家，一生專門研究日本本土上生產的食物，曾親自吃過多種東西，有數次中毒。他研究的目的，便是在日本同他國作戰時，若遭封鎖，不至沒有糧食，發生饑荒。

現在的科學發明，日新月異，影響到人生與國防的異常重大。我們研究國防科學，要從事廣義的國防科學，不可跟在他人的後面研究狹義的國防。譬如說現在作戰主要的是空軍與機械化部隊，要航空工業及機械工業能夠迎頭趕上，便要在數學、物理、化學、冶金學等等有精深的研究，否則不能希望勝過他人。譬如近年各國竭力研究人造膠，如電木假象牙之類，發明許多新物質。現在製造飛機可以不用金屬而用人造膠，材料十分價廉，而比金屬更結實，且製造極容易。現在人造膠代替鋼製刀片，製造機器，所以一般認為鋼鐵時代將為人造膠時代取而代之。而我國現在還沒有人研究人造膠。又如美國化學會已宣布將來可以麻醉之氣體作戰，也許以後作戰，只要用飛機大炮大規模投擲麻醉汽彈，而用繩索去捆綁俘虜便了。總之科學上日新月異的發明，應用到國防上，每能將整個的戰術改變，所以一定必須積極獎勵一切科學的研究，只要隨時隨地求能應用到國防上，力求改進便了。

第二便需以積極縝密的計劃，發動青年學生，學習國防科學，如國防工業、國防化學等，使我國於戰後建立重工業時，發展交通時，有大批從事國防科學技術人員。同時青年學生亦須從事學習與國防有間接關係之科學，如農學、工學、地質學、氣象學、採礦冶金學、營養學、國防地理學、經濟地理學等，使在直接國防科學之外，還有各項間接與國防有關之科學，都能充分發達，有大量之人才，以供建立國防之用。

國防科學之外，我們還需積極提倡國防技術。現在是機械文明的時代，我們每個國民都要有使用機械的技能，並且要養成使用機械的習慣。除騎射游泳等技術，既能強身又能應用於國防外，最主要的是使用摩托車。戰後汽車和摩托車價值一定很便宜，我們無論所學的是工科或文科或法科，一定要利用種種機會學習駕駛汽車和摩托車，有機會且須練習駕駛卡車。學農的人便要學習駕駛拽引機，

並且須學習修理各種摩托車輛，如此則在必要時不難組織機械化部隊。現在美國發明了一種直上飛機，可以在屋頂上直上起飛，其價值同汽車差不多，駕駛也很容易。戰後我們必須鼓勵青年學習駕駛使用此種飛機與滑翔機，使飛行成為青年普遍之經驗與技能，則建立強大的空軍，也不是難事。總之寓體育於國防，是我們以後的教育政策，也是我們青年人所自勉的。

　　總而言之，在最近的將來，我們雖希望永久的和平，然亦不得不預備戰爭。我們雖絕對反對侵略性的戰爭，我們卻不可不建立堅強的防禦性的國防。為了建立堅強的國防，必須積極推進國防科學技術，這便是我國青年最大的責任。我們領袖說：「無科學即無國防，無國防即無國家。」這重要的指示，我們全國的人，尤其是負起將來建國的重任的青年人，要時時刻刻記在心上的。〔註1594〕

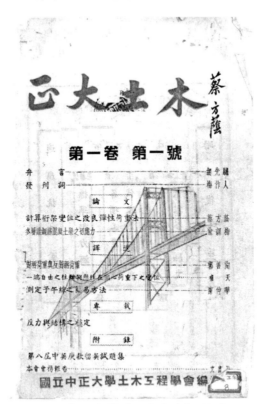

國立中正大學《正大土木》創刊

〔註1594〕《胡先驌全集》（初稿）第十四卷科學主題文章，第229～231頁。

3月1日，國立中正大學《正大土木》創刊，綜合性工程技術季刊，由工學院土木工程系編輯，主編郭善洵，1944年出版第1期。1947年7月1日在南昌出版第2期，1948年5月1日出版第1卷第3期後停刊，刊載有關土木工程的論文和譯文。

3月2日，國立中正大學胡先驌《呈報本校各學院改訂課程情形乞鑒核由》。

> 國立中正大學胡先驌呈……農學院報告：查建國時期需要園藝及植物病蟲害人才甚切，本院為適應此項需要，擬將農藝學系分設為農藝園藝及植物病蟲害三組，俾便農藝學系學生各就其所好，分別攻求專門知識，並擬訂本校農學院三十二年度農藝系分組各學年科目表……
>
> （鄭瑤先生提供）〔註1595〕

3月2日，胡先驌致陳立夫信函。

> 胡先驌致教育部部長陳立夫函。不過雖然未能成立農業經濟系和病蟲害系，胡先驌及農學院便依學科特點及學生興趣，將院內農藝學系分設成農藝組、園藝組及植物病蟲害組，以便細化地進行專門人才培養，攻求專門知識。稱「函文：查本校各院系課程前經校務會議決議如因事實上需要必須復更，應將復更情形上呈教育部備核等語記錄在卷，茲據農學院報告：查建國時期需要園藝及植物病蟲害人才甚切，本院為適應此項需要，擬將農藝學系分設為農藝園藝及植物病蟲害三組，且教員已聘請，設備已購置，分組後亦不必增添多量設備及聘許多教員。俾便農藝學系學生各就其所好，分別攻求專門智識並擬訂本校農學院三十二年度農藝學分組各學年科目表。」並附上遵照規章分別擬定得各組各學年必修選修科目表。〔註1596〕

3月2日，胡先驌致吳宗慈信函。

〔註1595〕 《國立山西大學教材綱要及國立中正大學各系科科目表》（1943年3月2日），中國第二歷史檔案館，檔號：五-5682，第57頁。

〔註1596〕 江西檔案館，檔號：J037-1-00736-0162。鄭瑤著《繼往開來責在斯——國立中正大學農學院研究（1940～1949）》，2019年江西師範大學碩士研究生學位論文，第30頁。

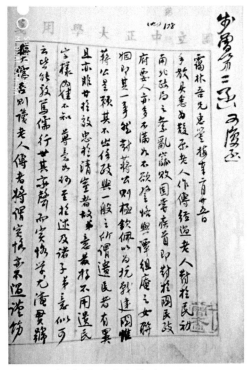

胡先驌致吳宗慈信函手跡

靄林吾兄惠鑒：

　　接奉二月廿五日手教，具悉為散原老人作傳經過，老人對於民初南北政局之紊亂窳敗固嘗疾首，即對於國民政府要人亦多不滿，如不欲登恪與譚組庵（編者按：即譚延闓）之女聯姻，即其一事，然對蔣公則極欽佩，以為抗戰建國惟蔣公是賴，其不出任政與一般之所謂遺民者有異，且亦非甘於效忠於清室者。故弟意最好不用遺民字樣，不知尊意如何？

　　至於述及諸子，弟意似可云皆能敦篤儒行世其家聲，而寅恪學尤淹貫，號稱大儒。否則讀老人傳者將謂寅恪亦不過謹飭廉隅之世家子弟，則與事實違背特甚。甚日使人議公或對寅恪有所不滿故抑之也。

　　散原文中頗有贗鼎，袁伯揆即作此項贗鼎者，如能清釐之，亦佳事也。師曾事實弟知之特寀，其詩集為其女弟子手書，已刊布。其長子封可，善畫而無行，次子封懷為弟門人，以園藝學名家，現在正大任教，弟能相告者只此而已。曾聞歐西女畫家有從之習畫者，

亦可述及也。

　　專此，敬頌

撰安

　　　　　　　　　　　　　　　　弟　胡先驌　拜啟

　　　　　　　　　　　　　　　三月二日〔註1597〕

3月6日，吳宗慈致胡先驌信函。

步曾吾兄惠鑒：

　　奉二日函，散原老人為吾省近代品德崇高第一人，討論不厭求詳，愛就尊意，再一述之。譚氏婚姻事，其兒女輩，雖略有粗備，實則老人薑桂之性，登恪不敢違親心。登恪改婚賀氏，弟嘗預其婚禮，故知之特詳。又鄭孝胥之所為，老人談及，輒為深歎，謂鄭所為，非忠於清，直以清裔為傀儡，而自圖功利，老人老行可謂皎然矣。至對蔣公之欽佩，誠如尊論，蓋以蔣公若干年來之事功，不僅在國家，亦且及世界矣，為吾國歷史上僅見之一人，中山先生而外，固無能與比肩者。老人論事論人，初無成見，況在蔣公，何有間然。原文中於此層未詳及，則以請褒之案，不便如此措詞，恐人議此為邀榮之筆，不既重誣老人乎？「遺民」二字，尊意擬不用，容於撰正傳時詳酌。梨洲、炎武、船山諸賢，皆「遺民」也。雖古今情事不同，此名詞似亦不違其志者。文末語述其諸子，尊意擬改為：敦篤儒行，世其家聲，而寅恪學尤淹貫，號稱「大儒」，自較原文為佳。惟弟意號稱「大儒」，不如用「為世所稱」字樣。因生存之人，殊不便作主觀之譽語，此屬文例有然，與寅恪本身價值無涉也。

　　專此布陳，敬頌

鐸安

　　　　　　　　　　　　　　　　弟　吳宗感　拜上

　　　　　　　　　　　　　三月六日（1943年）〔註1598〕

〔註1597〕王令策先生提供，胡啟鵬輯釋《胡先驌墨蹟選》（初稿），2022年2月，第90～91頁。

〔註1598〕胡宗剛撰《胡先驌先生年譜長編》，江西教育出版社，2008年2月版，第337頁。

3月6日，教育部致中正大學信函。

　　教育部對此卻並不領情，其在 1943 年 3 月 6 日函電中仍持前議：「關於貴校贛縣分校一節，希仍照本部前電，於本年暑假前遷回本校為荷。特此函復」。分校似與教育部意見一致。分校主張遷離贛縣主要原因在於其資金短缺，多不敷出。在經費籌轉困難的情況下，給掌管分校高層帶來了壓力。〔註1599〕

3月6日，中正大學改組沒有被上級認可。

　　年初，中正大學自稱已局部「改組」，校內與前氣象相差頗多：「本校秋季開學以來，一切已復常規，文法學院局部改組後，政治、經濟兩系添聘名教授多人，尤以經濟系為人才淵藪，學生亦知勤學守分，與該員改組以前氣象迥異。而贛縣分校自羅容梓教授主持訓育，尤為嚴肅。」胡的呈辭或有自辯自揚的成分，「各界」、蔣經國等並不買他的賬。〔註1600〕

3月15日，胡先驌致電軍事委員會軍訓部。

　　胡先驌表現積極，致電軍事委員會軍訓部說：「本校為紀念總裁而設，對於軍訓尤為特別注重。茲擬遵照上項辦法即行成立軍訓總隊，相應函請貴部准予提前成立」。〔註1601〕

〔註1599〕《為函復該校贛縣分校仍應於本年暑假前遷回本校由》(1943 年 3 月 6 日)，《國立中正大學有關遷校及借用校舍的文書及農學院儀器標本目錄》(194206～194508)，中國第二歷史檔案館藏，全宗號五，案卷號 5330，第 15 頁。高志軍著《政治與教育的互動：國立中正大學研究》，2021 年 12 月華中師範大學博士學位論文，第 169～170 頁。

〔註1600〕《國立中正大學概覽校歷及中山文化教育館十週年工作概況以及呈報校務工作計劃報告之有關文書》(194103～194812)，中國第二歷史檔案館藏，全宗號五，案卷號 5534，檔號：五-5534，第 75、76 頁。(由《為函復該校贛縣分校仍應於本年暑假前遷回本校由》(1943 年 3 月 6 日)，《國立中正大學有關遷校及借用校舍的文書及農學院儀器標本目錄》(194206～194508)，中國第二歷史檔案館藏，全宗號五，案卷號 5330，第 15 頁：「一月十四日大函及匯寄三民主義研究集均已奉悉」一語，可斷為 1943 年。高志軍著《政治與教育的互動：國立中正大學研究》，2021 年 12 月華中師範大學博士學位論文，第 178 頁。

〔註1601〕《函請准予本校提前成立軍訓總隊並將總隊編制迅賜頒發俾便遵辦由》。高志軍著《政治與教育的互動：國立中正大學研究》，2021 年 12 月華中師範大學博士學位論文，第 78 頁。

3月15日，中正大學致教育部信函。

　　3月15日，中正大學上呈教育部實情，替校本部連同「物價較泰和尤高」的贛縣分校學生一同請願，將膳食貸金增至每月100元。〔註1602〕

3月17日，胡先驌致江西省農業院信函。

　　胡先驌致函江西省農業院。3月中旬，胡先驌得知江西省農業院由湖南運到馬鈴薯種苗一批，又查校內中正大學農學院尚未存有該種苗，為便利農學研究及農產物種繁殖起見，便致函省農業院希望「函文：逕啟者，頃閱民國日報十五日載稱貴院已由湖南運到馬鈴薯種苗五千市斤，不日分撥各機關領種等語，查此種薯苗本校尚未付種，茲為便利研究繁殖起見，特派本校農場技術員方端茲來洽商，擬請貴院查照惠允撥給種苗以利試驗」。〔註1603〕

3月17日，胡先驌致楊綽庵信函。

綽庵吾兄惠鑒：

　　日前晤談為快。茲有懇者：友人郭兆麟君在桂創有華興建築公司，需要購買白鉛管二百根，聞尊處有此物，務乞廉價見讓為感。

　　專此敬頌

勳祺

　　　　　　　　　　　　　　　　弟　胡先驌　拜啟

　　　　　　　　　　　　　三月十七日（1943年）〔註1604〕

3月17日，中正大學致教育部信函。

〔註1602〕《為據本校學生自治會膳食管理股等呈以物價高漲膳食無法維持請予轉呈鑒核准自二月份起將膳食貸金增為每月一百元等情呈乞核辦由》（1943年3月15日）、《中正大學學生食米統計公費生請領膳食人數清冊獎學金學生家境調查》（194302～194501），中國第二歷史檔案館藏，全宗號五，案卷號3799（1），第187、188頁。高志軍著《政治與教育的互動：國立中正大學研究》，2021年12月華中師範大學博士學位論文，第147頁。

〔註1603〕江西檔案館，檔號：J037-1-00701-0010。鄭瑤著《繼往開來責在斯——國立中正大學農學院研究（1940～1949）》，2019年江西師範大學碩士研究生學位論文，第25頁。

〔註1604〕《胡先驌全集》（初稿）第十七卷下中文書信卷，第446頁。

時至 1943 年上半年，經費短缺情形依然嚴峻。如 1943 年 3 月 17 日召開的工學院第四次會議上就決定請求教育部「指撥專款」以充實該院設備費。這就提示，正大工學院設施的充實提升需要國家力量介入才有希望。〔註 1605〕

3 月 17 日，教育部向中正大學撥款 5 萬元。

中正大學並不贊同教育部剋扣應變費做法，遂以經費「不敷尚巨」「無法彌補」為由，於 1943 年 3 月 17 日再度請教育部下撥 5 萬元遷移費。〔註 1606〕

3 月 18 日，《顯微週刊》發刊編者言。

3 月 18 日，顯微學社學術股（負責人巴怡南）主編《顯微週刊》第 1 期在江西民國日報出刊。發刊編者言：「不久以前，顯微學社成立，同志們於緬懷師友之餘，茲以研究學術，砥礪品格，來繼承遺志、紀念先烈外，並擬擴充到學術領域裏。」《顯微週刊》共出七期。第三期發表歐陽祖經《說微》長篇論文。前言說：「本校師生有顯微學社的組織，紀念姚顯微先生，還要將姚先生的學術發揚光大，所以我將『微』字的意義解說一番。」作者引經據典，侃侃而談，從個人做事做學問說起，解說微字的意義。分段標題：第一克己於微，第二慮事於微，第三察理於微。文末說：「顯微先生精於史學，提出史理兩字做綱領，志在上承春秋，史理易通於易理，易始於乾，終於未濟，乾上坤下為否，乾下坤上為泰，繫辭下傳解釋於苞桑，都是極精的史理。」第 4 期巴怡南發表《本刊的展望》。她說「顯微」二字，無疑現在已成為復仇的種子。又說：「偉人的學術不僅僅是學術，而是一種力量！——創造時代的力量。整個學術領域太大了，

〔註 1605〕 《國立中正大學工學院第四次院務會議紀錄》（1943 年 3 月 17 日），江西省檔案館藏，檔號：J037-1-01186-0041。高志軍著《政治與教育的互動：國立中正大學研究》，2021 年 12 月華中師範大學博士學位論文，第 157 頁。

〔註 1606〕 《為呈懇請將遷移費五萬元仍賜撥發由》（1943 年 3 月 17 日），《中正大學現金出納表領款收據經費累計表等各類會計表文書》（194205～194504），中國第二歷史檔案館藏，全宗號五，案卷號 3763（1），第 188 頁。高志軍著《政治與教育的互動：國立中正大學研究》，2021 年 12 月華中師範大學博士學位論文，第 124 頁。

不是日報副刊所能勝任的，因此我們要把它縮小成一部分，姑且定為，史學、文學、哲學等。」該刊於 1943 年 04 月 22 日出第 7 期後停刊。〔註1607〕

3 月 18 日，巴怡南發表本刊的展望。

因為想免除俗套，所以在「顯微」改編的第一期，沒有刊上發刊辭，只是在編後寫了一點說明：後來常有讀者詢問本刊的性質，這固然由於過去短短二期遠未能表現「顯微」應有的態度，以致不能使讀者從刊物本身認識刊物，也就不能不再來幾句發言：

「顯微」二字，無疑的在現在已經成為復仇的種子，代表了無數的血債；要把這種子培育繁殖，長成光輝燦爛的花果，這是我們四萬萬同胞應該共同負起的責任！復仇的意志，只有一個；復仇的方法，卻需要很多，研究學術，發揚文化，也是復仇的手段之一；因為學術是社會人類精神之所寄託，人們當意志、情感、學識、修養高漲時不得已的呼聲，可以說：偉大的學術，反不是學術，而是一種力量——創造時代的力量。

整個學術的領域太大了，不是日報副刊所能勝任的，因此我們要把他縮小的一部分，姑且定為——史學、文學、哲學。歷史等於一國的田契，（章太炎先生說）也可以說是整個國家民族的資格證書，多麼值得我們尊重和理解呀！何況我們有著那麼悠久輝煌的歷史？更何況本刊又是承受光榮壯烈的血跡的史而建立？文學是人類靈魂的歷史，它可以補助史學的活力，放射史事的光芒，可以鼓舞勇氣，可以慰藉情感；哲學是逼近真理的境界，是探索真理的導引線，惟有真理才會吸收崇高的精神，精神養成，無上的正氣便可卓立。所以，我們需要史學、文學、哲學，合力同工，精進修養，讓正氣日高千丈！國土也跟著恢復擴展！使殘暴大敵惶恐、戰慄、加速毀滅！

另外想起顯微先生曾在他的《史理與地理》專刊上提出一句口號：日報論文，應該新聞化，意思是說：「在日報上發表的論文，應

〔註1607〕江西《民國日報·顯微副刊》，第 19～21 期。姚國源執行主編《浩氣壯山河——原國立中正大學抗日戰地服務團紀實》（上冊），江西高校出版社，2010 年 11 月版，第 64 頁。

該有新聞的性質和功能，讓讀者以喜看新聞的心情，接受這些新聞的專門知識。」這也是值得我們遵守的，固然學術論述，是專門的研討，本不能迎合各人的愛好，也不便隨意剪裁，（指長短言）來適合新聞紙的位置；不過繁複的長篇，自可刊印專書，嚴整、簡捷、新穎、獨到的述作，正有著待墾的荒原，即是日報副刊所最需要的，也是我們對於作者的一點希望。

附：本期《顯微週刊》稿約

一、本刊歡迎下列各稿：1. 文史哲論著；2. 人物傳記；3. 文藝；4. 治學雜記。二、體裁文言語體不拘。三、字數五千為限。四、稿未填寫真實姓名及住址，用筆名發表者聽。（原載江西《民國日報·顯微週刊》，第 4 期，1943 年 03 月 18 日；轉載《贛南校友通訊·舊文新意》，第 13 期，2000 年 06 月 10 日）〔註1608〕

3月19日，胡先驌懇請軍訓部速派員任教。

7 員中僅有遇德福、劉俊年到校，其餘均為前來。胡先驌以「本校軍訓工作異常繁重」為由，懇請軍訓部速派員來，否則將另行補派或由該校自行推薦人員充任。〔註1609〕

3月24日，中正大學生物系致校長室信函。

生物系致函校長室。胡先驌不僅尊重院內教員聘請的意見，而且對中正大學生物系「請求發給敝系技術工人劉德昭服務證明書，以暫緩征役使其留校以利製造標本」一事表示支持，對周拾祿安排

〔註1608〕 即「顯微副刊」改版為「顯微週刊」，《民國日報·顯微週刊》，第 1 期。本期《顯微週刊》，還刊登：滋陳（王詒臣）《顯微先生治學方法述略》。姚國源執行主編《浩氣壯山河——原國立中正大學抗日戰地服務團紀實》（上冊），江西高校出版社，2010 年 11 月版，第 218～219 頁。

〔註1609〕 《為奉部增派本校軍訓教官七員尚有五員迄未到校請轉函軍訓部另行派補或准由本校遴薦人員充任山》（1943 年 3 月 19 日），《教育部有關中正大學學生軍訓及軍事教官任免調派的文書》（194009～194509），中國第二歷史檔案館藏，全宗號五，案卷號 14572，第 56 頁。又見《為奉派本校軍訓教官彭超群等七員尚有迄未前來請另行派補或由本校遴薦合格人員充任由》（1943 年 3 月 19 日），江西檔案館藏，檔號：J037-1-00263-0124。高志軍著《政治與教育的互動：國立中正大學研究》，2021 年 12 月華中師範大學博士學位論文，第 73 頁。

農場用人事宜，加聘院內教授參與農場管理也極表同意。〔註1610〕

3月25日，國民政府褒揚令。

　　　3月念5日（筆者注：3月25日）令開，《國民政府褒揚令》：
國民政府三十二年三月念五日令開：（行政院三十二年四月二日仁陸
字七七——號訓令轉知教育部再轉國立中正大學）國立中正大學教
授姚名達精研史學，富有著作，去夏參加該校戰地服務團，充任團
長，率領學生團員出發江西新淦縣工作，忽在石口遇敵被圍，倉猝
奮鬥，中彈捐軀。學生吳昌達受刃重傷，同時遇害，均屬見危授命，
深堪嘉許，應予明令褒揚，以旌忠烈，而昭矜式。

　　　此令。

　　　　　　　　　　　　　　　　　　　　　主席 林森〔註1611〕

3月20日，胡先驌致電璧山軍訓部。

　　　無奈之下，胡先驌致電璧山軍訓部，請求將東南聯合大學軍訓
教官李劍聲、暨南大學軍訓教官張煥南調至中正大學。〔註1612〕

3月25日，國民政府對烈士進行褒獎。

　　　國民政府終於在1943年3月25日對烈士進行褒獎，原文如下：
國民政府二十五日令：國立中正大學教授姚名達，精研史學，富
有著作。去夏參加該校戰地服務團，充任團長，率領學生團員出發
新淦縣工作，忽在石口遇敵被圍，倉促奮鬥，中彈捐軀，學生吳昌
達受重傷，同時遇害，均屬見危救命，深堪嘉許。應予明令褒楊，
以旌忠烈，而昭矜式。此令。〔註1613〕

〔註1610〕鄭瑤著《繼往開來責在斯——國立中正大學農學院研究（1940～1949）》，
　　　　　2019年江西師範大學碩士研究生學位論文，第61頁。
〔註1611〕《新華日報》載：「府令褒揚姚名達吳昌達」及褒揚令全文，1943-03-26。江
　　　　　西《民國日報》等全國各地報刊報導了該條「中央社訊」全文。姚國源執行
　　　　　主編《浩氣壯山河——原國立中正大學抗日戰地服務團紀實》（上冊），江西
　　　　　高校出版社，2010年11月版，第64頁。
〔註1612〕《請調東南聯大軍訓教官李劍聲暨南大學軍訓教官張煥南前來本校服務
　　　　　由》。高志軍著《政治與教育的互動：國立中正大學研究》，2021年12月華
　　　　　中師範大學博士學位論文，第74頁。
〔註1613〕《國府命令褒揚姚名達吳昌達》，重慶《大公報》1943年3月26日，第2

國民政府褒揚令

三十二年三月念五日令開：

國立中正大學教授姚名達精研史學，富有著作，去夏參加該校戰地服務團，充任團長，率領學生出發江西新淦縣工作，忽在石口遇敵被圍，倉卒奮鬥，中彈捐軀，學生吳昌達受刃重傷，同時遇害，均屬見危授命，深堪嘉許，應予明令褒揚，以旌忠烈，而昭矜式。此令。

國民政府褒揚令

中華人民共和國民政部一九八七年十月一日特發姚名達革命烈士證書

3月，胡先驌致教育部信函。

版。高志軍著《政治與教育的互動：國立中正大學研究》，2021年12月華中師範大學博士學位論文，第106頁。

　　應教育部要求中正大學將其教員編製表呈遞教育部。3月31日，
教育部覆函稱，編造表中經濟系、土木工程系、農藝系、生物系等
所列均超規定，要其「重行編造呈核」。胡先驌後又致函教育部長陳
立夫陳明曲折，傾訴衷腸：正大土木工程系教員、助教雖分別列 8
人、3 人，但所聘教員、助教各 1 人未到校，該系實有教員 7 人，助
教 2 人。教員中又有 2 人兼院長，1 人兼系主任，1 人兼工程主任，
1 人係兼講師。因行政職務關係，授課時間有所減少。又因助教人數
太少，教員不得不兼任助教工作，遂使授課時間一再壓縮。因此，
土木工程系人數並未超出規定。至於農藝、經濟、生物三系均依規
裁減。但是農學院植物病理蟲害、園藝學等課程，「均係農藝、森林
兩系學生所必修或選修非聘有教授不可」。〔註1614〕可以看出，中正
大學在實踐遵令裁員過程中不但有許多無奈而且還遭遇自身阻力，
很難完全與教育部構想一致。教育部的某些規定對中正大學有「一
刀切」之嫌。在胡先驌時期，教育部要求裁員的案例不止於此，嗣
因各種原因要求減聘教員的政令不在少數。如：1943 年 5 月 19 日，
正大應教育部 2 月指令，於第 28 次校務會議上對「所用技術人員太
多」問題進行討論，決定將原有的技術人員 41 人減為 32 人，實減
9 人。〔註1615〕對於教育部要求 1943 年秋季學期減聘教員一案，1943
年 7 月 1 日的第 81 次校務會議會議對此還作出決議。〔註1616〕7 月
12 日，遵教育部令，中正大學又對社會教育、經濟、農藝等系教員、
助教人數進行裁減。〔註1617〕

〔註1614〕　《遵令重造三十一學年度教員編製表請鑒核案由》（1943 年 6 月 12 日），
　　　　　《國立中正大學教員任免、進修及職員編製表等文書》（194110～194506），
　　　　　中國第二歷史檔案館藏，全宗號五，案卷號 2647，第 5、6 頁。

〔註1615〕　《國立中正大學校務會議第二十八次會議議事錄》（1943 年 5 月 19 日），江
　　　　　西省檔案館藏，檔號：J037-1-00565-0062；《國立中正大學教員任免、進修
　　　　　及職員編製表等文書》（194110～194506），中國第二歷史檔案館藏，全宗號
　　　　　五，案卷號 2647。

〔註1616〕　《為奉教育部令自本年度第一學期起減聘教職員經提交校務會議決議下次
　　　　　常會討論囑查照辦理由》（1943 年 7 月 1 日），江西省檔案館藏，檔號：J037-
　　　　　1-00634-0229。

〔註1617〕　《據呈送該校教員編制悉核示知照》（1943 年 7 月 24 日），《國立中正大學
　　　　　教員任免、進修及職員編製表等文書》（194110～194506），中國第二歷史
　　　　　檔案館藏，全宗號五，案卷號 2647，第 4 頁。高志軍著《政治與教育的互

3月，江西省民政廳彰顯忠烈。

　　江西省民政廳請中正大學填寫戰地服務團石口遇難二烈士事蹟，以諮請內政部明令入祀建碑，彰顯忠烈。〔註 1618〕

3月，國立中正大學決定採用私立辦學模式創辦私立正大中學。籌辦伊始，國立中正大學公推胡先驌、羅廷光，謝兆熊、鄒邦鈺、陳清華、蔡方蔭、周拾祿、黃野蘿、周葆儒、吳詩銘、楊惟義、毛岡鳴、周樹人和袁昂等 14 名教師為正大中學校董。其中，胡先驌為名譽董事長（參見《國立中正大學校刊》1944 年第 4 卷第 7 期），羅廷光為董事長，袁昂為校長，並定於暑假後開學。〔註 1619〕

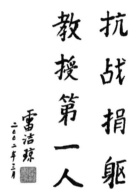

抗战捐軀
教授第一人

雷潔瓊為姚名達烈士題詞

抗日戰爭期間，國民黨中央訓練團組織中高等學校校長受訓訓練。與王之軒、曾濟寬、熊慶來、竺可楨、王廣慶、周伯敏、齊清心、金曾澄、張之江、丁文淵、劉德潤、陳思義、廖世承、蔣夢麟、梅貽琦、周宗蓮等校長。

　　一九四三年春間，我被召往重慶中央訓練團受訓，引起了我很大的反感。我認為調訓大學校長，實在是侮辱大學校長；而且要寫自傳得肄業文憑，尤其是不能忍受的。我曾對人說在我這年紀再不

　　　　動：國立中正大學研究》，2021 年 12 月華中師範大學博士學位論文，第 185 頁。

〔註 1618〕《函送姚吳二烈士跡表請呈江西省政府諮請內政部明令入祀建碑由》（1943 年 3 月 30 日），江西省檔案館藏，檔號：J037-1-00289-0123。高志軍著《政治與教育的互動：國立中正大學研究》，2021 年 12 月華中師範大學博士學位論文，第 102 頁。

〔註 1619〕江西師大附中《關於江西師範大學附屬中學建校時間考證的說明》，江西師大附中公眾號 2022 年 12 月 24 日。

能做天子門生了，我便沒有寫自傳得文憑。我在蔣介石召見大學校長時也說了很真切的話，與反對了蔣介石將中正醫學院與國立中正大學合併的主張。〔註1620〕

泰和縣文史資料《杏嶺炫歌》

　　4月1日，《民主政治與革命青年》文章在《青年時代》雜誌（第1卷第3期，第20～21頁）發表。摘錄如下：

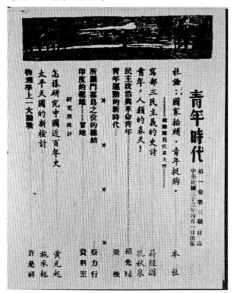

《青年時代》雜誌目錄

〔註1620〕　胡先驌著《對於我的舊思想的檢討》，1952年8月13日。《胡先驌全集》（初稿）第十五卷人文科學文章，第629～640頁。

政治由幼稚而健全，由惡劣而完善，乃人類歷史發展所必然趨勢，所必然原則，吾人應向此處努力邁進，固無疑矣。惟凡事僅知其原則，而不顧及客觀環境以採取最適當之步驟方法以行之，往往差之毫釐，謬以千里。而況健全完善的政治，措施至為煩劇，猶弈一一可成。朔自民國成立以來，內憂外患，障礙叢生，使吾人竭望之健全完善政治難於實現。青年最富革命精神，在此種情況之下，高度之熱忱既被遏制，未免稍帶悲觀，或釀成躁進急就之心理。重蹈蔑視訓政時期之覆轍，甚且被人利用，倒行逆施而不自覺，實為不可忽視之錯誤。必須將富有革命精神之青年導入正軌，使其先有正確之認識，然後方可集中此偉大之新生方量，以促進之。

《民主政治與革命青年》文章

一、民主政治是本黨的理想

本黨之使命，在實行三民主義之理想，即達成民有、民治、民享之全民政治。總理揭揚此至高之理想；而於如何達到此理想之方法，作更精微之指示，如「革命民權」、「權能區分」，皆係參照歐美各國之政治情形，依據我國之社會狀況而精心創造者，又如「民權初步」，「建國大綱」及其他遺教中對於實現民主政治之步驟，指示

尤詳，為最正確最偉大之理論，最周密最完備之方略，實乃總理昭示我國達到民主政治之唯一康莊大道，為我黨首當明瞭者也。

二、民主政治是本團的實踐

本黨為團結並訓練革命青年力行三民主義、執行以黨建國之國策計，已有三民主義青年團之設置。青年為黨之新血輪，新細胞，為革命之先鋒隊，為國家之新生命。舉凡社會之進化，政治之改革，俱賴青年之策動，以為其主力。其任務乃在本黨領導之下，成為「先知覺後知，先覺覺後覺」之革命團員，訓練及領導人民行使四權，以達到「還政於民」之使命。我總裁以力行規勉青年，務使人人在組織訓練之中，養成排萬難以求實現三民主義之勇氣，躬行實踐，始終不懈。故凡本團必須任披荊斬棘之辛勞，以完成其使命。至於環境之艱危，前途之困難，均所不顧，又其次要也。

三、團員代表大會是加強青年政治領導

三民主義青年團團員大會及代表大會，係依照本團之各級組織，分全團團員代表大會、支團團員代表大會、分團團員大會，分別按期舉行。其職權為決定全團或各級團部之工作方針與計之及審（核）各級團部幹事會監察會之報告，並處理團長交議事項；其目的在充分發揮革命青年之組織力量及加強其在政治上之領導作用。直接使團員本身之思想、言論、行動無時無事，不為主義努力。間接使民眾瞭解黨的主義之偉大，而使之心悅誠服，接受黨之領導。使黨之力量，得以加速充實，民主政治，得以加速促成。

四、革命青年應參加到民主的革命集團來

革命青年因痛心我國社會由阻礙而停滯、而窒息、而漸臻危殆，決心以革命手段促成我國社會之現代化及合理化，究非散漫毫無團結可以集事。然應參加何種革命集團，始能達到目的，尤宜審慎選擇。現代號稱民主政治之國家，為實行少數資產階級之德謨克拉西者，有實行偏激之無產階級專政者，皆非真正之民主政治，而不適合我國國情。惟為總理所昭示之「全民政治」最為正確偉大。故凡屬革命青年，俱應參加此最正確最偉大之民主的革命集團，則庶幾我總理理想之民主政治，方可促其實現也。

本黨不僅以促成民主政治為其理想及任務，即本黨本身之組織

原則，亦採取民主集權制。凡問題於討論時，必須極端民主，始能充分發揮黨（團）員全體之意見。但一經成為決議之後，不論贊成與否，均應竭力實行，不容有絲毫保留態度。以是無議會政治之散漫，無獨裁政治之武斷，且有集思廣益及緊張敏捷之長。

聖神之民族抗戰，已逾五載。本黨在戰爭烽火及時代之激流中，對所負重任，表現其所領導之正確及力量之偉大，已昭然若揭。舉凡地方自治之逐漸實施與夫民意機關之普遍設立，俱足證明本黨對於奠定民主政治之基礎工作，不遺餘力。革命青年為國家民族之命脈，為本黨之新生力軍，在抗戰中，已貢獻其偉大之力量；此後尚須擔更重艱巨之任務，作更艱苦之奮鬥，以促成更新之蛻變及更大之躍進——建立三民主義的全民政治之新中國。〔註 1621〕

4 月 3 日，國立中正大學校長胡先驌教務長羅廷光代行《呈送教授周拾祿嚴楚江專科以上學校教員獎助金乙種申請書請核示由》。

鈞部三十一年十二月十七日高字第五一九二七號代電令飭申請醫藥借貸教員應專案呈部等因，茲准教授兼農學院院長周拾祿教授嚴楚江填送專科以上學校教員獎助金乙種申請書附具證明單據各一紙前來，經查確屬實情，理合檢同原件轉請鑒核賜准！

國立中正大學校長　胡先驌

教務長　羅廷光代行

（鄭瑤先生提供）〔註 1622〕

4 月 11 日，由蔣介石主持的中央訓練團在重慶舉行第 25 屆黨政訓練班，包括蔣夢麟、梅貽琦、竺可楨、胡先驌等多位國立大學校長接受調訓。〔註 1623〕

4 月 19 日，校長難得聚會。

在重慶參加黨政訓練班的大學校長們受英國大使西摩（Horace Seymour）邀請喝下午茶，前往者有蔣夢麟、竺可楨、胡先驌、梅貽

〔註 1621〕《胡先驌全集》（初稿）第十五卷人文科學文章，第 345～347 頁。
〔註 1622〕《中正大學教員獎助金申請清冊及醫藥費等補助文書》（1943 年 04 月 03 日），中國第二歷史檔案館，檔號：五-3766（1），第 7 頁。
〔註 1623〕朱鮮峰著《中國近代高等教育史上的「學衡派」——以其人文教育思想和實踐為研究中心》，2016 年 10 月浙江大學博士學位論文，第 167 頁。

琦、胡春藻、丁文淵、熊慶來等。蔣夢麟（西南聯合大學校務委員會
常委）、竺可楨（浙江大學校長）、胡先驌（國立中正大學校長）、梅貽
琦（西南聯合大學校務委員會常委兼主席）、胡春藻（西北聯合大學
常委）、丁文淵（同濟大學校長）、熊慶來（雲南大學校長）。〔註1624〕

4月23日，中正大學撫恤烈士。

吳昌達撫恤費則依據「人民守土、傷亡撫恤實施辦法」核辦。
〔註1625〕

4月25日，參加董事會會議，報告雜誌編輯情形諸多事項。

理事會內遷後第2次會議記錄（1943年4月25日），中國科學
社內遷後第二次理事會，地點：重慶李子壩中基會。到會者：胡先
驌（盧於道代）、竺可楨、盧於道、任鴻雋、周仁。主席：任鴻雋，
記錄：盧於道。

報告事項：

社務：（一）各地社友會情形（國外一處，國內六處）。

（二）雜誌編輯情形。

（三）社友錄編輯情形。

（四）經濟情形。

（五）年會籌備情形及司選事。

討論事項：

一、新社員通過案。

加入社費三十元，常年費二十元，永久社費三百元，仲社員社
費十二元，提出大會。

二、名譽社員李約瑟案。

提交大會議決。

〔註1624〕 王希群、楊紹隴、周永萍、王安琪、郭保香編著《中國林業事業的先驅與開
拓者——胡先驌、鄭萬鈞、葉雅各、陳植、葉培忠、馬大浦年譜》，中國林
業出版社，2022年3月版，第067頁。

〔註1625〕 《國立中正大學關於發放恤金證書及填送恤表的函》（1943年4月23日），
江西省檔案館藏，檔號：J037-1-00289-0129。高志軍著《政治與教育的互動：
國立中正大學研究》，2021年12月華中師範大學博士學位論文，第97～98
頁。

三、第二十七卷起《科學》月刊由中國文化服務社發行訂定合同案。

原則通過。

四、百萬基金案。

先非正式接洽之。〔註1626〕

4月28日，教育部致中正大學信函。

教育部卻回應稱：「該校前請增撥遷移費五萬元，業經未便照准在案。由此可見，中正大學因戰爭造成寶貴經費的無謂損失，校方自身卻無力籌措其他經費作為補充，戰爭對中正大學發展的消極影響清晰可見。教育部雖伸出了援手，卻不能從根本上解決該校的經費匱乏問題，越是如此，中正大學對教育部的依附性就越強。教育部態度前後出現變化或因經費短缺所致。〔註1627〕

4月，《中國問題之總解決在實行實業計劃》文章在湖南行健半月刊社編輯《行健》雜誌（第5卷第4期，第7～9頁）發表。摘錄如下：

吾國自太平天國之役後，元氣凋喪已盡，雖以清末同光宣三朝五十年之休息，然因疊受歐西帝國主義之經濟剝削，不但元氣不能恢復，適以促成滿清王朝之顛覆。民國成立以來，亂禍相尋不已，民困日益加甚。國父慨然憂之，乃於民十年，草擬實業計劃於歐戰終止之後：「蓋欲利用戰時宏大規模之機器，及完全組織之人工，以助長中國實業之發達，而成我國民一突飛之進步，且以助各國戰後工人問題之解決。」其目光之遠大，世無倫比。苟其時之中國政府，有從事建國之誠意與遠識，而歐美列強亦有相同之卓見，謀以國際之協力，共同發展中國實業，則至第二次世界大戰爆發之前夕，不但中國早因工業化而臻富強，即各國戰後之不景氣，與國際之經濟

〔註1626〕 何品、王良鐳編注中國科學社檔案資料整理與研究《中國科學社董理事會會議記錄》，上海科學技術出版社2017年版，第261頁。

〔註1627〕 《據呈請將遷移費五萬元仍賜撥發核示知照由》（1943年4月28日），《中正大學現金出納表領款收據經費累計表等各類會計表文書》（194205～194504），中國第二歷史檔案館藏，全宗號五，案卷號3763（1），第187頁。高志軍著《政治與教育的互動：國立中正大學研究》，2021年12月華中師範大學博士學位論文，第124～125頁。

矛盾，亦可消除，而第二次世界大戰亦不至發生矣。無奈我國朝野
與歐美各國見不及此，坐視時機之逝去，因循候逾廿載。我國積弱，
致引起日本帝國主義之覬覦，歐美各邦之經濟矛盾亦無法解決，終
於引起較第一次歐戰更為殘酷之大戰。世界元氣之凋敝，將十倍於
前役。幸我國有偉大之最高領袖，知抗戰與建國為不可分之事業，
而英美盟邦之偉大領袖，亦知戰後欲恢復世界之繁榮，保護永久之
和平，獲得人類之幸福，亦必以扶助中國發達其實業為主要之方略，
故謂中國問題之總解決，在實行國父之實業計劃誠非虛語。即謂世
界問題之總解決，要在實行國父之實業計劃，亦非過論也。

以我六年來抗戰所得之慘痛經驗，朝野人士盡能深切體認，雖
我軍民有英勇不屈之抗戰精神，終以物質條件大不如人，故若不得
盟邦之物資援助，終難逐頑寇於國門之外。於是莫不深切愧悔前此
未能極力實現國父之實業計劃也。今者勝利已在目前，政府方銳意
研討戰後復興與建國之計劃，而今日甚囂塵上之開發西北即為建
國計劃實現之初步，筆者於此因欲與國人一討論實現實業計劃之
影響：

一、增加國富

我國號稱天府，地大物博，世鮮倫比。物產之富雖不及美國與
蘇俄，然列為第三，亦殊無愧。山西撫順之煤、東三省之鐵、西北
之石油、西北與沿海之鹽鹼、華北之棉，皆可使中國變為東亞之第
一大工業國；而海南島可種橡皮，可供全國人民之需要而有餘；重
輕工業與內外蒙可推廣畜牧；全國之農產林產，海沿之水產，皆足
供之資源，幾於無所不有。苟能實現國父之實業計劃與三民主義之
所主張發展國家資本，利用外資，發展各種重工業，則國富可以大
增，國力可以大長矣。

二、建立國防

今日之戰爭為全民戰爭，即以全國之人力物力與他國全國之人
力物力相角，勝者凱旋，敗者潰滅。在我國人力固無問題，而物力
則有待於充分利用。今者吾國貨棄於地，煤鐵銅各礦多未開闢，鋼
鐵業迄未建立，石油礦業今始萌芽，機械工業方在籌劃中，基本化
學工業，僅永利化學工業公司稍有成就，木材工業尚未引起國人之

注意，鋁業與其他各金業尤談不到，故迄今無法制造重武器與飛機以抗敵人也。至於劃時代之可型物（Plastics），即人造膠工業，則知其名之人，尤屈指可數矣。以言農產，雖糧食尚豐而肉類與牛乳產量不足，罐頭工業素不發達，使士兵生活至為困苦。以言衣，雖棉毛產尚豐而紡織業至不發達，故一遭封鎖，全國頓有無衣之歎。而交通之缺乏，尤為國防之大患。抗戰以前，以我國幅員之廣，僅有平漢、平浦、遼寧中東、南滿、隴海、浙贛、粵漢數線，而中東、南滿兩線尚在敵人手中，今則僅在東四省境內敵人已敷設鐵路一萬二千公里矣。以言航運，則良好港灣，非未發達，即被租借，內河內海，與人共之，海軍僅剩殘餘，商船亦僅少數，造船業故步自封，尚係咸同時代之規制。邊疆之地，幅員遼闊，人口稀少，列強虎視，政令不行，名雖屬我，實同自主。處茲公理尚未戰勝，暴力仍在蠢動之際，政治經濟工業農業落後如此，以言建國防，寧不南轅北轍？反之若能實現國父之實業計劃，則鐵路有十萬英里，公路有百萬英里，西北鐵路系統成，則蒙古、新疆皆在控制之中。蒙古、新疆千萬移民成，則國境可守矣。蒙古、新疆水利工程完成，則邊疆之民食、軍食無憂矣。南北東方三大港建立造船廠成，則海軍可復興矣。中原、東南、西南鐵路系統完成，各內河疏濬蕆寧，則軍運交通十分便捷矣。礦業與重工業發展，則不患不能製造重武器矣。農業與紡織業發達，則軍需充足矣。故欲建立強固之國防，必須實現國父之實業計劃。

三、充裕民生

吾國貨棄於地，工礦業即不發達，百分之八九十之人民皆從事農業。而農業又墨守成法，不知改良，且土地每每集中於地主之手，致耕者不能有其田。佃農或小農雖終歲手足胼胝不足以贍家口，凶年則不免於死亡。全國均呈貧寒之象，民生安得而不凋敝？苟國父實業計劃可以實現，則大規模工礦業，可吸收一大部分過剩之人口，而移民實邊，又可減輕若干人口壓力。紡織業盛行，可恢復昔日男耕女織之正常狀態，不啻為半數人民增加職業與生產。農業半機械化，則可節省人工，增加每人耕地面積。以人造肥肥田，則不發生肥料缺乏之恐慌。農業加工製造，則可以製成品行銷於國際市場，

而增益農民之收入。夫如是均貧之現象,一變而為均富,民生問題,乃得一總解決。

四、促進文化

吾國民眾知識水準之低下,完全由於生計壓迫。雞鳴而起,勞作終日,而樂歲不常飽,凶年不免於死亡,尚有何心計及教育與文化乎?苟能實現實業計劃,則生活水準增高,農民求知之欲亦增高。美國鄉村教育與文化至為發達,要由於其農民生活之富裕也。復次,交通為灌輸交換文化之要素。吾國幅員遼闊,通都大邑固富有人民,山陬水涯亦不少民眾,徒以交通不便,每每老死鄉園,足不出里閈,邊疆區域,尤無論矣。苟有三十萬里鐵路,三百萬里公路,而內河內海極航運之便,天空復有空航,人民之流動性,大為增加,文化之交流亦隨之而進展。不但中原之地,文化紛呈,空前之燦爛;即荒服不毛之地,亦可沾被中原之文化,則書同文車同軌,將不僅為儒者之幻夢。而吾國各民族之團結同化,亦將十百倍於往昔矣。

五、維持東亞世界和平

吾國人口占世界人口四分之一,幅員在東亞為最大。其形勢東控太平洋,西接亞洲西部,南控東印度群島,北與蘇俄接壤,蓋居東亞形勝之地,為亞洲之樞紐;而地大物博,為世界一大資源地,亦為世界一大市場。人民復雅好和平、仁愛為其天性。故中國苟不富強,則生列強覬覦之心,而為戰爭之導火線。苟因實現國父實業計劃而臻富強,則為東亞與世界之重心。以中國愛好和平,東亞與世界和平得因中國而維持。即有黷武之民族,亦因有強大之中國而不得逞其奸詐;故可謂世界和平,繫於中國強大,而中國之強大,則又賴實業計劃之能實現也。

總而論之,中國近百年來之積弱,由於實業之不發達;民生之凋敝,文化之落後,亦由於實業之落後。因之內憂外患,交乘互至。苟不急起直追,即此次抗戰勝利,亦不能立足於廿世紀之世界。反之若實業計劃得以實現,則一切問題皆可得一總解決,而東亞至世界之和平,亦得以維持於永久。〔註1628〕

〔註1628〕《胡先驌全集》(初稿)第十五卷人文科學文章,第348~351頁。

4月，《〈正大土木〉弁言》文章在《正大土木》（季刊）（創刊號）雜誌（第1卷第1期，第1頁）發表。摘錄如下：

　　立國於今世，端賴交通。交通不便，則百業無由發達，文化無由傳播，國防無由鞏固，民俗無由混同，其所繫者大矣。交通之道有三，水則船舶，空則飛機，陸則車騎。而在大陸國家，船舶之要不如車騎，飛機後興，其利尚未溥及，故車騎與道路，為尤尚矣。昔在漢武之世，驛路通於大秦，以為貿絲之用，西域賴之而定，國威賴之而揚，文化賴之而交流，此治道路之效也。吾國幅員廣袤，東界日韓，西盡蔥嶺，南屆南海，北抵西伯利亞，縱橫數萬里，當有平沙大漠雪山激流之險，故每逢國力衰頹，則邊疆化成甌脫；近百年來，失地滋多。故雖立國五千年，文化廣被於東亞，同文同軌，世所豔稱，而以交通不便，尚未能完成漢唐以來之統一大業也。海通以還，歐化西漸，國人漸知交通之重要，海疆內河，已有輪舶，光宣之際，鐵路亦興，然亦僅限於交通便利之區，道里甚短。故除平漢、津浦、滬寧三鐵道線外，隴海線僅成一半；川漢、粵漢兩線籌畫經年，而築室道謀，迄無成就。以言鐵道網，瞠乎其後矣。國父有見於此，故於民國肇建之初，即有興築十萬里鐵道之偉畫，而當國者昧於治理，荏苒十餘年迄無所成，反使異族得於邊疆建立有侵略之鐵道，如中東、南滿、滇越諸線，豈不哀哉？復次，自內燃機發明以來，交通尤稱便利。蓋鐵道之興築，糜款至巨，工程至偉，而在山川險阻之區，則尤難告成。然苟公路廣被，則汽車所至，交通即暢；於行軍尤稱便利，故駸駸有取鐵道而代之之勢。德國閃擊戰之成功，即賴有東西橫貫之公路網，故其機械化軍隊能橫貫歐陸，朝發夕至也。吾國在北伐告成以前，執政者尚昧於交通之重要，尤不知興築公路為要政。鑒於國難之嚴重，乃銳意興築各省之公路網，抗戰軍興，竟能於半載之短期中，不藉機械之力，築成滇緬公路，為舉世所震驚；同時西北公路，亦以告成，用能橫貫新疆，達於俄境。七年抗戰，國際交通，惟茲是賴，不其幸歟？同時且有中印路之勘修，欲以橫貫滇康以達印度錫金之阿薩密，工程之巨，尤為滇緬公路所不及；今則於反攻緬甸之役中，我國軍又在熱帶叢莽中闢

山開路也。至於鐵路，亦多增修。抗戰以前粵漢、浙贛、京淮三路已告通車；抗戰以後湘桂路亦已告成，今則黔桂路亦已達都勻矣。滇緬鐵路亦在籌築之中。在海疆為敵人封鎖以後，而能有此成就，此所以博得舉世之讚歎也。復次，水利工程，亦為立國之要政：海港之興修，水道之整理，灌溉之建立，水力之利用，蓋不但交通因之而便利，農工兩業，亦以此為鎡基。國民政府成立以來，農田水利工程，尤鑄偉績。鄭國渠之修復，已使關中瘠壤，化為膏腴。淮河水利之告成，積年水患，因之而滅絕。而抗戰軍興以後，水道之整理，尤多殊績。水力發電，亦有初基。凡此種種，皆吾國土木工程之光榮建樹也。抗戰結束，建國伊始，十萬里鐵路之以次興修，南東北各大港之建立，藉農田水利以復興西北，利用水力以電化工業，經緯萬端，皆立國之要政，而土木工程界人士之使命也。中正大學之土木工程學會有鑑於此，乃有《正大土木》季刊之問世，一方面供會員之切磋，一方面為社會之領導，以建國事業之艱巨與我國土木工程成績之偉大，吾知斯刊之問世，必能引起求友之嚶鳴，而奠他日工程建國之基礎，故樂為之弁言，以寄無限之希望焉。〔註1629〕

5月1日，中正大學開除成績不合格學生。

　　胡先驌致國立中正大學關於開除蕭長清的函，國立中正大學即開除了政治系的一名學生，理由即是「該容梓主任大鑒，四月十六日，大函收悉政治系學生蕭長清上學期成績不及格，學分統占全學分二分之一，應即依照學則規定令該生退學，此復亦頌教祺。」〔註1630〕

　　5月1日，國立中正大學《正言》（月刊）創刊，由正社編輯，主編盧法祖。1943年11月1日停刊，刊載政治經濟方面文章。

〔註1629〕 張大為、胡德熙、胡德焜合編《胡先驌文存》（下卷），中正大學校友會出版發行，1996年5月，第323～324頁。

〔註1630〕 江西檔案館，檔號：J037-1-00757-0096。鄭瑤著《繼往開來責在斯——國立中正大學農學院研究（1940～1949）》，2019年江西師範大學碩士研究生學位論文，第83頁。

1943 年國民黨中央訓練團組織中高等學校校長受訓訓練。此為受訓校長 5 月 2 日在重慶合影。前排左起：王之軒、曾濟寬、熊慶來、胡先驌、竺可楨、王廣慶。二排左起：周伯敏、齊清心、金曾澄、張之江、丁文淵、劉德潤。後排左起：陳思義、廖世承、蔣夢麟、梅貽琦、周宗蓮（胡宗剛提供）

5 月 2 日，胡先驌致朱家驊信函。

驊公院長勳鑒：

兩次晉謁不遇，至以為悵。驌在渝尚有三星期勾留，請約期一談以慰，渴望兼聆教益為感。

專此敬頌

勳綏

弟 胡先驌 拜啟

五月二日（1943 年）〔註 1631〕

5 月 3 日，中正大學要求增加軍事教官。

胡的提議可能被束之高閣。就在中正大學軍事教官乏人可用之時，該校教官伍中卓、劉俊年（未到校）又被派出受訓。〔註 1632〕

〔註 1631〕 《胡先驌全集》（初稿）第十七卷下中文書信卷，第 418～419 頁。

〔註 1632〕 《國立中正大學：茲調該校軍訓教官伍中南劉俊年赴中訓團（26）期受訓限五月底後除准發來程旅費概數各一千八百七十五元而在款未到校前即希照數墊發取據存校以便報導勿延為要軍訓部吧叩宥訓總三印》。高志軍著《政治與教育的互動：國立中正大學研究》，2021 年 12 月華中師範大學博士學位論文，第 74 頁。

5月8日，中正大學要求軍訓部早日派各教官前來。

中正大學對此感到不安，校方稱，本校軍校教官原「極職不敷」，前奉調派教官僅到 3 人，請將伍、劉二人緩調，並請重慶軍委會軍訓部早日派各教官前來。軍訓部口惠而實不至，有時反倒對該校軍事教育實踐起到窒礙、破壞作用。〔註1633〕

5月9日，國立中正大學青年劇社為慶祝戲劇節和賑濟逃荒來泰和的粵東饑民，在建藝劇場義賣公演四幕話劇《野玫瑰》，本來事前曾向軍、警、憲、政機關及報社贈票，但仍不免有人節外生枝，江西《民國日報》記者項某攜女友無票進場而遭阻攔，記者揚言「明天見報」，第二天《民國日報》刊登一則花邊新聞，報文為：「國立中正大學青年劇社昨晚公演話劇《野玫瑰》，演出成績欠佳，秩序尤成問題」。不實新聞對這次義演進行無理指責，引起學生強烈不滿。中正青年劇社派出代表前往報社交涉，報館負責人溜走。而報社口是心非，執意護短，始終未予更正。學生一怒之下將排字房鉛字版推翻因而引發事端，終於發生了全校千名學生衝擊省黨部和搗毀民國日報事件。當時省主席曹浩森聽到這些傳言，為避免事態進一步惡化，下令對外嚴密封鎖電訊，以免醜聞外傳。這件事導致的後果令學生始料不及的是東京、南京、南昌的日寇廣播，對此事大做文章誇大其辭的不實廣播說：「蔣政權四分五裂，學生厭戰，江西省黨部《民國日報》被中正大學學生搗毀」。蔣介石聞訊大怒，即下手令由教育部長陳立夫轉胡校長：「著中正大學校長迅即返校，懲辦為首學生」。

5月9日晚，文藝演出產生矛盾。

就在演職人員忙於演出前的準備工作時，民國日報社一名項姓記者領著三名女友旁若無人地走入劇場，強行要求坐到前排，事實上，青年劇社在演出前已向報社贈送了數張入場券，但該記者手中並無門票，工作人員遂斷然拒絕了這一要求。項某乃不顧前排觀眾的反對，自搬座椅置於臺口，劇場內頓時一片譁然。在現場觀眾的一片噓聲當中，項某及其女友被維持秩序的警員請出劇場。項某惱羞成怒，高聲向場中宣稱：「凡在場《民國日報》職員一律隨我出

<hr>

〔註1633〕 《為本校現有軍訓教官極職不敷請准伍中卓劉俊年二員暫緩調訓由》。高志軍著《政治與教育的互動：國立中正大學研究》，2021 年 12 月華中師範大學博士學位論文，第 74 頁。

場！」隨後悻悻而去。當晚的演出並未因此受到干擾，進行較為順利，反響頗為熱烈。〔註1634〕

5月10日，中正大學學生派代表進行交涉。

江西《民國日報》即刊出一條短訊，稱「青年劇社昨日在建藝劇場上演『野玫瑰』，外界期望頗殷，惟演出成績欠佳，觀眾甚為失望，全場秩序尤成問題」。當地另一份報紙《捷報》也轉載了這一消息。從其內容來看，當屬記者公報私仇、妄加詆毀。學生看到消息後，大為憤慨，當即派代表前往報社編輯部交涉。〔註1635〕

5月10日，胡先驌請熊式輝決定贛工專與中大工學院合併事宜。

中正大學胡步曾校長來談，請余主張贛工專與中大工學院合併，伊言總裁令與余商，余答當與地方妥商決定。甘乃光來談：設計局事，月預算委員會不能即兵入，設計與考核相關聯，即年度預算不經設計局，亦必慮人之不重視。〔註1636〕

5月10日，喬子藩致吳昌達烈士父親吳季高先生信函。

5月10日，國立中正大學喬子藩函吳季高先生：江西省所撥恤金千元，昌達名下應得五百元正，曾製瓷像計動用百數十元（由校代辦），剩餘均由校匯上。本校王綸講師與中宣部約定撰抗戰英雄傳一冊，其中擬列吳烈士昌達傳一篇，苦無適當材料，函盼能將昌達兄詳細生平見示，俾傳文內容得以充實。昌達兄所留筆墨以日記三本為最可珍貴，刻校方已取一本存校誌念。聞校方曾與省黨政當局商定：一俟戰爭結束後二烈士之忠櫬即隨校遷廬山，此不過暫厝性質云。〔註1637〕

〔註1634〕 朱鮮峰著《中國近代高等教育史上的「學衡派」——以其人文教育思想和實踐為研究中心》，2016年10月浙江大學博士學位論文，第176～177頁。

〔註1635〕 朱鮮峰著《中國近代高等教育史上的「學衡派」——以其人文教育思想和實踐為研究中心》，2016年10月浙江大學博士學位論文，第178頁。

〔註1636〕 熊式輝著《海桑集——熊式輝回憶錄》，星克爾出版（香港）有限公司，2009年8月版，第311頁。

〔註1637〕 畢騰青《吳烈士昌達傳》1947年9月3日。姚國源執行主編《浩氣壯山河——原國立中正大學抗日戰地服務團紀實》（上冊），江西高校出版社，2010年11月版，第64頁。

5 月 11 日，國立中正大學函吳烈士昌達家屬，轉達國民政府三十二年三月念五日褒揚令。〔註 1638〕

5 月 12 日下午，中區大學舉行酬答演職人員茶話會。

　　相關人士在中正大學舉行茶話會酬答演職人員。會後，有學生提及此事，一時群情激憤，聲言要與報社算帳。晚飯過後，數十名學生遂在操場集合，決定前往泰和縣城與民國日報社理論。抵達縣城時，報社已下班，僅有少數幾位工友尚在印刷間。面對年輕的學生，幾名工友辭氣傲慢，雙方遂起衝突。學生們紛紛衝入排字間及印刷房，搗毀已排好的版面。又有部分學生前往《捷報》營業部，打毀部分對象，隨後返回學校。〔註 1639〕

5 月 12 日晚 7 時許，發生中正大學百餘名學生搗毀《江西民國日報》、破壞《捷報》報社事件。

5 月 13 日上午，中正大學代校長羅廷光處理報社事宜。

　　中正大學校方緊急召開校務會議，決定由代校長羅廷光及總務長鄒邦珏接洽省黨政官員及《民國日報》《捷報》二社負責人，避免事端擴大。另一方面，學校又向警方保釋萬壽梅，並送往醫院救助。〔註 1640〕

5 月 13 日下午 5 時，中正大學數百名學生包圍衝擊國民黨江西省黨部，衛兵向天鳴槍後，學生遂於晚 7 時，再度衝擊《江西民國日報》社。蔣介石震怒，手令要求「嚴懲為首學生」。校長胡先驌為保護學生，僅對參與學生進行「申誡」從輕處理。

5 月 14 日，《江西民國日報》社受損嚴重，於是日起，《江西民國日報》與《捷報》聯合出刊（捷報印刷設備未毀），又因兩報共用電臺被毀，版面縮小，至 21 日改由江西印刷廠代印而恢復。

〔註 1638〕姚國源執行主編《浩氣壯山河——原國立中正大學抗日戰地服務團紀實》（上冊），江西高校出版社，2010 年 11 月版，第 64 頁。
〔註 1639〕朱鮮峰著《中國近代高等教育史上的「學衡派」——以其人文教育思想和實踐為研究中心》，2016 年 10 月浙江大學博士學位論文，第 178 頁。
〔註 1640〕朱鮮峰著《中國近代高等教育史上的「學衡派」——以其人文教育思想和實踐為研究中心》，2016 年 10 月浙江大學博士學位論文，第 179 頁。

5月14日，上級要求嚴懲為首的大學生。

　　江西泰和警備司令部向中正大學轉達江西省政府主席兼保安司令曹浩森手令，要求校方將為首肇事學生交出懲辦，同時「嚴令各學生謹守校規」，並注意偵查「是否有姦偽從中鼓動」。〔註1641〕

5月15日，曹浩森致羅廷光手諭。

　　5月15日，贛省府主席曹浩森致中正大學代校長羅廷光手諭，內容如下：（一）禁止學生一切非法行動，如有違背概以暴徒論罪。（二）將該大學此次學事學生全部查出，交政府依法嚴懲。〔註1642〕

5月15日，泰和各職業工會工人通電對報館的聲援。

　　5月15日，第二電為泰和各職業工會工人通電對報館的聲援：因國立中正大學一部分學生，糾眾暴動，搗毀民國日報社，捷報社，不獨擾亂後方治安，摧殘文化事業，且斷絕排印工人生計，各職業工會工人激於義憤，特於昨日（十四）在縣總工會大禮堂舉行緊急會議，到工人代表二百餘人，開會商討申援辦法，當場決議要案多件，並通電向各界呼吁，會場情緒極為激昂。〔註1643〕

5月15日，江西各界慰問報社。

　　江西《新夜報》來電謂：頃聞貴報被正大學生聚眾持械橫遭搗毀，驚悉之餘，不勝痛憤。同仁等唇齒相依，益增危懼，尚望採取有效步驟，以應事變。口電致慰，諸希公鑒。江西新夜報社全體同人叩。〔註1644〕

〔註1641〕 朱鮮峰著《中國近代高等教育史上的「學衡派」——以其人文教育思想和實踐為研究中心》，2016年10月浙江大學博士學位論文，第179頁。
〔註1642〕 高志軍著《政治與教育的互動：國立中正大學研究》，2021年12月華中師範大學博士學位論文，第197頁。
〔註1643〕 高志軍著《政治與教育的互動：國立中正大學研究》，2021年12月華中師範大學博士學位論文，第197頁。
〔註1644〕 《本報等搗毀後當局極重視省府決嚴懲肇事學生羅代校長已公告辭職》，江西《民國日報捷報》1943年5月15日，第2版。另據5月16日報稱，15日還有貿易公司、新檢室、建設廳等機關10餘人來社慰問。慰問電有：泰和新聞檢查室、吉安《新商報》、遠東通訊社、匡聲通訊社、群力通訊社等10餘通。新檢室慰問電：「民國、捷報社鑒，此次貴社不幸，遭受搗毀，聞悉之餘，曷勝惋惜。所幸正義猶存，法紀未隳，是非黑白，自有公論，尚祈繼續奮鬥精

5月上旬，為演出做宣傳。

中正大學青年劇社應江西省會各界紀念五四青年運動周籌備會的邀請，決定於8日至10日晚間在泰和建藝劇場舉行義賣公演，將演出收入用於賑濟遭受洪災的粵東難民。其中9、10兩日演出的劇目為聞名一時的四幕劇「野玫瑰」——該劇曾於5月3日、4日兩晚在校內演出，獲得一致好評。當地媒體《民國日報》也提前在頭版的醒目位置打出廣告，為演出造勢。〔註1645〕

5月17日，中正大學校方解釋事情起因。

《國立中正大學關於解決學生與江西民國日報糾紛的電文》，中正大學電覆泰和警備司令部，表示「此次事件純係出於青年學生激於一時公憤，絕無其他任何作用。現該報等竟公開攻訐，意圖擴大，本校除嚴飭學生靜候解決外，相應電覆。即希查照為荷」。〔註1646〕

5月17日，教育部給烈士發放撫恤金。

教育部給姚名達家屬發放了撫恤金16320元，恤金證書一張。

〔註1647〕

5月18日，中正大學校方向教育部陳述。

《國立中正大學關於調解民國日報與學生糾紛的電文》，校方情知該事件已難再隱瞞，為防止教育部聽信報社一面之辭，乃急電教育部長陳立夫。除陳述事件原委外，電文特別指出兩報「不憑事實，

神，執行抗建宣傳任務，謹電慰問，諸希亮察，軍委會。新檢局直屬泰和新聞檢查室叩。辰寒。」詳見《黨政各首長昨視察民國日報》，江西《民國日報捷報》1943年5月16日，第3版。高志軍著《政治與教育的互動：國立中正大學研究》，2021年12月華中師範大學博士學位論文，第197頁。
〔註1645〕 朱鮮峰著《中國近代高等教育史上的「學衡派」——以其人文教育思想和實踐為研究中心》，2016年10月浙江大學博士學位論文，第176頁。
〔註1646〕 國立中正大學檔案J037-1-00695-0149，江西省檔案館藏，第149～151頁。
朱鮮峰著《中國近代高等教育史上的「學衡派」——以其人文教育思想和實踐為研究中心》，2016年10月浙江大學博士學位論文，第180頁。
〔註1647〕 《本校姚故教授名達恤金請轉函財政部從速匯寄本校轉發由》（1943年5月17日），江西省檔案館藏，檔號：J037-1-00289-0136。高志軍著《政治與教育的互動：國立中正大學研究》，2021年12月華中師範大學博士學位論文，第97頁。

妄加宣傳，實亂聽聞」，並強調學校已採取相關舉措，學生未再有任
何舉動。在此之後，羅廷光等又向尚在重慶的胡先驌發出電報，請
胡氏速向中央及教育部申述，並指示善後辦法。〔註1648〕

5月24日，中正大學農學院致中正大學文書組信函。

　　中正大學農學院致函中正大學文書組。5月下旬胡先驌又接農學
院之請求，「本院生物系因深感教學設備之缺乏，復鑒學校經費之支
絀，現擬申請中華教育文化基金董事會設法補助，茲經填妥申請書二
份，即希查照轉飭文書組備函送請該會惠予照辦是荷」。〔註1649〕

5月24日，要求中華文化教育基金支持靜生生物調查復員工作。

　　中華文化教育基金事務所在重慶李子壩召開靜生生物調查所委
員會三十二年度第二次會議，出席會議的有江庸、胡先驌、謝家聲、
任鴻雋，議主席任鴻雋，在會上胡先驌提交了靜生生物調查所一九
四三年預算，請求中華文化教育基金補助三十萬元，並口頭報告了
所相關事宜。〔註1650〕

5月25日，胡先驌致上饒第三戰區司令部信函。

　　胡先驌致函上饒第三戰區司令部。他聽說農學院教授楊惟義上
饒故居被駐軍侵佔時，為使楊教授安心教學及科研，胡先驌親自致
函上饒第三戰區司令部長官顧祝同「函文：上饒第三戰區司令部顧
長官勳鑒，敝校教授楊惟義家住上饒南岩鄉趙家塘，現被駐軍侵佔，
頗有騷擾情事，請嚴令遷出並禁肆擾為感」。〔註1651〕

〔註1648〕國立中正大學檔案 J037-1-00695-0142，江西省檔案館藏，第 142～144 頁。
　　　　　朱鮮峰著《中國近代高等教育史上的「學衡派」——以其人文教育思想和實
　　　　　踐為研究中心》，2016 年 10 月浙江大學博士學位論文，第 180 頁。
〔註1649〕鄭瑤著《繼往開來責在斯——國立中正大學農學院研究（1940～1949）》，
　　　　　2019 年江西師範大學碩士研究生學位論文，第 25 頁。
〔註1650〕王希群、楊紹隴、周永萍、王安琪、郭保香編著《中國林業事業的先驅與開
　　　　　拓者——胡先驌、鄭萬鈞、葉雅各、陳植、葉培忠、馬大浦年譜》，中國林
　　　　　業出版社，2022 年 3 月版，第 067～068 頁。
〔註1651〕江西檔案館，檔號：J037-1-00271-0033。鄭瑤著《繼往開來責在斯——國立
　　　　　中正大學農學院研究（1940～1949）》，2019 年江西師範大學碩士研究生學
　　　　　位論文，第 63 頁。

5月28日，蔣經國致中正大學龍嶺分校信函。

　　5月28日，蔣經國來函分校，邀請全體學生觀劇，原函寫道：「本校師生於此艱難困苦情勢中，堅韌奮鬥，為國家培元氣，為生民造幸福，欣欣向榮，孜孜競進，實開大學教育之新生。經國于欽佩之餘，謹定本星期日（五月卅日）下午六時假新贛南大禮堂招待話劇演《李秀成之死》，略表微忱」。該日雖大雨滂沱，分校300餘師生依然冒雨如期觀劇。〔註1652〕

5月《慶祝締結中英中美新約之意義》文章在《正言》雜誌（第1卷第1期，第4～5頁）發表。摘錄如下：

　　去年雙十節我國國慶日，我盟邦英國美國宣布願自動放棄舊日所訂之通商條約。今年（民國三十二年即西曆一九四三年）一月十一日下午四時，中美中英新約同時在重慶外交部新廈簽字。簽字之後，蔣委員長分電羅斯福總統、邱吉爾首相表示感謝之意。電文云：「今日中美、中英三國簽訂新約，余謹代表中國政府及人民，向閣下表示深切感慰之忱；此舉使余益信同盟國團結一致，不僅為戰爭之目的，且為將來吾人獲得永久和平之基礎。」中英中美新約內容大致相同，其概要是放棄治外法權及其他特權，並規定放棄上述特權有關各事件予以調整，包括在中國駐兵之權，及關於通商口岸制度，北平使館界，上海廈門公共租界，包括上海特區法院等一切特權。中英條約中並聲明天津廈門廣州英租界公共租界之歸還，及租界內權益之轉移，並放棄沿海及內河航行權。惟英使未準備討論九龍租地問題，而我宋外長亦聲明我方已保留再度提出此問題之權。故自大體言之，此中英中美兩新條約之訂立，實中國近世史上劃時代之大事，亦即中英美三國相互間外交史上劃時代之大事，亦即全世界劃時代之大事也。

　　委員長於十二日晚七時對全體軍民廣播講演，認為我國與列強訂立不平等條約至今有一百年，「我中華民族經過五十年的革命流血，五年半的抗戰犧牲，乃使不平等條約的百週年的沉痛歷史，改

〔註1652〕《國立中正大學贛縣分校關於寄送分校消息的函》（1943年6月3日），江西省檔案館藏，檔號：J037-1-00828-0029。高志軍著《政治與教育的互動：國立中正大學研究》，2021年12月華中師範大學博士學位論文，第167頁。

變為不平等條約撤廢的光榮記錄。這不僅是我們中華民族在歷史上為起死回生最重要的一頁，而亦是英美各友邦對人類的平等自由建立了一座最光明的燈塔。」我們要深切瞭解不平等條約之廢除之意義，須先明瞭不平等條約之內容及其影響，今略述之如下：

　　道光三十二年（西曆一八四二年）我國為禁鴉片，與英國戰爭，我軍戰敗，乃訂立《南京條約》。其主要條款為開闢廣州、福州、廈門、寧波、上海五商埠，割讓香港，賠款二千一百萬元，並規定洋貨入口抽稅款百分之五。至咸豐七年英軍在廣州挑釁，粵督葉名琛被虜。翌年（咸豐八年，西曆一八五八年）英法軍艦開至天津，清廷力屈，乃訂《天津條約》，開闢牛莊、登州、臺灣、潮州、瓊州等沿海商埠，及長江上下游鎮江、漢口等四商埠。在各商埠英商得租地蓋屋，英國人犯罪歸英領事館懲辦。於是而有租界，內河航行權，內地通商權，與治外法權（即領事裁判權）；同時賠英人四百萬兩，法人二百萬兩，條約以英文作為正義。至咸豐十年六月戰爭又起，英人首占天津，繼入北京，火燒圓明園。咸豐帝巡狩熱河，清廷力屈，乃繼訂《北京條約》，賠款增至八百萬兩，開闢天津商埠，以香港對岸之九龍司地方永久租與英國。光緒二十年甲午我國與日本戰敗，李鴻章赴日訂和約，是為《馬關條約》。內容為承認朝鮮為獨立國，償日本兵費二百兆兩，割讓遼東半島及臺灣澎湖，開闢沙市、重慶、蘇州、杭州為商埠，日貨進口運往內地得暫行租棧，免納稅鈔，並得在通商各口岸自由製造，後因俄德法三國干涉，日本乃退回遼東而增索賠款三十兆兩。繼而俄國要求吉林黑龍江鐵路敷設權，德占膠州灣，俄借旅順大連，英租威海衛，法租廣州灣，清廷無法應付，乃自動開闢秦皇島、吳淞口、三都澳等商埠。庚子年清慈禧太后聽端王載漪諸人之言，縱容義和團民仇殺外人，八國聯軍攻佔平津。辛丑年李鴻章與列強訂和約，是為《辛丑條約》，內容為懲辦禍首，賠款四百五十兆兩，使館劃界駐兵，盡撤大沽炮臺及京津間軍備，由各國駐兵留守平津間通道。西曆一九○日俄交戰，戰後締結《朴子第斯條約》，其內容與我國有關者為旅順大連租借權及哈爾濱以南的鐵路讓與日本，是為南滿鐵路。於是東三省北部為俄國勢力圈，南部為日本勢力圈。民國四年一月十八日日使日置益向袁世

凱提出有名之二十一條，內分五項：第一項四條乃壟斷山東之利權者，第二項七條乃壟斷內蒙古與東三省利權者，第三項二條乃壟斷漢冶萍各礦及其附近礦山者，第四項一條乃再定沿我海岸之港灣島嶼不得租讓與他國者，第五項七條則包括聘日人為政治經濟顧問，日本各學校寺宇有土地所有權，中日合辦警察，合辦兵工廠，借日款築東南數省鐵路與興辦福建路礦海港，准日本人在中國布散等。後以我朝野激烈反對，始允在第五項中除關於福建條款外，其餘五款另議。此外尚有光緒十年十一年所訂之《中法條約》承認越南屬法，《塔城條約》《伊犁條約》《藏印條約》等等，無一非喪權辱國者。

綜觀此七十餘年所訂之不平等條約，約可分為四類：第一類屬於當時列強之帝國主義為經濟侵略而訂立之通商條約，如《南京條約》《天津條約》《北京條約》是也。第二類為我國戰敗後各國索賠款及保障安全之約，《辛丑條約》是也。第三類為割我藩屬，佔我土地，奪我利權，以遂列強蠶食政策之條約，如《馬關條約》《中法條約》《塔城條約》《各國租界港灣條約》《印藏條約》《中東路條約》等是也。第四類為欲滅我國家，以遂日本帝國主義獨霸東亞之野心之條約，「二十一條」是也。此四類條約與我國以損害之程度，今再論列如下：

一、**主權之損失**。凡一獨立之國家，必有其不可侵犯之主權（Sovereignty），為領土領海領空不可侵犯、審判權、關稅自主權、發行貨幣權，警察權之類是也。今領土可以租借，領海內河可由外國兵艦與商輪自由航行，領土內可由外國修築鐵道，礦山森林可由外國經營，外國人民有領事裁判權，領土內可由外國駐兵與駐警，領土內外國有郵電權，外國銀行可在領土內發行貨幣，領土內外國有行政權，領土內外國人民可自由設工廠，領土內本國政府不得自由增稅，關稅鹽稅郵局歸外國人管理，領土內本國不得自由駐兵設防，此皆最主要之主權之被侵略者。姑不論軍事與經濟受威脅之程度，即此諸重要之主權之喪失，已不得稱為真正之獨立國家矣。凡獨立國家無一不求擺脫此類不平等條約之束縛，在東亞如日本暹羅皆早已廢除了不平等條約，即素號稱病夫之土耳其，在基馬爾（Kemal Ataturk）主命之下，亦已廢除此項條約矣。中國鴉片戰爭

之後，直至第一次歐戰，我國始廢除與各國之不平等條約，而蘇俄亦自動與我訂立平等條約。然英美各國在一九一八以後，雖視中國為盟邦，尚不肯廢除此類有辱中國國體之條約，誠至可痛心之事也。九一八以後，俄國為實施其現實政策，竟與「滿洲國」偽組織劃界，及不得我國同意，而以中東鐵路轉賣與日本，尤為中蘇兩國邦交之玷。故今與英美兩盟邦訂此平等條約，百年中所喪失之主權，始得完全恢復。在中國誠至足感慰者也。

二、**國防之破壞**。獨立之國家，必須有完整之國防。苟在險要之港口，不得設國防工事，領土准外國自由駐兵，自由設置電臺，領海內河准外國兵艦自由出入，領空准外國飛機自由飛行，本國軍隊不能在本國領土內某區域駐守，尚何國防之可言？此次中英中美新約將此類限制與特權一律取消，我國國防始告完整。此亦中國所應廢慶幸者也。

三、**經濟之侵略**。自各不平等條約訂立以來，列強以各通商口岸為根據地，藉不平等條約所特許之權利，如不許加稅、把持稅收機關、發行紙幣、建設工廠、修築鐵路、開發礦山等，至今我本國之工業不能建立，國民經濟受其剝削，損失之大，至為可驚。國父在《三民主義》民族主義第二講中曾說及各項經濟損失，總算起來：（1）由於洋貨侵入每年有五萬萬元，（2）由於外國紙幣之剝削每年約一萬萬元，（3）進出口貨之運費幾千萬至一萬萬元，（4）租界與割地之賦稅、地租和地價三項約四五萬萬元，（5）特權營業約一萬萬元，（6）投機事業及其他剝削約數千萬元。此六項經濟剝削總計不下十二萬萬元，此為民國十三年之估計。其實寧只此數？將近百年來之積累，經濟損失之巨大，迨不可億計。國力衰頹，民生凋敝，靡不由於此。較之國土日蹙，為害尤烈。今則平等條約告成，無底之漏巵，得以堵塞。將來全國得以工業化，而日臻富強康樂之域，此亦吾人所應歡欣鼓舞者也。不平等條約束縛吾國至百年之久。吾國抗戰六年，即為反抗暴日所加於我之政治與經濟侵略。

吾國抗戰既為反侵略戰之一要幕，在我盟邦自不容再視此過時之不平等條約繼續存在。故在勝利將近之年，自動商訂平等精神之新約。此不但為政略上之需要，亦道義上之需要。一方堅定吾國人對

盟邦之信仰，一方亦昭告世界帝國主義已告消滅。吾人之反侵略戰，乃為正義而戰，為人類之平等自由而戰，為世界新秩序而戰，世界和平將以此為基礎為象徵受惠者不僅為吾國，亦即為我訂立平等新約之英美盟邦及人類全體，此則吾人尤宜馨香慶祝者也。〔註1653〕

5月，處理國立中正大學學生打毀了《民國日報》報館事件。從教育、愛護學生方面考慮，凡參加學生給予記大過兩次的處分，沒有開除學生，引起高層不滿。

正在中央訓練團結業以後，江西傳來消息，說中正大學學生打毀了《民國日報》與總報館，陳立夫叫我趕快回校處理。此事後來聽說蔣介石還下了手諭，要嚴懲學生。我回校後，知道了這次風潮根本是《民國日報》記者惹起的，錯不在學生。我在訓斥了學生之後，宣布不開除一個學生，但參加了此次打報館的學生要自動簽名，於是有一百七十幾個學生自動簽了名。我對於簽名的學生各予以記大過兩次的處分。大學裏有左派學生經常活動，我本可以借這個機會將他們開除幾個，但我不肯如此做。後來陳立夫來泰和視察，對於《民國日報》賠償了五萬元，而此款在大學經費裏扣除。我如此處理此事，學生對我更加愛戴。我這愛護學生的舉動，在表面上是熱誠的愛護青年，但實際上還是我的宗派主義的表現。我認為我的學生是我的群眾，我敢於抗拒蔣介石的意旨，便是我要博得學生的擁護，這是從我的個人主義和宗派主義出發的。〔註1654〕

5月，胡先驌校長鑒定一棵何首烏植物。

我與胡校長真正交往是從1943年上半年開始的，當時大概是5月，泰和縣有一農民在武功山挖到一棵極像人形的植物，專程送到梅嶺。他說那是天上的仙草，人吃了能長壽。我好奇地帶他到胡校長辦公室。胡校長鑒別後說：「這是一棵何首烏，可以作中藥，但不是仙草，更不是長壽藥。」後來我們閒聊了很久，尤其談到古文。因我是讀私塾出來的，對好多經典詩文背得滾瓜爛熟，彼此談得很

〔註1653〕《胡先驌全集》（初稿）第十五卷人文科學文章，第342～344頁。
〔註1654〕胡先驌著《對於我的舊思想的檢討》，1952年8月13日。《胡先驌全集》（初稿）第十五卷人文科學文章，第629～640頁。

投機，從此結下了緣，我常去他那兒看望他。〔註1655〕

5月，國立中正大學制訂衛生實施辦法。〔註1656〕

6月2日，發生搗毀《民國日報》事件經過。

　　正在重慶開會胡先驌校長，立即返校。他瞭解情況後認為只是學生輕率無知，一時衝動所為，並無政治目的。即召開全校學生大會，接著胡校長又將覆電中央的要點向全體演講一次說：「教育無方，責任在我，事件已平息，對學生已作處理，未便變更。」對參與的學生記大過一次處分，不取消他們的戰區學生貸款，不影響他們的畢業，不影響他們畢業後找工作。第二天佈告欄內張貼一張佈告：「查我校部分學生，由於輕率無知，一時衝動，搗毀《民國日報》實屬不法行為，本應從嚴處分，以正校風。念該生等尚能悔過直言，著胡翔漢等各記大過一次，以儆效尤」。佈告後面列上六百多人名單。中央方面對胡校長如此處理學生方式甚為不滿。7月5日，教育部訓導委員會副主任錢雲階。7月14日，組織部長朱家驊。8月11日，教育部長陳立夫先後到校對胡校長施加壓力。

　　重慶方面，胡先驌接到電報後，當即宴請在渝的民國日報社社長馮琦，藉此緩和局面。此時蔣介石也已得知報社被毀的消息，勃然大怒，命陳立夫、朱家驊前往泰和調查，同時親下手諭，要求嚴懲肇事學生。顯而易見，中正大學學生搗毀黨報報社的舉動是對蔣介石「政教合一」理想的絕大諷刺，無怪乎其如此惱怒。胡先驌的校長職位，也因此有不保之虞。

　　胡先驌首先找來帶頭搗毀報社的學生，詳詢事件經過。6月3日下午，胡先驌召集全校師生訓話。有學生回憶：「是日天氣晴和，我們的心情都十分沉重。胡校長卻一如既往，慢吞吞地敘述重慶之行……停了一會兒，胡校長掏出一張條子，提高嗓門說，這是蔣委員長的命令：「著中正大學校長迅即返校，懲辦為首學生。怎麼懲辦

〔註1655〕 吳定高著《我與胡故校長交往二三事》。胡啟鵬主編《撫今追昔話春秋——胡先驌學術人生》，北京燕山出版社，2011年4月版，第271頁。
〔註1656〕 張建中著《那年，這所大學爆發了大規模的傷寒疫情》，公眾號「江西檔案」，2020年05月25日。

你們，不懲辦你們懲辦我！都是我教育無方，使你們闖下大禍，我引咎辭職。……對你們還是要作點處分，凡是去打了報社的，簽上一個名，不必說明年級系別，各人記大過一次，不取消你們的戰區學生貸金，不影響你們的畢業，不影響你畢業後找工作。」在場學生深為感動，事件參與者主動走到禮堂兩側的桌前簽名。事後，胡先驌通過電報向教育部長陳立夫彙報，表示事情經過與此前電報所述相符，「除對全體學生，嚴加訓誡外，並由當日曾參加此糾紛之學生一百二十七名，簽名自首，予以記過處分」，並強調對學生的懲處已得到江西省黨部主任委員梁棟及省主席曹浩森的認可。在強勢的政府與熱血的青年之間，胡先驌最終選擇了站在學生一邊。此舉固然贏得了師生的尊敬，卻不能令蔣介石滿意。由於事發時胡先驌本人並不在校，教育部或礙於情面，未立即撤去其校長職位。〔註1657〕

6月2日，陳立夫致蔣介石信函。

中正大學工學院設備不敷，經費不足。上述情形在 1943 年教育部部長陳立夫與蔣介石往來信函中多次出現。如：1943 年 6 月 2 日陳給蔣的回電：「奉鈞座侍秘字第一七三一九號代電，略開中正大學工學院設備費甚感不敷，即希查核實際需要，酌予增撥」。〔註1658〕

6月3日，據《海桑集》〔註1659〕載：「王啟江來告云：李烈鈞、張定璠、段錫朋、程天放、劉峙等具名函控梁棟不適任江西省黨部主任委員職」。熊答：「此乃地方主義，當可不理」。事情似乎沒有如熊所稱如此簡單。

6月3日，胡先驌致中華教育文化基金董事會信函。

〔註1657〕 朱鮮峰著《中國近代高等教育史上的「學衡派」——以其人文教育思想和實踐為研究中心》，2016 年 10 月浙江大學博士學位論文，第 180～181 頁。

〔註1658〕 《教育部長陳立夫呈軍事委員會委員長蔣中正有關中正醫學院不宜歸併及江西工專與中正大學合併需款數目》（1943/06/08～1943/06/08），臺北「國史館」藏，國民政府／教育（文化）／高等教育／高等教育總目，大專院校設立改組（一），典藏號：001-091000-00001-013。高志軍著《政治與教育的互動：國立中正大學研究》，2021 年 12 月華中師範大學博士學位論文，第 157 頁。

〔註1659〕 熊式輝：《海桑集—熊式輝回憶錄 1907～1949》，洪朝暉編校，香港：明鏡出版社，2008 年。高志軍著《政治與教育的互動：國立中正大學研究》，2021 年 12 月華中師範大學博士學位論文，第 203 頁。

　　胡先驌致函中華教育文化基金董事會。稱「函文：查本校農學院生物學系成立以來，於茲二載，雖經各方悉心籌劃，卒因交通困難物資來源不易，而本校經費支絀，致一切教學設施未能為期購置，茲為補救上項缺憾，開展該系教學研究起見，擬將目前最切要之各項儀器藥品分別羅列如下，請設法資助購置。查貴會對於教育文化事業補助不遺餘力，特此填具補助申請書二份函送請查照惠准補助本校購置動植物生理儀器國幣五萬二千七百六十二元俾利進行」。〔註1660〕

中正大學龍門讀書會員在靜生所工作站前合影，前排左5胡先驌

6月5日，熊式輝對胡先驌執掌中正大學頗表不滿。

　　贛教育廳長程時煃來談中正大學事，余以該校未能照創立理想辦理，一個民族精神保壘，中間演出許多怪現象，校長應負責，對之頗表不滿。〔註1661〕

6月6日，《正言》第一卷第一期。

中英中美締結新約之意義　　　　胡先驌

英法德美民族性與教育　　　　　羅廷光

〔註1660〕　江西檔案館，檔號：19430603J037-1-00819-0094。鄭瑤著《繼往開來責在斯——國立中正大學農學院研究（1940～1949）》，2019年江西師範大學碩士研究生學位論文，第25頁。

〔註1661〕　熊式輝著《海桑集——熊式輝回憶錄》，星克爾出版（香港）有限公司，2009年8月版，第315頁。

清代政治制度總考察	周敦（禮）
統一思想與學術自由	胡宜池
論革新政治風氣	李煥文
限價後商業資本之轉化	胡羅龍
家庭問題之研討	詹非秋
民主政治之過去與現在	王佐
從不平等的舊約到平等的新約	張繼良
中英中美外交關係的回顧與展望	陳毅然

出版發行：江西省泰和國立中正大學正言月刊社

總經售：泰和江西省立圖書館文化服務部

代售處：全國各大書局

定價：本期特大號每冊售國幣五元〔註1662〕

6月8日，陳立夫致蔣介石信函。

　　有證據顯示，胡先驌至少對工學院、工專合辦不反對。陳立夫在呈遞給蔣介石有關工、醫、正大三校合併信函中說：「江西省立工業專科學校與國立中正大學工學院遷移合作一節，茲經分別徵詢江西教育廳長程時煃及中正大學校長胡先驌之意見，擬將兩院同遷設該省工業中心之贛縣或將江西工專遷至中正大學所在地之雩都，俾兩院校之設備與師資均可聯合通用」。〔註1663〕

6月12日，中正大學農學院課程安排。

　　國立中正大學關於教員任免、進修及職員編製表等文書。在胡先驌看來，將農藝系分別設組進行教學及研究，不用另外添聘教員及添購設備，也就不必因此事向教育部多求經費，教育部想必也不

〔註1662〕 梁洪生主編《杏嶺春秋──〈江西民國日報〉有關國立中正大學的報導全匯（1938～1949）》，2010 年 12 月內部印刷。中華民國三十二年六月六日週日第一版。

〔註1663〕 《教育部長陳立夫呈軍事委員會委員長蔣中正有關中正醫學院不宜歸併及江西工專與中正大學合併需款數目》（1943/06/08～1943/06/08），臺北「國史館」藏，國民政府／教育（文化）／高等教育／高等教育總目，大專院校設立改組（一），典藏號：001-091000-00001-013。高志軍著《政治與教育的互動：國立中正大學研究》，2021 年 12 月華中師範大學博士學位論文，第 153 頁。

會為難。確實如此，教育部得函後並未阻撓正大農學院設置系組，只是在它看來，農藝系及生物系教員過多，超過人數規定，應依照規定實行裁減。胡先驌接到指令後不以為然，在他看來「惟校農學院未設農藝化學、植物病蟲害、及園藝三學系，而土壤學、肥料學、植物病理學、普通昆蟲學、經濟昆蟲學、園藝學等課程，均係農藝森林兩系學生所必修或選修，非聘有教授不可，因農藝系包括植物病理、昆蟲、土壤、園藝等部分，教員在內，故人數稍多」。最後，胡先驌並未依照教育部指令裁減農學院教員，在他的未來計劃中，農學院是要不斷壯大發展的，他的治校理念是將中正大學建設成為民國「三中」的領頭羊，而江西屬於農業省份，農業產業亟需發展，且抗戰建國少不了農業的強力支持，故農學院的地位自然不言而喻，胡先驌是想將其發展成為全國農學院中的佼佼者。〔註1664〕

6月16日，中正大學舉行紀念烈士活動。

因二烈士犧牲於「七七」事變五週年之夜，校方於1943年「七七」事變六週年來臨之際，發起紀念烈士活動，目的仍在「表揚先烈，安慰忠魂」。〔註1665〕

6月22日，工專全體師生致蔡方蔭信函。

江西地方、教育部、工專如何進一步互動尚缺乏材料展開。可以肯定的是，工專反對合併的態度較為激烈。1943年6月22日，工專發出一封以工專全體師生名義，由教員劉耀翔、學生張寶光操刀，致蔡方蔭的蓋章油印信。原文如下：

江西省立工專全體員生致國立中正大學工學院蔡方蔭院長的公開信（文責自負）

方蔭先生：

近聞自重慶返泰和，到處向人表示，貴院將有「新發展」，聞著

〔註1664〕 鄭瑤著《繼往開來責在斯——國立中正大學農學院研究（1940～1949）》，2019年江西師範大學碩士研究生學位論文，第30頁。

〔註1665〕 《紀念姚吳二烈士殉國週年》，《國立中正大學校刊》第3卷第17期，1943年6月16日，第，10頁。高志軍著《政治與教育的互動：國立中正大學研究》，2021年12月華中師範大學博士學位論文，第101頁。

莫不為正大慶，且為先生賀。然所謂「新發展」之道者，一考其實，則企圖將江西省立工業專科學校合併以解決貴院設備問題也。先生辦學之手段，可謂毒辣而高明矣。

貴院成立以來，屢聞購置設備之訊，政府所撥費用為數龐大，是時寧波、金華、奇港等地尚可購運入口，何以迄今仍空洞如此，逼使先生不能不打損人利己之算盤？福州一度淪陷以前，聞貴院所購之儀器，擱置於該地者甚久，曾不從容提運，一旦告警，竟有一部分被掠奪，是人謀之不臧，抑天意如斯耶？最近又聞由□□等地運來機件儀器若干箱，始終仍原封未動擱置於貴院。是已有者尚不能保持或運用，何為紛紛然而作種種圖謀！

總裁於《中國之命運》一書中，昭示吾人，實行實業計劃最初十年中，所需之工業人才，專就專科以上學校土木、機械化、工礦冶等四部門畢業生而言，即需十六萬七千七百人。口此情形，大量培植，猶恐惟日不足。且專科教育之目的，特別注重實用，初不若大學理論與實用並重，其使命不同何能強合為一。政府方謀多方面之發展，近年來添設之專科學校，日益增加，先生豈均充目不見充耳不聞！

貴院創立時，未嘗有合併本校之議，具見分途發展，實並行而不悖。即以本省而言，原有醫專，復有中正醫學院，省府既有農業院，附設若干專修科，貴校復有農學院，下半年又將添設農專。凡此均足以表明政府大量培植人村，多方並進之教育政策，昭昭在人耳目。今先生不自盡人事以謀建樹，而競欲毀人以成己，且譽之為「新發展」，將置國家教有政策於何地？「見樹而不見林」，能毋有所汗顏？

先生之動機，誠所謂詭秘而不可告人，大約於大量經費用罄之後，復感於貴院高年級學生需用設備急如燃眉，遂作此猶太式之打算。曾不顧及國家需要，貿貿然而朦請，此豈一手可以掩盡天下耳目？

本校辦理之成績如何，畢業生在社會之出路與服務情況如何，三十餘年之歷史，以及抗戰以還之艱苦支撐，省內外人士均所共觀。於此不必贅述，以殆自炫之譏。先生競欲抹然一切，唯利是圖，不

知將何以自解於國人。

先生與學術界容或有一得可以矜誇，而此種手腕，實有不敢領
教者。及今方注重養成青年恢宏廓達蓬勃奮發之精神，先生如以此
項自私自利之作風灌注之，誠恐不足以為模楷，且殆伊戚，曷亦梁
長思之！特體區區，即希惠察。〔註1666〕

6月23日，中正大學戰地服務團精神影響青年。

戰地服務團事蹟對師生影響是深遠的。1943年夏，中正大學青
年團又提出上前線要求。〔註1667〕

6月，胡先驌校長辭職。

胡先驌到贛州龍嶺分校考察辦學情況，此時在贛南主政的蔣經
國提出將中正大學遷至贛州，試圖以此作為後備人才基地，培植個
人勢力。胡先驌以遷校困難為由，婉言拒絕。如此一來，胡先驌同
時開罪於蔣氏父子二人，校長職位已岌岌可危。1943年年底，中正
大學校內傷寒流行，病者百餘，死者十餘人，教育部遂以此為藉口，
要求胡先驌去職。1944年春，胡先驌向教育部遞交辭呈，不久即獲
批准，由蕭蘧接任中正大學校長。〔註1668〕

6月，顧毓琇蒞臨四川樂山木材試驗室，做《訓詞》，與胡先驌商討，回
顧兩家合作的來由，成立機構的過程：「八年前在南京時，對於木材試驗室的
理想與希望，現已逐漸實現。我以前參觀了美國的木材試驗，得到很多資料，
像我這一個機器工程師，對於木材材性之興趣，卻從那時開始。本來在學校裏

〔註1666〕 《江西省立工專全體員工》，《中正大學現金出納表領款收據經費累計表等
各類會計表文書》（194205～194504），中國第二歷史檔案館藏，全宗號五，
案卷號3763（1），檔號：五－3763（1），第20頁。高志軍著《政治與教育
的互動：國立中正大學研究》，2021年12月華中師範大學博士學位論文，
第159～160頁。

〔註1667〕 《請補助經費一萬元》（1943年6月23日），《中正大學現金出納表領款收
據經費累計表等各類會計表文書》（194205～194504），中國第二歷史檔案館
藏，全宗號五，案卷號3736（1），第10頁。高志軍著《政治與教育的互動：
國立中正大學研究》，2021年12月華中師範大學博士學位論文，第100頁。

〔註1668〕 朱鮮峰著《中國近代高等教育史上的「學衡派」——以其人文教育思想和實
踐為研究中心》，2016年10月浙江大學博士學位論文，第182頁。

也曾做過材料試驗，只當過在學校裏有這功課罷了，並無多大興趣。那時看見他們的許多工作之後，使我發生很多興趣，這興趣增加我對於看材料的方法，同時在興趣方面也有所轉變。在回國主持中央工業試驗所後，很想做此項工作，不過覺得自己經驗不夠，沒有早早進行。那時本所材料室有一位法國留學者，勉強做了一些，但結果不甚圓滿，還是覺得能力不夠。有一次在金大研究木材的朱惠方先生，採有成渝沿線木樣三百多種，來本所磋商合作，他的目的想做供以成渝路枕木用之參考。倘戰事不爆發，那報告或已發表，但是結果或許亦不甚可靠。八年我就想推動這項工作，可是總覺得沒有相當的人去計劃並擔當此項長期工作。

有一次在南京胡步曾先生和我談起這方面工作，他的意思預備把靜生生物調查所木材的部分和本所合作，使研究木材的人與我們這裡研究工程的人聯繫起來，就是他們以研究植物的方法研究木材，我們就物理範圍研究木材，同時並進。當時我就認為只要人的問題有辦法，很可以進行。胡先生就說前在靜生生物調查所主持研究木材的唐燿先生尚在美國繼續研究，不久可返國擔任其事，並表示靜生方面還有很多地方可以幫助。那時我就希望唐先生回來正式開始。所以戰前，就與唐先生函件來往幾次。戰事發生之第二年，唐先生返國，那時我們試驗所的遭遇最為困難，經費有限，設備不全，與唐先生見面商談以後，我所希望的和唐先生見到的不謀而合，才決計開始進行。」〔註1669〕

夏，曹立瑛三見胡校長。

記得第一次踏上杏嶺的小路是一九四三年的夏天，我為轉學的事去找胡先驌校長。我原在四川大學讀完二年級，我丈夫胡會忞在重慶大學讀完二年級。當時中南地區抗戰正吃緊，為恐日寇切斷粵漢路，我們一同返回我丈夫的家鄉江西轉學。我丈夫很順利地轉入中正大學機電系就讀，而我卻因種種原因而阻礙重重。走過彎彎曲曲的小路，我敲響了一幢簡易木結構平房的門，開門的是一位中等身材不算很老的老人，穿著一件灰色舊長衫，帶著一副黑色玳瑁邊眼鏡，留著小鬍鬚。他問我：「你找誰？」我說：「我找胡校長。」他打量了我一下說：「我就是，你有什麼事？」我真不能相信這位平平

〔註1669〕顧毓琇，《訓詞》，成都：四川省檔案館，160（7）。胡宗剛著《靜生生物調查所史稿》，山東教育出版社，2005年10月版，第166～167頁。

常常的老人就是胡校長。在樸素而明淨的客廳裏我聞到一股獨特的書香氣息,因為有兩架滿是圖書的書架佔據了客廳顯眼的部位。胡校長聽完了我請求轉學的原因和情況,知道我是從大後方來的學生,而且已是一個孩子的母親還有完成學業的決心,他臉上掛著微笑毫不猶豫地說:「好吧,你來吧,到我們學校繼續讀書吧。」他的聲音是那麼真摯、慈祥。我真沒有想到三言兩語轉學的事就順利告成了,我高興得一句話也說不出來,甚至於連一句感謝之類的客套話也說不出來,只呆呆地坐著。胡校長先開了口,問我住在哪裏、孩子多大了等等。這不像是一位校長向學生在問話,倒像一位關心的長輩在談家常。平常能言善語的我這時只是機械地回答「上田村」、「快一歲了」。這是第一次見胡校長時我的尷尬態度。

第二次走過那彎彎曲曲的小路見胡校長的時候是開學前不久。當胡校長遞給我一杯水時我覺得玳瑁眼鏡的後面似乎有一絲憂慮。他對我說:「告訴你一個不好的消息,我認識你公爹,你家裏不贊成你繼續讀書。不過,你不要著急。」我怎能不著急呢,我已失去了控制,忘記了現在跟我說話的人是我未來的校長,我大發牢騷:「無非是為小孩和經濟問題,孩子,我可以斷奶,我自己負責,絕不麻煩別人。學費,我哥哥會寄來,不要他家一分錢,還有什麼呢!?還有什麼呢!?我要讀書,我一定要讀書!」我有點歇斯底里喪失理智了。「我叫你不要著急嘛!」一個親切的聲音又在耳邊響起:「我們學校這兩天將在報上刊登招收轉學生的通告,你持轉學證報名參加考試,只要報上出現了你的名字那就一切好辦了。」又囑咐我說:「不過你還是要妥善處理好家庭關係。」就這樣,我丈夫替我隱瞞了他家裏,以一個出遊的藉口我參加了轉學考試。當《民國日報》上登出中正大學錄取轉學生名單中有我的名字後,雖然家裏掀起了一場風波,但我還是戰勝了。我將孩子斷了奶,請一個小姑娘替我白天照看。我哥哥從重慶寄錢來解決了經濟問題。為了孩子我們必須早出晚歸,而上田村到杏嶺大路是十八里,走田埂小路也要六七里,我只好買一輛舊自行車,加配了些零件和輪胎,我丈夫用了好幾個晚上的時間替我修好。就這樣,我成了中正大學文史系三年級的學生。這來之不易的讀書機會雖是我作了堅強的鬥爭而得來的,

主要的還是恩師胡先驌校長的賜予。

第三次走過那彎彎曲曲的小路去見胡校長的時候是剛進校不久，我想向胡校長彙報我如何妥善安排學習與家務的情況。胡校長的客廳裏多了一個人，一位削瘦、脫髮的老人。胡校長一見我就大聲笑著說：「來得好，來得正巧！」他向那位老人介紹說：「這是你的新學生曹立瑛，她是一個衝破一切阻礙、堅強好學的學生。」又對我說：「這位是你的系主任王易先生，飽學之士，你要好好學習。」當王易老師知道了我此次能來校學習所經過的波折和困難時連說：「難得，難得！」又聽說我經濟拮据學習比較刻苦時，他對我說：「年輕人吃點苦窮一點算不了什麼，只要努力學習，知識才是最大的財富，而且是任何人都奪不走的財富。」這句話指導了我以後的人生道路，而且我也以此來教育我的子女。〔註1670〕

夏，時任江西省第四行政區督查專員兼保安司令的蔣經國，大力推行「贛南新政」。蔣經國建議將中正大學南遷贛州，產生分歧，胡先驌被迫辭職。

在我處理打報館風潮不久，蔣經國請我到贛州去，款待甚為殷勤。他說他父親本意是要把中正大學設在贛州，隱隱露出他要我將大學遷往贛州的意思。我在那時沒有察覺到他要奪取此大學，以完成他自幼稚園到大學的教育系統的動機，便淡淡地說了幾句遷校困難的話，於是他便有了逼我去職的意思。我以學生在贛州過夏令營，參加統一招生的考試，大學看試卷及發榜太慢，使他受了窘，他更恨我。〔註1671〕

【箋注】

蔣經國於1939年3月來到贛南，任江西省第四行政區督查專員兼保安司令。1945年2月離開贛南，7月辭去這一職務。

5月，報告靜生生物調查所與中正大學農學院合作事宜。

〔註1670〕曹立瑛著《難忘杏嶺》，江西師範大學校慶辦秘書處編《穿過歷史的煙雲——紀念江西師範大學建校六十週年》，江西高校出版社，2000年10月版，第108～110頁。

〔註1671〕胡先驌著《對於我的舊思想的檢討》，1952年8月13日。《胡先驌全集》（初稿）第十五卷人文科學文章，第629～640頁。

　　胡先驌赴重慶參加教育部召開的國立大學校長會議,任鴻雋借胡先驌來渝之機,召集了靜生所在渝的委員江庸、謝家聲在李子壩中華教育文化基金會幹事處開會。胡先驌專為報告了靜生所與中正大學聯繫合作事宜。會議有如下記錄:「胡所長提議,本所在戰前原有在南方設立分所之議,將來在戰後仍有再考慮此問題之必要,在抗戰期間,本所已在泰和國立中正大學設辦事處,似宜乘此機會與該校訂立聯繫契約,將來本所在南方之工作地點可與該校永久校址相聯繫,特擬就雙方聯繫契約草案,請審查公決。經討論,照原案通過。」〔註1672〕

　　7月1日,《靜生生物調查所彙報》(新1卷1號)靜生生物調查所印行,北平文津街3號,在戰時地址江西泰和杏嶺村,本刊正在呈請登記中。胡先驌撰寫英文前言,由段祖青先生翻譯成中文。卷號從新1卷1號起重新編序。

　　1941年12月8日清晨,也就是日本對英美發動不宣而戰的這一天,在北平的日本憲兵隊毫不客氣地查封了英美在這裡的所有機構和財產,甚至還包括那些與英美有著微妙親近關係的中國機構。其中,就包括燕京大學和北京協和醫學院。由中國教育文化基金會董事會成立的靜生生物調查所,也不幸受到了影響。中國教育文化促進基金會是由美國退還中國的義和團賠償金而成立。

　　在整整四年半的抗日戰爭時期,在這所被佔領的城市裏,面對日本當局施加的壓力、間諜活動和不加掩飾的仇恨,靜生生物調查所的成員依然勇敢地戰鬥著。我更是在東京帝國大學理學院院長中井博士面前公開表明了自己對這場戰爭的態度。中井博士是我昔日的好友,但現已被充滿侵略性的帝國主義所感召,甚至不能容忍一位老朋友的愛國情懷和對他自己國家的忠誠。至此,我被污名化:抗日之心和有一所抗日活動中心——靜生生物調查所。中井博士和一位有名的日本昆蟲學家松村博士,多次主張查封靜生生物調查所,然而借助美國大使館的幫助,生物調查所屢次脫險。隨著日本決定以國家存亡為賭注,對英美這兩個強大的盎格魯—撒克遜國家發動戰爭之時,它的宿命終於來了。

〔註1672〕 《臨時基金會會議記錄》。胡宗剛著《靜生生物調查所史稿》,山東教育出版社,2005年10月版,第148頁。

在那些年裏，靜生生物調查所的工作人員與和平時期一樣，工作依然精力充沛。他們與英國皇家園藝學會、愛丁堡皇家植物園以及哈佛大學阿諾德植物園合作，連續三年在雲南省各地進行植物和園藝考察，直到第二次世界大戰在歐洲爆發。我們的研究簡報仍在定期發布，胡經甫教授的不朽著作《中國昆蟲名錄》已問世，第六卷《中國植物圖譜》也在準備之中，採用的是平版印刷。可由於我離開北平，這些出版工作被推遲了。不幸的是，我們多年來所珍藏的動植物標本以及我們寶貴的圖書館都被殘酷的武力所掠奪。儘管如此，我們仍然保持著無畏的精神。我們出版的系列研究簡報即是向全世界宣告，雖然北平已經淪陷，但我們依然不斷推進研究和出版工作。我們將更加努力地開展探索和研究。我們的第一份公報的問世表明了我們的職業信仰，也是我們對日本帝國主義同僚的挑戰。信仰是勝利的先決條件，而我們正擁有這種信仰。

7月1日，與汪發纘共同發表學術論文。

《靜生生物調查所彙報》新1卷1號在戰時地址中正大學所在地（江西泰和杏領村）印行，卷號從新1卷1號起重新編序。1941年12月25日胡先驌先生寫的「FOREWORD」正式出版。H. H. Hu & F. T. Wang（胡先驌，汪發纘）「Four New Species of Pittosporum of China」《四種新海桐》刊於《靜生彙報》1943年新第1卷第1號95～104頁。〔註1673〕

7月1日，Four New Species of Pittosporum of China（海桐屬之四種新）（與 Wang F. T.汪發纘合著）刊於 Bull. Fan. Mem. Inst. Biol. n. Ser.《靜生生物調查所彙報》（新第1卷第1期，第95～104頁）。

7月5日，教育部訓導委員會副主任錢雲階，7月14日，考試院副院長、國民黨中央組織部長、中央研究院院長朱家驊，8月11日，教育部長陳立夫，12月25日，國民黨中央黨政考核委員會專員王惟英先後抵達泰和就國立中正大學學生「衝擊黨部、搗毀報社事件」施加壓力。胡先驌拒絕重新處理，並於

〔註1673〕王希群、楊紹隴、周永萍、王安琪、郭保香編著《中國林業事業的先驅與開拓者——胡先驌、鄭萬鈞、葉雅各、陳植、葉培忠、馬大浦年譜》，中國林業出版社，2022年3月版，第068頁。

次年 2 月以身體不佳為由辭去校長一職。

7 月 7 日，江西省省會泰和各界紀念抗戰 6 週年，在省忠烈祠舉行「抗日殉難忠烈官民入祀安位及公祭典禮」，在省體育館舉行紀念大會。

7 月 7 日，作《顯微先生殉國週年紀念》詩在《江西民國日報》發表。

> 反景回殘照，風過草木驚。未甘狐兔竄，卻作鳳凰鳴。
>
> 絕學存遺著，千秋有定評。即今堪告慰，國勢益崢嶸。
>
> 一死堂堂在，臨危氣不降。英風傳石口，大節振西江。
>
> 青史誰當寫，晨鐘手自撞。與尸同弟子，日月故無雙。

1943 年 7 月於泰和杏嶺〔註 1674〕

7 月 7 日，胡先驌勉勵師生繼承烈士精神，進行抗戰。

> 校方將姚、吳抗戰捐軀精神與整個抗戰精神合二為一，烈士精神成為抗戰精神的一部分。在 7 月 7 日紀念大會上，胡先驌更是勉勵師生繼承烈士精神，努力抗戰。胡實際將抗戰精神具體化，向烈士學習即具有抗戰精神。〔註 1675〕

7 月 9 日，胡先驌致教育部信函。

> 直到 1943 年 7 月 9 日，胡先驌才將處理結果呈報教育部：查本校學生與江西《民國日報》發生糾紛一案，經將事實經過及處理辦法以辰巧及馬二電，呈乞鑒核各在卷。此次事件之發生，適先驌因公在渝，迨先驌返校，即將此事之起因即演變情形，查明清晰，核與本校巧電所陳事實相符，除對全體學生嚴加訓誡外，並由當日曾參加此糾紛之學生一百二十七名簽名自首，予以記過處分。此種處分曾經江西省黨部梁主任委員及省府曹主席同意，風潮遂告寢息。本校學生亦已懍遵處分，謹守校規，理合再將處理情形，詳呈鑒核！〔註 1676〕

〔註 1674〕 梁洪生主編《杏嶺春秋——〈江西民國日報〉有關國立中正大學的報導全匯（1938～1949）》，2010 年 12 月內部印刷。中華民國三十二年七月七日第三版。

〔註 1675〕 《本校舉行「七七」抗戰六週年紀念暨姚吳烈士殉國週年紀念大會》，《國立中正大學校刊》第 3 卷第 19 期，1943 年 7 月 16 日，第 9 頁。高志軍著《政治與教育的互動：國立中正大學研究》，2021 年 12 月華中師範大學博士學位論文，第 101～102 頁。

〔註 1676〕 《為將本校學生與江西民國日報糾紛一案處理辦法詳呈鑒核由》（1943 年 7 月 9 日），江西省檔案館藏，檔號：J037-1-00695-0135。高志軍著《政治與

7月9日，中宣部、教育部致電。

　　事實上，中宣部（朱家驊時任國民黨中央組織部部長）、教育部（陳立夫時任教育部部長）對中正大學如此處置結果不可能滿意。就在同日，江西《民國日報》應各方電詢要求，決定公開兩部電文。原電如下：

　　（一）中宣部電：該社被中正大學學生搗毀，業電江西省黨部迅謀善後辦法，並函教育部轉飭該校賠償損失。中宣部已寒印。

　　（二）教育部電：關於中正大學搗毀泰和民國日報社及捷報社案，已由部電中正大學查明為首學生，開除學籍，並制止以後不再有此種舉動。教育部辰豔印。〔註1677〕

7月9日，中正大學致康兆民電函。

　　中正大學致中央團部處長康兆民的函電中「自暴」外界普遍要求改革該校校務的呼聲：「敝校已聘定張一清教授為訓導長，各界領袖與蔣專員均極主張校務亟待整理。請電張教授確其就職，不入川。至禱。胡先驌」。這裡有必要將時間稍置前以說明聘任張一清的初衷。〔註1678〕

7月9日，胡先驌聘為三民主義青年團第一屆中央部評議員。〔註1679〕

7月11日，胡先驌朱家驊抵達泰和活動，視察各機關，並舉辦座談、召開會議等，18日離泰。

7月18日，胡先驌參加在四川重慶舉行中國科學社第23屆年會社務會議，以66票當選理事。

　　伍獻文報告上屆選舉理事經過。此次選舉理事，計昆明方面發

　　　　教育的互動：國立中正大學研究》，2021年12月華中師範大學博士學位論文，第203頁。

〔註1677〕《本報搗毀事件中央公正處理開除禍首賠償損失》，江西《民國日報》1943年7月9日，第3版。高志軍著《政治與教育的互動：國立中正大學研究》，2021年12月華中師範大學博士學位論文，第203頁。

〔註1678〕《國立中正大學關於聘用張一清的電》（7月9日），江西省檔案館藏，檔號：J037-1-00937-0023。應為1943年。高志軍著《政治與教育的互動：國立中正大學研究》，2021年12月華中師範大學博士學位論文，第178頁。

〔註1679〕劉國銘主編《中國國民黨百年人物全書》，團結出版社2005年12月版。

出選舉票三百四十六張，重慶方面發出十五張，但收回之票共只一〇三張。經本人與雲南大學教務長何衍璿先生於本年六月廿五日下午三時至四時共同開票，結果如下：任鴻雋94票、李四光72票、胡先驌66票、曾昭掄66票、葉企孫61票、錢崇澍52票、嚴濟慈52票。選舉票現存昆明。〔註1680〕

7月14日，姚名達入祀江西省忠烈祠。

　　省政府請內政部入祀建碑一事獲得成功。依內政部規定，殉國人員應入祀原籍省忠烈祀，並同時入祀原籍縣忠烈祠。姚名達於7月7日，分入祀江西省忠烈祠、興國忠烈祠。〔註1681〕

7月21日，農林部中央林業實驗所王戰（1911～2000）赴鄂西神農架調查森林，經楊龍興建議，請王戰注意謀道溪的奇異大樹。王戰經過謀道溪時，他採集了該樹的枝葉標本和未成熟的果實，編號標為（No.118.7月21日1943年）共十份。王戰先生認為是「水松」。1947年秋天，王戰先生又採集大量水杉種籽，在所裏進行發芽試驗，進行大量繁殖。在江蘇省林業科學研究所檔案館內，依然保存王戰先生當年採集水杉的標本。標本卡片記載為：

1943年7月21日王戰把採集水杉的標本鑒定為水松

〔註1680〕王良鑌、何品編注中國科學社檔案資料整理與研究《年會記錄》選編，上海科學技術出版社2020年12月版，第360頁。

〔註1681〕《姚顯微入祀省縣忠烈祠》，贛南《民國日報》1943年7月14日，第3版。高志軍著《政治與教育的互動：國立中正大學研究》，2021年12月華中師範大學博士學位論文，第103頁。

中央林業實驗所森林植物標本

定名：水松

科名：Pinaoeae

學名：Glyptostrobus pensilis K. Koch

埰地：四川萬縣磨刀溪

採期：21-7-（19）43

採集人：C. Wang（王戰）

編號：118

定名人：C. R. Yang

【箋注】

　　王戰（1911～2000），遼寧省東溝縣人，1936年畢業於北平大學農學院森林系。中國科學院林業土壤研究所（現中國科學院瀋陽應用生態研究所）的主要創建者之一，是中國科學院長白山森林生態系統定位站奠基人。先後發現和定名楊樹和柳樹60多個新種、新變種和新類型，主編的《中國植物誌》第二十卷第二分冊（楊柳科），使中國楊柳科分類得到很大充實和發展。

第一份水杉標本採集於此樹

1948年四川萬縣磨刀溪水杉

7月28日，挽留周楨教授。

　　以農學院名義致周楨不能離贛的函。為挽留周楨教授，胡先驌還應中正大學農學院之請以學校名義拍發一電至福建永安研究院，稱「周楨先生現任本校教授，不能離贛中正大學」。〔註1682〕

8月9日，國立中正大學函吳烈士昌達家屬云：據江西省政府轉抄，內政部函復烈士姚顯微、吳昌達二員，准入原籍省縣忠烈祠。〔註1683〕

8月9日，國民黨中央執行委員、教育部長陳立夫抵達泰和，視察省教育廳及中正大學，12日上午參觀省會建設，13日離泰轉赴上饒。在泰和期間，陳立夫要求江西省政府給志願投考廣東、廣西等省大學的考生發給差旅費，並撥款10萬元，救濟從戰區來江西就讀的學生。

8月16日，江西省國民教育研究會三十二年度研究會在泰和國立幼稚師範學校大禮堂開幕，會期二天。

8月27日，江西省會各界在泰和孔廟舉行紀念活動，紀念孔子誕辰，並發放植樹節獎品。

8月27日～29日，江西省地質調查所在泰和建設廳中正堂主辦江西省地質礦產展覽會，用標本、模型、照片、掛圖等展示岩石、礦物、古生物等，用於普及科學知識，提倡研究精神。

8月，管理中英庚款董事會聘請俞調梅、劉幹才講座教授。

　　國立中正大學工學院關於擬定劉幹才、何正森或俞調梅為講座教授的函。而在胡先驌提交了俞調梅和劉幹才二人的簡歷之後，中英庚款會便立即聘請了俞、劉二人為中英庚款講座教授，聘期從1943年8月算起，聘期為一年。後來中英庚款會又續聘了二人，聘至1945年7月截止。總計聘期兩年。兩年期間，中英庚款會撥給的聘金數額參照聘定標準為俞、劉二人在正大月薪額的一半，其餘一半聘金、超出500元以外的薪金額以及生活津貼均由正大撥給。當時，俞調梅在正大的月薪是480元，劉幹才在正大的月薪是520元。

〔註1682〕鄭瑤著《繼往開來責在斯——國立中正大學農學院研究（1940～1949）》，2019年江西師範大學碩士研究生學位論文，第61頁。
〔註1683〕畢騰青《吳烈士昌達傳》1947年9月3日。姚國源執行主編《浩氣壯山河——原國立中正大學抗日戰地服務團紀實》（上冊），江西高校出版社，2010年11月版，第64頁。

故兩年期間，中英庚款會補助俞調梅教授 5760 元，補助劉幹才教授 6000 元，總計補助費 11760 元。〔註1684〕

8月，國立中正大學開辦兩年制稅務專修科。

9月4日，胡先驌舍姪德煌與胡光廷三小女玟芝訂婚啟事。

舍姪德煌三小女玟芝茲承鄒季（穆）、謝羽川兩授教介紹及雙方本人之同意，於本月三日在泰和（編者按：原文如此）中正大學正社訂婚，特此敬告諸親友。〔註1685〕

9月7日，中正大學致教育部信函。

9月，中正大學因物價再次高漲又致電教育部，請其將 8 月副食費增至 100 元。〔註1686〕

9月9日，周拾祿關於補發任明道等 3 人研究費的函。

周拾祿關於補發任明道等 3 人研究費的函。因國民政府教育部學術審議委員會曾於 1940 年 5 月 1 日通過了「補助學術研究及獎勵著作發明」方案，對自然科學、應用科學等研究領域實行獎勵制度。於是他在接到周拾祿函文請求農林部部長「撥付本校任明道、黃野蘿、魯昭禕 3 人的研究補助費共計三萬元」之後，經考察發現上述三位教授確有相應研究計劃綱要，他便轉函農林部部長及附上研究綱要一份以便為三位教授申請研究補助費。〔註1687〕

9月14日，國立中正大學關於吳昌達殉難名列忠烈祠事宜的函。

〔註1684〕張建中著《一而再再而三，鍥而不捨寫申請，這位校長到底為了什麼？》，公眾號「江西檔案」，2019 年 10 月 30 日。

〔註1685〕梁洪生主編《杏嶺春秋——〈江西民國日報〉有關國立中正大學的報導全匯（1938～1949）》，2010 年 12 月內部印刷。中華民國三十二年九月四日週六第一版。

〔註1686〕《乞自八月份起增加學生副食費》（1943 年 9 月 7 日），《中正大學學生食米統計公費生請領膳食人數清冊獎學金學生家境調查》（194302～194501），中國第二歷史檔案館藏，全宗號五，案卷號 3799（1），第 5 頁。高志軍著《政治與教育的互動：國立中正大學研究》，2021 年 12 月華中師範大學博士學位論文，第 148 頁。

〔註1687〕鄭瑤著《繼往開來責在斯——國立中正大學農學院研究（1940～1949）》，2019 年江西師範大學碩士研究生學位論文，第 62～63 頁。

吳昌達的情形較複雜，校方分函請浙江省黨部、省政府、長興縣黨部、縣政府查照辦理。〔註1688〕

9月16日，管理中英庚款董事會答應了胡先驌的申請。

後直到 1943 年 9 月 16 日，胡先驌的補助申請方才為中英庚款會接受，中英庚款會董事長朱家驊回覆胡先驌的接受函內容主要如下：「⋯⋯查本會補助講座在抗戰之前專以聘請英國教授為限。七七變起，平津淪陷，北方各大學教授既避地內遷播越靡定。而當時內地及西南各大學亦以向來經費困難，未能充實師資。故本會為協助雙方起見，特撥專款補助各校加延聘。自茲迄今，業逾六載。最初係由本會補助全薪。近數年來以庚款停付，息收銳減，而自身又籌辦若干事業，財力漸困難，維持為難。所以原來名額已逐漸緊縮，其薪俸亦只補助半數，至生活補助費及一切津貼等統由校方負擔。准電前由原難應命。茲為表示協助起見，特勉力補助二席，以一年為期，薪俸標準如下：一、初回國者得月支四百元；二、任教三年以上者得月支四百五十元；三、任教五年以上者得月支五百元。視教授資歷如何，由會校雙方商定並即照各校辦法一律辦理。由本會負擔半數，其餘生活補助費、平米等概由貴校負擔。如所聘教授其薪俸須提高到五百元，以上者則超額之數，由貴校自行負擔。又本會為便利各教授研究起見，本會可撥付研究費一千元，每學期撥發五百元。現貴校需要何種學科，煩即電知，以便洽聘⋯⋯」〔註1689〕

9月29日，蔣中正對中正大學胡先驌校長不滿，要求換校長。

總裁復言：贛省黨部主任委員梁棟，在中正大學及參議會講演失言，及宣傳工作與民國日報辦理不善，伊敬讓來言梁之長短。余云：梁雖余所推舉卻與無任何私人關係，此人確為黨中忠實可用之才，或因湘籍，贛人容有地方畛域之見。贛中黨務工作人員派別分

〔註1688〕《國立中正大學關於吳昌達殉難名列忠烈祠事宜的函》（1943 年 9 月 14 日），江西省檔案館藏，檔號：J037-1-00289-0168。高志軍著《政治與教育的互動：國立中正大學研究》，2021 年 12 月華中師範大學博士學位論文，第 103 頁。

〔註1689〕張建中著《一而再再而三，鍥而不捨寫申請，這位校長到底為了什麼？》，公眾號「江西檔案」，2019 年 10 月 30 日。

岐，前向中央推舉梁往，欲其能作中流砥柱，無倚無偏，其出言失檢及宣傳領導之未盡得法容或有之，要為另一問題，尹君敬讓聞與黨中小組織有關，似當誠以識大體，同志間必須合作。掃除黨之結核病態乃佳。

總裁云：果尹有小組織，當玄之不令回贛黨部。余曰：尹事容與朱家驊部長一談長。中正大學校長胡先驌甚不相宜，不但不能望其照著該校最初創立的理想去做，恐怕望其辦成一普通大學亦不可得。深悔前次推舉之不當。

總裁云：誠然，胡乃一不識事之書生，隨詢續任人選。余曰：吳有訓、蕭蘧似教相宜。總裁曰：段錫朋如何？答恐段不願就。承示則不如蕭蘧，令余與陳立夫部長商之。〔註 1690〕

9 月 30 日，江西省教育廳回覆教育部。

南京二檔館也收藏有教育部與正大考試檔案二件，似與胡回憶出入甚巨。一件似為江西省教育廳於 1943 年 9 月 30 日回覆教育部的電文：「電奉悉。本省聯合考試命題閱卷係由正大負責任，一再催口，始於元日（十三日）午後決定錄取標準送廳。」〔註 1691〕

9 月，上級對胡先驌校長不滿。

熊式輝在向蔣介石彙報時指出：「中正大學校長胡先驌甚不相宜，不但不能望其照著該校最初創立的理想去做，恐怕望其辦成一普通大學亦不可得。深悔前次推舉之不當。」蔣回答道：「誠然，胡乃一不識事之書生。」蔣隨即詢問繼任人選，熊式輝遂推薦吳有訓、蕭蘧二人。〔註 1692〕

〔註 1690〕 熊式輝著《海桑集——熊式輝回憶錄》，星克爾出版（香港）有限公司，2009 年 8 月版，第 332～333 頁。

〔註 1691〕 《泰和贛教廳》（9 月 30 日），《國立中正大學招生簡章及招收新生、收容試讀生入學的有關文件》（194012～194703），中國第二歷史檔案館藏，全宗號五，案卷號 5912，第 71 頁。高志軍著《政治與教育的互動：國立中正大學研究》，2021 年 12 月華中師範大學博士學位論文，第 167～168 頁。

〔註 1692〕 熊式輝：《海桑集——熊式輝回憶錄》，香港：星克爾出版（香港）有限公司，2010 年，第 255 頁。朱鮮峰著《中國近代高等教育史上的「學衡派」——以其人文教育思想和實踐為研究中心》，2016 年 10 月浙江大學博士學位論文，第 182 頁。

9月，江西省社教師範在泰和周村創辦，程宗宣任校長。

9月，黃克智考入中正大學。

> 我16歲，以全省統考第二名的成績進入中正大學。我的「公費生」的生活更加清苦，每餐8人一桌只有糙米飯和共有的一盆青菜湯。結構力學教授蔡方蔭老師講述他在西南聯大執教期間到外校兼課，在乘船途中也抓緊時間撰寫他的結構力學三巨著。在攻讀這部巨著的同時，我也體驗到只有專心致志、不虛度一分一秒才能攀登科學的高峰。天才源於勤奮，我以此作為指導自己一生的行動指南。蔡方蔭老師愛惜人才，極力舉薦他認為優秀的學生到著名的學府，其中也把我推薦給天津北洋大學的李書田院長，從此我踏上了高等教育與科學研究的征途。〔註1693〕

年秋，國立中正大學泰和杏嶺流行傷寒，百餘學生患病，全校停課，全部免費治療，集中當時最好醫生和藥物，經多方搶救，仍有3名學生病故。胡校長對文史系高材生熊振湜等人的英年早逝，再次撫棺痛哭，在場學生無不為之淚下。

【箋注】

熊振湜（1921～1943）（一名正湜），南昌月池人，1937年8月全國舉行初中畢業會考，總成績平均達99.8分，名列全國第一，獲林森主席獎學金。讀大學時，有濃厚學術研究興趣，在學生中嶄露頭角，寫出了至今都有參考價值的文章和論文，如《黨錮論》《中國譯事考略》。研究部研究員王諮臣先生作輓聯云：「學術共門庭，與子平生相請益；郊遊以館閣，俾予後死獨傷悲」。

10月1日，《國立中正大學校刊》出版《姚顯微、吳昌達二烈士殉國週年紀念特刊》。

> 10月1日，《國立中正大學校刊》第4卷第1期出版《姚顯微、吳昌達二烈士殉國週年紀念特刊》，胡先驌校長：《顯微先生殉國週年祭詞》二首有句：「絕學存遺著，千秋有定評。」「英風傳石口，大節振西江。」王易：《姚顯微先生殉國週年感言》，王諮臣《章實

〔註1693〕黃克智著《中國科學院黃克智自述》，江西師範大學校慶辦秘書處編《穿過歷史的煙雲——紀念江西師範大學建校六十週年》，江西高校出版社，2000年10月版，第82頁。

齋先生年譜評議——為姚名達殉國週年紀念作》等詩文。〔註1694〕

10月1日，國立中正大學校長室關於檢送部聘教授候選人函。

　　國立中正大學校長室關於檢送部聘教授候選人名單，農林科有：
周宗璜、李靜涵、嚴楚江、馮言安、馬大浦。

　　（鄭瑤先生提供）〔註1695〕

10月1日，國立中正大學《南洋季刊》（季刊）創刊，由華僑同學會編輯，
主編王佐。1947年3月1日停刊，刊載研究南洋諸問題的文章。

《南洋季刊》（季刊）創刊

10月1日，胡先驌主持校務會議。

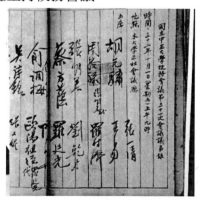

1943年10月1日胡先驌主持校務會議第31次會議事錄，出席者簽名（部分）

〔註1694〕姚國源執行主編《浩氣壯山河——原國立中正大學抗日戰地服務團紀實》
　　　　（上冊），江西高校出版社，2010年11月版，第64頁。
〔註1695〕江西檔案館，檔號：J037-1-00090-0067。

10月1日,《戰後改造南洋僑民教育之方略》文章在《南洋雜誌》雜誌(第1卷第1期)發表。摘錄如下:

在國人之思想中,南洋為一地理名詞,其範圍不確定,大約包括亞洲中南半島及其以南之一切地域、安南、泰國、緬甸、英屬馬來、荷屬東印度皆屬之,而澳洲及南太平洋各島嶼亦可包括在內,即亞洲除印度以外在赤道南北之一切疆土皆包括在內也。此一廣大富庶之區域,皆為吾國自秦漢以來殖民之範圍,其與吾國之政治經濟有極密切之關係,在戰前已然,戰後尤甚。此區域之開發,全賴吾近千萬僑民篳路藍縷之功,以造成其繁榮。戰後此區域八千萬之土著,尤賴吾人為之領導以同登大同之域,故欲解決世界問題,不能不解決南洋問題,解決南洋問題,不能不解決南洋華僑問題。

(一)南洋之現狀

按一般之瞭解,南洋包括中南半島三國及荷屬東印度。此廣大區域,在民族上可分為安南、泰國、緬甸、馬來、印度納西亞、美拉尼西亞(荷屬東印度之黑種人)各支派,安南、泰國、緬甸三民族屬於單音之中國語系,馬來與印度納西亞則屬於多音語系,美拉尼西亞尤為另一系統,在政治上,則安南現隸法國,緬甸、英屬,馬來現隸大英帝國,泰國獨立,東印度群島現隸荷蘭,菲律賓半獨立;在文化上則安南接近中國,泰國、緬甸、接近印度,馬來人先信佛教,後信回教,菲律賓則受西班牙文化影響最大,其他各民族多未開化,各地開發與文野之程度不同:中南半島三邦本有其固有之文化,自英法吞併安南緬甸與馬來後,沿海各商埠皆已歐化,泰國亦然,荷屬東印度則以爪哇一島最為發達,菲律賓則以呂宋一帶歐化最深,各國內地則仍風氣閉塞,文化落後,野蠻與半開化之民族,為數尚多。

此廣大區域以地處熱帶,又產錫與煤油,故極殷富。農產以米、糖、木材、樹膠、椰子、香料、芭蕉麻、果品、茶、煙草、奎寧粉、礦產以錫、鎢、銅、石油為大宗,然尚有廣大無垠之區域,未經開發。現在政治經濟大權雖操之各統治民族之手,然吾國僑民仍握有根深蒂固之經濟權,土人則缺乏政治與經濟能力。

(二)戰後南洋在世界之地位

南洋在戰後世界中,必居一極重要之地位。蓋此廣大區域,為

世界最大富源之一，其農產林產礦產苟能儘量開發，適宜分配，實足以供全世界之用。……現在國際政治家經濟學家與教育學家，在世界糧食會議，世界善後會議及世界教育會議，皆主張國際經濟合作，盡力增加生產及提高人類之生活及教育水平，則對於南洋區域八千萬人民，亦必須提高其生產能力與生活水準，同時因美德俄各國在戰時建立自主經濟之故，在戰後南洋之經濟將受嚴重之影響，故尤有調整之必要，否則對於全世界之經濟皆有損害，此皆南洋在戰後世界必占一重要地位之故也。

（三）戰前南洋華僑之狀況

我國僑民在戰前散居南洋各地，人數多寡不等，以各種原因，我僑民在各地之勢力消長亦不同。……各地華人來自閩粵，有祖居數十代者，有新往者，有已歐化或土化者，有極具愛國熱誠者，以地域方言之差異，故黨派紛歧，意見不能融洽，以缺少祖國文化之陶冶，故思想落後，性極保守，以缺少近代科學知識，故雖有相當良好之經濟基礎，與刻苦耐勞之精神，終不易與歐人日人相競爭，而時居劣敗之地位。

（四）戰後吾國在南洋之地位

此次戰事結束以後，吾國為四強之一，南洋各地，無論或組織印度納西亞國際共和國，或仍歸原有之宗主國管轄，其對於限制華僑之各種苛例，自當全部取消，則國人之赴南洋各地謀生者，人數必將激增，將來滇緬鐵路通車後，滇泰鐵路亦必將修築，以與泰國現有之鐵路接軌，則中南半島三國皆將與吾國有鐵路上之聯絡，移民事業與政治經濟，皆將有急劇之變化；吾國僑民勢必居於領導之地位。而在將來提高此區之生活與文化水準時，尤賴吾國之協助與領導。此固事勢所必趨，而在吾人亦責無旁貸者也。

（五）如何統一僑民之思想與改造其社會

在南洋之吾國僑民，雖不乏手握經濟大權者，然思想甚為落後與紛歧，其土化者固已數典忘祖，既未接受歐西之文化，本國固有之文化亦已忘卻，其歐化者則所受者為歐人之教育，其生活習慣皆與歐人同，亦不自認華人。即其久居異地雖具有愛國心者，然以未受近代教育，其思想亦極陳舊，對於吾國固有之文化，固屬淺嘗，

對於半世紀以來國內之改革演進，亦不能追蹤並進，故雖其生活水準，較內地居民為高，其思想習慣，則落伍特甚，且以來自各地，方音不同，地域派別之觀念特強，加以散居於不同之統治權區域之內，故意志尤不齊一，對於祖國立國之精神，無深切之認識；對於其自身在未來世界及戰後之東南亞洲所負荷之責任，尤不瞭解。欲救此弊，則惟賴教育與文化之力焉。

近年來僑民中有志之士，熱心興學，收效頗宏。……故須創立南洋統一之教育與文化之機構，確定其教育制度與方針，群策群力，循一固定之目標以求進步，方能收得預期之效果也。

（六）僑民教育之機構

僑民之教育與文化事業，雖受中央黨部海外部與僑務委員會之監督與領導，然究不能在他人領土內，設立吾國正式之政治機構，故宜在海外部與僑委會領導之下，組織一統一之自治式教育文化機構，以為僑民教育行政機關，此機構可稱為南洋華僑教育總會。……總會約等於教育部，分會則等於教育廳，皆秉承海外部與僑委會之意旨與接受其指導，庶僑民教育有共同之目標，而無紛歧錯雜之流弊。

至於學校教育擬設下列各種學校：

（a）僑民學校——九年制，等於初小高小及初中。

（b）職業學校——三年制，等於高中。

（c）師範學校——三年制，等於高中。

（d）高級中學——三年制。

（e）大學。

（f）成人補習班，設僑民學校內。所擬之學制，與國內現行者，略有出入，自有用意，茲說明之如下：

（a）僑民學校不取六年而取九年制者。……僑民學校課程中，宜注重國文、國語、本國史、本國地理、三民主義等課程。

（b）職業學校。在僑民學校畢業後，欲學一專業而不求高深知識者，則入職業學校，包括農工商三大類，務求學生能獲得實用之專門知識，畢業後能即服務及謀生。

（c）師範學校。在僑民學校畢業後，欲從事教育事業而又不入大學者，入師範學校，師範學校畢業者，可任僑民學校前六年教師，後三年教師則以大學師範學院畢業生充之。

（d）高級中學。其制度與國內高級中學同，宜加添政治學原理、經濟學原理、社會學原理為必修課程，其他課程可以酌減。

（e）大學。在南洋廣大區域中，至少應設規模完備之大學三所，其分布為安南之海防、新加坡、及爪哇某地（須地勢高而氣候稍佳者如茂物等地）。新加坡之華僑大學規模尤須宏大，蓋新埠為南洋之中心，南洋教育總會亦宜設在新埠也。各大學文理農工法醫商師範諸學院皆須具備，尤須注重文法師範三院，以養成思想上之領袖。

（f）成人補習班。在南洋各地以民智之落後，成人補習教育，至為重要。補習班宜附設於每一僑民學校之內，而認成人補習教育為僑民學校主要業務之一。

除學校教育外，尚須廣辦社會教育事業，以匡學校教育之不逮，而用以改進華僑之社會與家庭生活，宜由教育總會擬定方案，籌撥鉅款，任用專員以執行之。

欲建立大規模有系統之學校與社會教育機構，除人才與方案外，首須籌得大宗確定經費，此種經費不可全賴不定式之募捐，宜代以固定而類似租稅之捐款。可由各地教育分會取得該地僑民領袖之同意，抽取一種累進式之所得捐，作為各級學校之經常費。此外再募集巨額之教育基金，以為開辦費臨時費之用，大學尤須有巨額之獨立基金。

（七）結論

南洋之有今日，乃吾國千萬僑民千百年來努力開發所致，戰後開發南洋，扶持當地之弱小民族，尤須我僑民是賴。然我僑民教育不發達，知識低落，思想陳舊，苟長此以往，不加改進，不惟不能領導他人，且亦不能維持其固有之地位。改進之法，則在建立一嶄新之教育系統，有計劃而統一的提高其教育文化水準，果爾則僑民之地位將與我國之新興勢力而日增，東南亞洲之發達，世界人類之

幸福，皆可因之而獲得矣。〔註1696〕

10月1日，陳立夫致胡先驌信函。

　　10月1日教育部長陳立夫致函胡先驌的訓斥電：「泰和中正大學胡校長。密。該生聯考由該校閱卷，口較發榜期遲二十天，對於青年失信甚大，且使多數青年困於旅館，無法起程就學辦事。如此玩忽何以為人師？」檔案所載與胡的回憶是否為同一事，存疑。檔案中所記與蔣經國有無關係，無法斷定。至於前文所稱，正大遷贛縣乃為權宜之計，教育部下發給正大函電及分校致送正大本部的往來文書中均可為證。事實上，教育部並不希望正大兩地辦學，而欲取消分校。教育部曾明令正大「取消分校」。只是正大從自身利益出發一再推拖。〔註1697〕

10月3日，胡先驌致楊綽庵信函。

　　綽庵吾兄惠鑒：

　　　　舍表妹陳韻蓮前欲入無線電訓練班，承批示見准。彼曾親赴張仲智局處應試及格，但取為自費生，每月須交伙食費二百元，非彼姊弟二人所能擔負，仍請兄錄為正取，或另給一他職，彼曾任南城、宜黃兩縣衛生院助產士，亦當為稱職。惟彼逃難來泰和，衣被盡失，不能一日賦閒，甚望能盡速與一枝棲，俾能自食其力，感同身受也。

　　　　專此敬頌

　　秋綏

弟　胡先驌　拜啟
十月三日（1943年）〔註1698〕

〔註1696〕張大為、胡德熙、胡德焜合編《胡先驌文存》（上卷），江西高校出版社，1995年8月版，第399～405頁。

〔註1697〕《急電該校校長考卷較應發榜期遲廿天對青年失信口大且使多數困於旅館無法起程就學辦事如此玩忽何以為人師》（1943年10月1日），中國第二歷史檔案館藏，《國立中正大學招生簡章及招收新生、收容試讀生入學的有關文件》（194012～194703），全宗號五，案卷號5912，第70頁。高志軍著《政治與教育的互動：國立中正大學研究》，2021年12月華中師範大學博士學位論文，第169～170頁。

〔註1698〕《胡先驌全集》（初稿）第十七卷下中文書信卷，第447頁。

10 月 7 日，為烈士昭雪。

　　烈士被殺害案也得昭雪。密報稱，姚、吳慘遭殺害係某村村民
圖財，勾敵釀成，該村民已被捕。中正大學認為，姚、吳「顯有漢
奸通敵謀害」，希望新淦縣政府查辦。〔註1699〕

10 月 10 日，江西吉安《大眾日報》載：國慶感言，胡先驌。

　　今年的雙十節國慶，是特別值得慶祝的，因為意大利之投降，
與蘇聯在東戰場之空前勝利，魁北克之羅邱會議決定盟主在太平洋
對倭寇發動大規模的攻勢，與蒙巴頓海軍上將之被任為遠東同盟軍
總司，都是軸心國家崩潰的前夕之徵兆，誠如蔣主席所昭示：早則
一年以內，遠則一年以後，便是我軍最後勝利的時期。

　　在戰略上預測，盟軍在控制意大利全境之後，或東渡亞德利亞
海而攻南斯拉夫，由南斯拉夫而攻匈牙利，願匈國已準備將其首都
布達佩斯改為不設防城市之消息，即可證明匈牙利已準備無條件投
降，匈國投降盟軍即能控整個多腦河域，西向攻奧大利奧，德國口
易如反掌，同時亦可由意大利攻擊法國南部，或渡英倫海峽以攻擊
法國西部，尤其以空前偉大之空軍，自上空摧毀德國五十個大都市，
一一以意大利各機場為空軍基地，尤易收效，德國崩潰之速，或遠
出我輩意想之外，蘇俄之□勝□亦可，□□過波蘭而入德境，將來
三大盟邦所爭的是，誰先入柏林城。

　　在太平洋方面，蒙巴頓陸軍必將在十月雨季之後，以海陸空軍
的聯合優勢控制緬甸，海軍將□□仰光，我軍與印軍夾在上緬甸一
帶攻敵軍，敵軍若□逃過□□□□命延，必定退入泰國，那時泰國
的軍隊必能與我軍合作，將敵軍驅逐出境，整個的印度支那半島，
不難唾手而得，而我國□年來所遭敵人之封鎖，即將消除，不但滇
緬路復通而已，同時盟國海陸將繼續奪回馬來群島與菲律賓，海
南、臺灣、香港、廣州皆將次第收復。一面盟國海軍由南大平洋逐
漸進過，使日本不得不由外線防禦改為內線防禦，其海軍亦不得出

〔註1699〕《為據密報本校教授姚顯微學生吳昌達去年在石口被敵慘殺係因該地張星
　　　華圖財勾敵所致等情函請迅辦見復由》（1943 年 10 月 7 日），江西省檔案館
　　　藏，檔案：J037-1-00298-0156。高志軍著《政治與教育的互動：國立中正大
　　　學研究》，2021 年 12 月華中師範大學博士學位論文，第 100 頁。

面應戰，而遭覆滅，盟國空軍之長距離轟炸，亦足以摧毀日本之腹心，假如德國崩潰後，蘇俄無西顧之憂，能以西伯利亞之機場借與英美空軍，使作自北而南襲擊日本之基地。則日本之崩潰指日可期。

在此情形之下，日本陸軍將首光退出長汀長遊，暫時守住安慶，以保衛南方，□則放棄華中華南，退守黃河北岸，再則出隊保衛東四省，終則全部潰敗，其時間之長短，以盟軍之戰略與決心，及日本應戰之方略而定，早則數月，遲則期年，勝利必為盟軍所獲得。

吾人每每過慮，英美或不敢撤底擊潰日本，以為他日牽制中國或俄國之用，其實這是不用過慮的。第一、此次歐戰結束後，世界只有英美兩國有強大海軍，英美為除後患計，必將撤底殘滅日本之海軍。第二、日本偷襲珍珠港與槍□□空□之暴行，使美國朝野上下深切認識日寇為中世紀未開化好殺之民族，故之有著報仇雪恥、滅此朝食之志，美人且有主張將戰後之日本二島改為自由港，歸中美英三國共管著，故日本工業與軍備必為盟軍所撤底毀滅，而不足為害於盟邦，此□無可懷疑之事。第三、盟邦深切認識對於窮兵黷武之民族，必須如以嚴重之懲創，使之永久勿忘其食，報之酷，庶幾可以改變其心理，故自始即宣布軸心國必須無條件投降，德日兩國將來亦必須無條件投降，始能休戰，柏林、東京必須為盟軍所佔領至一相當之時期，再設法救濟其民眾，務使其人民瞭解國破家亡之禍，乃其黷武主義所感召，二千餘年來未被征服之日本，今亦在盟軍佔領之下，必如此乃能使其人民深惡暴力，傾向和平，為此三大原因，日本之前途，不難預卜矣。

吾人今日之責任，首在於茲千鈞一髮之際，在軍事上，經濟上如何加倍努力，使能在擊潰日本之大戰中，克盡我之最大責任，次則準備戰後積極建國之方略，務求與盟國合作，利用外資，以開發我國之富源。提高我國民之生活水準，同時努力從事重工業建設與國防科學之獎勵，一面使吾國廣大市場，足以解決世界戰後經濟之危機；一面使我國之實力成為安定遠東之主力，則吾國始能步入光明燦爛之前途，麗不愧為世界四大強國之一，吾國民其勉旋。

（陳露先生提供）

黃克智院士檔案資料（江西檔案館藏）

黃克智院士檔案資料（江西檔案館藏）

10月30日，張英伯致唐燿信函。

　　張英伯在昆明時寫給四川樂山木材試驗室唐燿的書信，是向唐燿請益而言及自己的工作狀況，對於其研究或可助瞭解。節引於此：「弟自客歲由平遷調來滇，處此樹種豐富省份，頗思步逐後塵，而注意滇境木材，當在步曾先生策勵之下，先開始作雲南中部樹木之

調查與採集，並對主要商用木材作各項試驗，以期再推廣至其他各林區工作。一年以來，深感興趣，惟初學伊始，且參考書籍缺乏，一切甚覺困難，至盼此後先生以發展貴室之餘，多賜指教，想對此同門後學，定能不吝提攜也。現弟之工作已可暫告段落者如下：（一）昆明附近四十種重要木材，弦徑面收縮之研究（依 A.S.T.M.標準）；（二）昆明附近百種木材比重及乾濕兩季氣幹下含水量之變化；（三）昆明市商用木材之調查。現進行中之試驗：1. 昆明附近主要建築用材之力學試驗——此項與交通部公路研究室合作，利用清華之試機可作全部各項力學性質試驗，已開始數周，期於今年完成之；2. 數種易生菌害木材對力學性質之影響；3. 木材乾燥之試驗；4. 木材解剖——現已作切片數十種。過去弟頗喜植物組織學，故對製片甚感興趣，但此間無木材切片機，現皆用徒手切成染色，頗以為苦。以上所有材料皆係弟去冬採來，於今春開始試驗者，各項係農林所與中研院工程研究所合作，但實際工作只弟一人，自採自試，僅得如此少許結果而已。所幸者工研所比較設備尚好，但該所興趣則趨重木材工業。下半年如經費增加或再與萬鈞先生計劃其他工作。現弟對普通木材乾燥、防腐及枕木工業三項，頗感興趣。三者有何重要參考文獻及先生個人尊見，尚請便中指示以便遵循，滇省木材確值得作具體之研究利用，甚願先生不偏愛川康，將來亦蔭及此方也。弟並願得機能去貴室參觀，以便面領教益。今署弟曾因私務赴渝，本擬繞樂山，終以交通多有延誤，而時間不敷分配，促忙乘機返昆，未得如願，頗以為憾也。」〔註1700〕

10月，張星華、張如錕圖財勾敵及被捕的實事。

經新淦縣政府查實，終於查明瞭姚名達、吳昌達遇害的兇手：去春倭敵竄擾新淦石口村有貴教授姚烈士，貴學生吳昌達殉難，其原因確因石口村有張星華（小名苟仔）圖財勾敵之所致也。貴校教授學生東西概被張星華與張如錕悉數瓜分，而張如錕並聲稱張星華被敵提去，此係張如錕鬼計，代伊掩蓋現在張星華（苟仔）。張如錕

〔註1700〕 張英伯致唐耀，成都；四川省檔案館。胡宗剛著《靜生生物調查所史稿》，山東教育出版社，2005 年 10 月版，第 144～145 頁。

為勾結土匪案業已被捕，因在新淦監內。此乃是姚吳二烈士遭其被捕，特請校長轉知貴學生（逃出來的）來函新淦縣府嚴辦，以慰幽靈。〔註1701〕

10月，胡先驌為吳定高母親七十歲寫壽文。

　　1943年10月家母70大壽，我作為鄉里的才子為母親寫了一篇壽文，當時我將壽文送給胡校長看。胡校長看後很讚賞，我趁他來了興致請他為我寫的壽文寫序。胡校長欣然慨允，揮筆寫了一篇「壽序」。我拿回家後將壽序、壽文合雕在10塊壽屏上，後來土改時將壽屏分給了群眾。據說還留下了幾塊，但至今沒有討回。〔註1702〕

11月3日，胡先驌致戴叔珣信函。

　　電文：成都川大農學院曾省之轉戴叔珣湘農專，奉聘副教授薪340元，明年增研究費260元，就否電覆驌。

　　（鄭瑤先生提供）〔註1703〕

11月12日，為慶祝國父孫中山誕辰，省會在天翼公園舉辦菊花展。

11月14日，簡根源成績優秀。

　　國立中正大學學生膳費報核清冊印領清冊及申請中正獎學金學生各冊》。中正大學農學院因森林系學生簡根源表現優秀，農學院也讓他填具申請書為其申請「林主席暨中正獎學金」，而簡根源的日後表現也確實沒有讓農學院失望，據1944年填錄的《農學院森林系畢業生畢業總考成績單》可知，簡根源畢業論文成績為90分，平均成績81.5分，都僅次於黃律先的91分和82.5分，兩人也在1947年入選了最優秀畢業生陣容。〔註1704〕

〔註1701〕《新淦縣關於張星華張如錕圖財勾敵及被捕的呈》（1943年），江西省檔案館藏，檔號：J037-1-00289-0123。高志軍著《政治與教育的互動：國立中正大學研究》，2021年12月華中師範大學博士學位論文，第100～101頁。

〔註1702〕吳定高著《我與胡故校長交往二三事》。胡啟鵬主編《撫今追昔話春秋——胡先驌學術人生》，北京燕山出版社，2011年4月版，第271頁。

〔註1703〕江西檔案館，檔號：J037-1-00983-0072。

〔註1704〕鄭瑤著《繼往開來責在斯——國立中正大學農學院研究（1940～1949）》，2019年江西師範大學碩士研究生學位論文，第84頁。

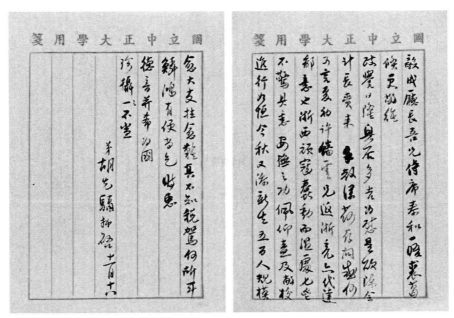

胡先驌給毅成廳長的信札手跡

11 月 18 日，胡先驌致阮毅成信函。

毅成廳長吾兄伺席：

　　泰和一晤，葛裘倏更，敬惟政譽日隆，興居多吉，為慰是頌。陳會計長賚來手教，深荷存問，感何可言。夏初許番雲兄返浙，亮亦代達鄙意也。浙西頑寇蠢動，而溫處七邑不驚，具悉安撫之功，佩仰。蓋及敝校進行如恒，今秋又添新生五百人，規模愈大，支柱愈難，真不知稅駕何所年，麟鴻有便，當乞時惠德音，並希為國珍攝，一一不宣。

弟　胡先驌　拜啟

十一月十八日（1943 年）〔註 1705〕

【箋注】

　　阮毅成（1904～1988），餘姚臨山人。1931 年獲法國巴黎大學法學碩士學位。歷任國立中央大學法學院教授、中央政治學校教授兼法律系主任、《時代公論》主編。抗日戰爭期任浙江省政府委員兼民政廳廳長，英士大學教授、行政專修科主任，國立浙江大學法學院院長，1946 年任「制憲」國民大會代表。1949 年去臺灣，曾任臺灣《中

〔註 1705〕　胡啟鵬輯釋《胡先驌墨蹟選》（初稿），2022 年 2 月，第 95 頁。《胡先驌全集》（初稿）第十七卷下中文書信卷，第 459 頁。

央日報》社社長、《東方雜誌》主編、中山學術文化基金會董事會董事兼總幹事、臺灣政治大學教授兼法律系主任、世界新聞專科學校教授。著有《政言》《國際私法》《中國親屬法概論》《法語》等。

11月21日，軍委會侍從處致陳立夫信函。

　　該年年底，軍委會侍從處致陳立夫的函件亦有提:「江西工業專校與中正大學遷並困難，准暫從緩議，至所請即以該項遷並費移撥中正大學充實工學院設備一節，可准照辦」。可見，蔣介石樂見正大工學院發展，且工學院經費問題至關重要，始終是教育部與蔣介石交往中繞不開的話題。〔註1706〕

11月22日，陳立夫認為正大、工專合辦等待時機。

　　教育部長陳立夫在視察東南各省教育後，得出:「目擊各該校實際情形，歸併或合作辦理均有困難」的結論。說明需要歸併或合作者不止正大、工專二所，歸併、合併不符合當時東南各省大學發展趨勢。〔註1707〕

11月22日，謝兆熊致電教育部。

　　校方對於開展社會教育的附近各村如此，對待學生亦如是。1943年，為使學生在課餘時間有「陶冶遊憩之所」，訓導主任謝兆熊為此特意致電教育部請求將該年原本用於戰地服務團經費1萬元移作青年館建設基金之用。〔註1708〕

〔註1706〕《教育部長陳立夫呈軍事委員會委員長蔣中正有關江西工專及中正大學工學院歸併困難及處理意見》（1943/11/21～1943/11/21），臺北「國史館」藏，國民政府／教育（文化）／高等教育／高等教育總目，大專院校設立改組（一），典藏號：001-091000-00001-015。高志軍著《政治與教育的互動：國立中正大學研究》，2021年12月華中師範大學博士學位論文，第157～158頁。
〔註1707〕《簽呈》（1943年11月22日），《教育部長陳立夫呈軍事委員會委員長蔣中正有關江西工專及中正大學工學院歸併困難及處理意見》（1943/11/21～1943/11/21），臺北「國史館」藏，國民政府／教育（文化）／高等教育／高等教育總目，大專院校設立改組（一），典藏號：001-091000-00001-015。高志軍著《政治與教育的互動：國立中正大學研究》，2021年12月華中師範大學博士學位論文，第159～160頁。
〔註1708〕《為擬移前撥戰地服務團經費一萬元為青年館建築基金由》（1943年11月22日），《中正大學現金出納表領款收據經費累計表等各類會計表文書》

11月24日，教育部致中正大學信函。

　　11月24日，教育部呈文：「中正大學工學院設備太差，曾奉令教部查核實際需要酌予增撥有案。此次所請以預算已列遷並費移撥該院，俾作充實設備一節，擬准照辦」。〔註1709〕

11月25日，胡先驌致陳立夫信函。

　　本校教授兼訓導長謝兆熊於上學期堅請辭去訓導長兼職，經已照准。茲遵部令，擬遴選張一清、胡光廷二員，擇一接充。查張一清參加黨團政訓工作多年，精調地質學，歷年兼任未校地質學教授，本年度聘為專任教授，兼代訓導長職務，為人誠篤樸實，不憚煩勞、尤能以身作則，堪為青年表率。胡光廷任教各大學，積有年資，本校成立時即任英文教授，素為學生所敬仰。上年謝訓導長赴渝受訓時，曾一度代理訓導長職務，惟尚未入黨，理合繕具張，胡二教授履歷各一份，其文呈請鑒核。請核定一員為本校訓導長，並祈指令抵遵。

　　　謹呈
教育部部長陳

　　　　　　　　　　　　　國立中正大學校收　胡先驌
　　　　　　　　　　　　　三十二年十一月廿五日〔註1710〕

　　11月26日，國立中正大學校長胡先驌請江西省衛生處防疫總隊來校施行井水消毒的函。〔註1711〕

　　　　　　（194205～194504），中國第二歷史檔案館藏，全宗號五，案卷號3763（1）第150頁。高志軍著《政治與教育的互動：國立中正大學研究》，2021年12月華中師範大學博士學位論文，第120頁。

〔註1709〕 《為陳明江西工專及中正大學兩校歸併之困難慣形及擬具處理意見呈請鑒核示遵由》（1943年11月24日）、《教育部長陳立夫呈軍事委員會委員長蔣中正有關江西工專及中正大學工學院歸併困難及處理意見》（1943/11/21～1943/11/21），臺北「國史館」藏，國民政府／教育（文化）／高等教育／高等教育總目，大專院校設立改組（一），典藏號：001-091000-00001-015。高志軍著《政治與教育的互動：國立中正大學研究》，2021年12月華中師範大學博士學位論文，第157頁。

〔註1710〕 《胡先驌全集》（初稿）第十七卷下中文書信卷，第442頁。

〔註1711〕 張建中著《那年，這所大學爆發了大規模的傷寒疫情》，公眾號「江西檔案」，2020年05月25日。

11 月 29 日，胡先驌評價吳昌達烈士。

胡先驌評價吳昌達「忠勇剛毅之精神，實著爍古震今」。〔註1712〕

11 月 30 日，省黨部紀念周，胡先驌作報告。講戰後政治經濟動向，以三民主義促進大同。《江西民國日報》第三版載。同日江西吉安《大眾日報》載：省黨部紀念周，胡先驌氏出席報告，講述戰後政治經濟之動向，用三民主義促進世界大同。

【正路社訊】江西省黨部昨晨舉行總理紀念周，到梁主任委員，正大胡校長先驌，周秘書宗黃，暨陳書記長全體工作同志百餘人，由梁主委主席領導行禮如儀後，請胡校長作報告，題為：「戰後世界政治經濟之動向」。用研究世界歷史眼光，首先上次世界大戰之原因，並指出戰後若干內在矛盾，說到二次大戰之爆發，根據以往悲慘□□，深覺戰後世界政治必須有強有力之國際組織，聞近有人倡議劃世界為十一個聯邦，再聯成世界大聯邦，並以中、美、英、蘇為主，建立國際武力，以維持世界之秩序，日本勢以慘敗，然吾人仍使其有生存之機會，但必須消滅其窮兵黷武之思想。次從交通發達說到世界經濟之發展，謂將來不再採資本對立，而□民生主義之精神，不致再有若干經濟集團互相傾軋，並有人主張建立國際貨幣，使任何國家經濟均不動，至□破產，以□□個人類之福祉，至於私人資本則口用所得稅、遺產稅安予節制。總之，戰後全世界政外治經濟完全採用三民主義精神，以達到世界大同。最後謂此次戰爭犧牲固多，但仍有大光明在吾人，只有準備在政治、經濟各方面努力，始不愧為四強之一的中華民國國民，始不愧為中國國民黨黨員，及三民主義之忠實信徒，詞長達九十餘分鐘始畢，語多精彩，聽者動容，末由梁主委就集將精神重加口述，並領黨宣讀，黨員守則禮成。

（陳露先生提供）

11 月 30 日，國民政府派郭有守、黃樸心等人為三十三年第一次高等考試

〔註1712〕《函請教起追悼吳昌達烈士列名忠烈祠享祀並撫慰烈士家屬由》（1943 年 11 月 29 日），江西省檔案館藏，檔號：J037-1-00289-0165。高志軍著《政治與教育的互動：國立中正大學研究》，2021 年 12 月華中師範大學博士學位論文，第 103 頁。

初試成都、桂林、曲江、泰和、雲和、魯山、蘭州、立煌等處試務處處長。

11月，《中正大學成立三週年校慶獻詞》文章在《國立中正大學校刊》雜誌（第4卷第2期，第1～2頁）發表。摘錄如下：

> 今日為本校成立三週年校慶日，同時為國民政府蔣主席五旬晉七壽辰，本校師生二千餘人，莫不鼓舞歡忻蓋有以也。古語云：「三年有成」。回憶吾校草創之初，規模甚簡，師生之數及五百人，今則幾四倍此數矣。三年以還，除原有之三院九系外，復添設有文史、生物學兩系，及行政管理、師範、稅務，三專修科，中小學幼稚園畢備，贛縣且設有分校。以成立於戰時戰地之學校，三年中發展至此，亦不得不謂速矣。

> 回憶本校成立之初，總裁致訓詞詔示吾人以「本校所欲造成者，非僅博通學術之專才，實為革命建國之幹部」，指明「本校所研究傳習之道，必為救國救世三民主義之達道；所授與諸生之課業，必為擔當革命建國基層事業之實際知能；而所以解迷破惑，昭示諸生以為學作人之途徑者，則在使諸生認識生命之意義，生活之目的，與現代國民之責任」。總裁教育之主張為「文武合一，術德兼修。」故本校教育即以此為目標，期諸生盡能養成總理所特舉之「忠孝仁愛信義和平之八德」，與總裁所倡導之「禮義廉恥之四維」，以為「篤學勵志成已成人必具之品性。」熊前主席致訓時則希望本校「發揚三民主義之學術思想，實驗正教合作之計劃教育，建立民族復興之精神堡壘。」三年來本校教育訓導之方針無日不在兢兢業業，領導諸生，求有以實現總裁之教育思想，及勉副熊前主席之期望。至本校成立週年，熊前主席蒞校致訓，倍加獎借，以為本校施教，尚能遵循原定之目標而進行，且收有若干之成效。今則荏苒至三週年矣，此兩年中本校以受東南戰局動盪之影響，加以物價翔貴，師生之生活不能安定，於諸生之進德修業，不無妨害；然師範稅務兩專修科及贛縣分校設立，諸生人數之激增，德業之日進，名教授之先後蒞止，使本校不愧為東南之一最高學府。固我全校師生奮勉之結果，殊足引以自慰者也。

> 同時國內外之政局，在此三年中亦有莫大之轉變。當本校成立

之初，正值法國潰敗之後，軸心毒焰方張，英倫三島，時有被侵之虞；歐亞兩戰場尚未連合為一，我國抗戰前途，仍漫長而艱困；繼而有一二八事變，倭寇席卷南亞，凶鋒所至，若狂飆駭浪之不可禦；然一年以來，因同盟軍之戮力，東西兩戰場皆能轉敗為勝。自史太林格勒役後，蘇軍所向無敵，行將逐德軍於國門之外；北非告捷，意大利投降，在珊瑚島瓜島所羅門群島諸役，盟邦海軍屢獲大勝；盟機轟炸東京，倭寇之戰略已改攻為守，會師東京，已成鑄定之命運。今蒙巴頓將軍即將開始反攻緬甸，印度支那半島與荷印之恢復，殆指顧間事耳。在我國則滇緬路重開之後，即將準備反攻，以還我河山，盡雪自甲午以來五十年之國恥。一方面以我多年抗戰之英勇，英美兩大盟邦自動廢除不平等條約，自鴉片戰爭後一世紀之奇恥大辱，於茲蕩滌淨盡矣。今中美英蘇，已並肩而為領導世界創造新文明之四強。抗戰結束之後，我國即將開始建國之大業。凡此種種冠世之勳業，皆我崇高睿哲之領袖所手創。本校既奉領袖之名而名之，而今年本校三週年校慶，又適為我領袖就任國民政府主席後薄海共祝之五旬晉七壽辰，同仰一代偉人之德業功勳，知本校師生在欣忭之餘，將更感莫大之興起矣。

此次世界大戰，驟視之雖為侵略與反侵略兩陣營之爭，實則為一世界性之革命。此革命之性質，與我國三民主義之革命，若合符節，其目的在循民族、民權、民生三大主義，使全世界戴髮含齒之倫，同登大同之域，共享無疆之休。而我國行將為此革命之思想領導者，與實際上之促成者，是吾人不但須建立我民族復興之精神堡壘，且須建立全世界復興之精神堡壘，其光榮愈大，其責任愈重。我校師生，宜如何戮力以求達成此神聖之使命，庶幾能勉副我元首及熊公之期望乎？己立立人，此誠千載一時之機；則吾人於慶祝校慶與我元首壽辰之餘，尤應朝乾夕惕，共勉赴此不世之事功，則他日本校之光榮，豈普魯士之忽烈得力所創之柏林大學所可比擬哉！〔註1713〕

11月，《如何建立科學的國防（代社論）》文章在《正言》（第1卷第3期，第2～3頁）發表。摘錄如下：

〔註1713〕《胡先驌全集》（初稿）第十五卷人文科學文章，第352～353頁。

《如何建立科學的國防（代社論）》文章

　　我們慶祝今年的雙十節時，意大利已投降；蘇俄在東線節節勝利，已將克復基輔，而逐德軍於國境之外；西太平洋上盟軍亦逐島克復，蒙巴頓將軍即將在緬甸反攻；最後勝利屬於同盟國，敵人將在一年內崩潰，自不成問題。我們試一考盟軍先敗後勝的原因，無疑的是由於軸心國家先發制人，盟軍事先無充分的準備；後來則以盟國資源的豐富與動員規模之廣大，以壓倒的優勢，粉碎敵人之抵抗，故能建立殊勳，而有今日之局面。一方面盟國人民之抱正義感，人心之振奮，勇於犧牲之精神，固為制勝之原因；然武器之質與量的增加，資源之極度利用，實為制勝之不可少的物質條件。換言之，便是盟國之國防科學與科學國防，比軸心國家有過之無不及。我國七年抗戰，備受敵寇之蹂躪，亦由國防科學與國防工業沒有基礎，故今日痛定思痛，我們一定要以朝野上下絕大的努力，以建立國防科學與科學國防。庶幾在世界大同未完全達到以前，我們的國防力量在消極方面可以抵抗外來的侵略，在積極方面我們可以聯合英美蘇三大盟邦，參加國際武力之組織，以制止任何侵略之發生。

　　國防科學是廣義的，非狹義的，包括一切直接間接能應用於國

防之有系統的知識。德國初期的勝利,其地理政治學院的貢獻是很大的。這個學院的規模甚為廣大,所聘用的專家包括政治、經濟、地理、氣象、社會、歷史、心理、農工商各種學科的權威學者。於此可見德國人利用科學以從事於國防,到了如何廣泛的程度。如以為國防科學只限於製造武器、機械、兵艦的若干門工業學科,便大錯特錯了。我們應該提倡一切科學(包括政治、經濟、教育、社會等等人文科學),動員他們,使之各本所知以貢獻於一切與國防有關的問題。自然,我們最缺少的重工業,是應該積極建設的。但不可以為除工業科學外,其餘的科學,便與國防無關,不必提倡。我們要建立國防科學,首先須從改進提倡一切基本的自然科學起。我們中學、大學裏的數學、物理、化學、動植物學教的都很壞。須知數學的應用極廣,不但工程學離不了數學,農業學科與經濟學亦需要高深的數學。有一次蘇俄舉行人口普查,因為所得的統計數字,違背數學,便不敢刊布,以免貽笑於人,在我國恐怕就要糊塗的發表了。現在航空工程的進步,全賴數學、物理、化學、氣象學的突飛猛進,現在火箭式的飛機已經達到了每小時七百二十英里的速率——地球自轉的速率;並且能以無線電與電子以控制飛機。將來轟炸人家的都市,只須自遠處以無線電以控制轟炸機,不必犧牲空軍的生命了。製造飛機也不必用金屬,只須用化學製成的人造膠——可塑物,既價廉,又堅固,又容易製造,幾分鐘,便可造成一飛機。潛水艇可在七百英尺以下的水中用電池航行。磁性水雷外,還有音波水雷,其利用物理學與化學的程度,可謂極其神妙了。生理學上的進步促進醫學上的進步,現在人血可以冷藏,可以乾製;死人的器官可以嫁接到活人的身上。這都是基本的自然科學應用在國防上的例證。現在正在研究如何利用原素分裂時所釋放的原子能。假若這個研究能見諸實用,便無敵於天下了。

我們嘴裏聲聲提倡科學,人人都知道「無科學即無國防,無國防即無國家」的大道理。但是國家每年用在科學上的經費,少的可憐。中央研究院是我國研究科學的最高機關,包括十多個研究所,但是每年的經費只有三百多萬。以現時物價高漲一百倍計,中央研究院每年經費只值三萬多元,這豈不是大笑話?在戰前我們全國每

年用於科學研究的經費，當不得美國一個研究所的經費，在抗戰以後更不用說了。俄國在十月革命以前，科學亦甚落後——但是遠在我國之上，列寧進入列格勒之後，第一樁事便是問巴佛洛夫，要多少經費維持他生理研究所。後來蘇俄政府以全力提倡科學，各研究所經費之多，規模之大，至為可驚。如經濟植物研究所任用助教至五千人之多，其規模宏大，可以想見。有一黃豆研究所，搜集中國所產黃豆品種至五千餘種之多。蘇政府為提倡科學計，就以蘇俄英雄之榮譽，贈與名科學家。尚有以科學家之名命名飛機者，其五年計劃即為一名科學家所草擬。因其如此積極提倡科學，所以能建立堅固不拔之科學國防，以抵抗德國之侵略。我國對於建立科學國防，是否具有同等的認識與決心？是否準備在戰後每年以幾萬萬元的巨額經費，來辦各研究所，培植研究科學的人才，與獎勵有成就的科學家？是否口惠而實不至？我們看見政府以巨額經費辦某某帶政治性的事業，而以極微末的經費，維持各科學研究機關，便覺得政府對於科學之重要認識似乎尚不夠充分，這關係我國家民族之前途極大，盼望朝野上下深切注意此事才好。

戰後我們對於建立國防工業是有決心的。但是我們不可忘記廣設各種工業研究所，期能隨時對於各項工業有所發明。尤其對於航空兵工等研究所，要積極改進與鼓勵。私人經營各項大工業者，亦宜附設有相當規模的研究所。現在私人企業所創辦的研究所，只有永利化學工業公司所辦的黃海化學工業社是成功的。盼望將來的企業家人人能步范旭東先生的後塵，則公私皆有裨益。同時亦盼望大企業家能以巨額經費捐助各研究所、各大學院系，以鼓勵科學研究與資助科學人才，庶幾以補政府力量之不足。二十世紀下半期與二十一世紀是我們中國的大時代，千載一時之機會不可錯過。我們中華民族之勝敗存亡，完全繫於我們能否建立科學的國防，我朝野上下其鑒之。〔註1714〕

12月1日，胡先驌致函申請給予本校學生施物治療。

事由：胡先驌關於申請給予本校學生施物治療的函。

〔註1714〕 《胡先驌全集》（初稿）第十四卷科學主題文章，第226～228頁。

（鄭瑤先生提供）〔註 1715〕

12月1日，正大校長胡先驌致江西裕民銀行函。

　　函文：逕啟者，本校因經費困難，關於圖書儀器等設備極為簡陋，雖承各方捐助仍感不敷應用，久聞貴行扶助教育極其熱忱，對於學術及文化事業資助甚多，至為欽佩，茲以本校文法農工三院添置圖書儀器需款五十萬，無法籌捐用物，商懇貴行惠予資助俾本校教學設備汲以漸臻完善。

　　（鄭瑤先生提供）〔註 1716〕

12月2日，胡先驌致朱家驊信函。

騮公侍席：

　　梁直輪兄自渝歸來，述及鈞座對敝校愛護之意，無任銘感。現敝校與省黨部及《民國日報》均極力合作互助，雙方均有裨益也。英庚款會講座，乞早日核定，以便從速宣布，無任企盼。

　　頃得中山大學農林植物研究所教授蔣英來函，云該所曾派人至廣州探視陳煥鏞先生，據云彼生活極苦，每日每人僅得黴米八兩，肉食久斷，僅靠自種素菜度日，人極憔悴。惟所中原有之標本、圖書、儀器則保全無缺，其忍辱負重之精神，殊堪惻念。靜生生物調查所之全部圖書、標本、儀器則以驌內遷任學府要職，已全部為敵人運往東京矣。個人遭遇不同，而困厄則一，至堪浩歎。知關厪注，謹以奉聞。

　　　專此敬頌

勳綏

　　　　　　　　　　　　　　　　弟　胡先驌　拜啟

　　　　　　　　　　　十二月二日（1943 年）〔註 1717〕

12月2日，唐燿復張英伯信函。

英伯兄惠鑒：

〔註 1715〕江西檔案館，檔號：J037-1-00692-0165。
〔註 1716〕江西檔案館，檔號：J037-1-100759-0076。
〔註 1717〕《胡先驌全集》（初稿）第十七卷下中文書信卷，第 419 頁。

十月三十日手書奉悉，承示近況甚詳，以一人而從事廣泛之工作，足見毅力，甚佩甚佩！

下問各點，非數語可盡，如囑寄奉拙著數種（另郵），可窺一斑，敝室進行工作，想亦為閣下所關聞，今簡敘如下：

（一）關於構造方面：在研究木材正確名稱、俗名、產量、一般用途及其他構造上之性質；（二）關於施工方面：如木材對於鋸、刨、鑽、定釘、油漆等之反應；（三）關於物理試驗者：包括木材之比重及每立方尺之比重、收縮、含水量等類之基本試驗，已獲有初步結果，報告一部分在排印中；（四）關於力學試驗者：今年夏受交通部材料司協款試驗川產主要木材之力學性質，第一步已就峨邊沙坪所採得之木荷、絲栗進行七次主要試驗，年內可告一段落；（五）關於乾燥方面：包括天然乾燥之研究，木材堆積法之調查及人工乾燥之試驗；（六）關於防腐方面：包括腐木菌之培養，木材害蟲之研究，防腐藥品之試驗及天然抗腐之試驗等。調查方面工作，則著重於中國木材資源及木業之產量，調查報告散見於農業推廣通訊、經濟彙報及科學世界等刊物。此外則籌劃抗戰期間需用特急木材製品之製造，此項工作將與各有關方面合作進行，為應此需要，興辦鋸木木工等工廠，亦在積極籌劃中。

敝室進行之工作，重要者大約如上，惟頗感綆短汲深，人才尚有待充實。大凡事業之能收效功與否，莫不視人力如何而定，此理至淺。而此人力，分則收效微，合則易為功，此理又至為顯明，尤以草創之時期為著。燿頗願閣下於研究雲南木材之告一段落，先來川共同樹立並健全一般木材之研究事業。此意蓋非始自今日，燿前曾致函。敝室下年度經費增加至二十餘萬，此尚不計合作協款，事業即將擴充，亟待志識堅越之士，戮力促成。

專此，敬頌

研綏

唐燿 拜

十二月二日〔註1718〕

〔註1718〕唐燿致張英伯，成都：四川省檔案館。胡宗剛著《靜生生物調查所史稿》，山東教育出版社，2005年10月版，第169頁。

12 月 11 日，胡先驌致教育部信函。

　　教育部此舉招致中正大學不滿。該校認為，姚名達身後蕭條，「遺孤嗷嗷，皆待供哺」。在此物價昂貴之際，「杯水車薪，實不足以供經常需要之撫養」。經校務會議議決，呈請教育部再支給姚名達 3 年薪俸，以撫遺族。〔註 1719〕

12 月 13 日，胡先驌回覆朱家驊。

　　10 月 13 日，中英庚款會關於擬請選聘講座教授事宜的電。而在收到中英庚款會的接受函後，胡先驌便於同年 12 月 13 日回覆朱家驊，向庚款會推薦了工學院土木系俞調梅教授和機電系劉幹才教授為庚款講座教授。〔註 1720〕

12 月 14 日，國立中正大學關於訂購預防傷寒霍亂混合注射疫苗的電。
〔註 1721〕

12 月 17 日，校長胡先驌致泰和汽車站信函。

　　正題名：為本校農學院學生由教授率領前往永陽農具工廠實習請撥專車備用由。

　　（鄭瑤先生提供）〔註 1722〕

12 月 24 日，胡先驌致泰和縣政府信函。

　　函文：遙啟者，茲因本大學農學院生物系植物園增加種植物種類起見，擬往泰和中山公園折取柳枝數十株以資栽種，茲特派員持函前來洽商，即希惠允為荷。

〔註 1719〕《國立中正大學校長胡先驌呈請准發故教授兼戰地服務團團長姚名達原薪俸三年以示體恤由》（1943 年 12 月 11 日），《中正大學財產增減表經費累計表辦理支給兼課鐘點費等報表文書》（194209～194707），中國第二歷史檔案館藏，全宗號五，案卷號 3765，檔號：五-3765，第 35 頁。高志軍著《政治與教育的互動：國立中正大學研究》，2021 年 12 月華中師範大學博士學位論文，第 98 頁。
〔註 1720〕張建中著《一而再再而三，鍥而不捨寫申請，這位校長到底為了什麼？》，公眾號「江西檔案」，2019 年 10 月 30 日。
〔註 1721〕張建中著《那年，這所大學爆發了大規模的傷寒疫情》，公眾號「江西檔案」，2020 年 05 月 25 日。
〔註 1722〕江西檔案館，檔號：J037-1-00911-0230。

（鄭瑤先生提供）〔註1723〕

12月25日，私立正大中學開學典禮。

　　私立正大中學補辦了建校後的開學典禮，高朋滿座。《國立中正大學校刊》1944年第4卷第7期進行了報導。具體如下：私立正大中學於三十二年十月開學以來，對於學生管理、校務推進，均極認真。學生生活甚有規律，學風優良。教學方面，因教師多係專門學者，教學切實，舉凡圖書儀器，均可由本大學供應，教學效率特佳，學生程度日見提高，極為社會人士所贊許。滋該校為紀念創校起見，業於上午十二月二十五日補行開學典禮，籍表慶祝，是日上午九時舉行儀禮，計到省會各界長官來賓，該校校董及全體員生共二百餘人，首由袁校長報告該校籌辦經過，學校現狀及將來計劃。經由名譽董事長胡先驌，程廳長代表胡昌騏及董事長羅廷光等先生先後訓詞，發揮德智體三育之意義，並注重「文武合一」「術德兼修」及實驗中學教育，語多勗勉。末由學生代表獻旗致答詞，至正午十二時始告禮成。會後全體來賓及教職員學生在禮堂右側聚餐。下午二時並舉行球類錦標賽，情緒至為熱烈。聞該校已定每年十月十日為創校紀念日云。〔註1724〕

12月30日，贛南果園經費作調整。

　　12月30日，基委會第三次會議，則對該園辦公費予以更改，同時還要求場長馮言安將支出單據送交委員文群審核。〔註1725〕

12月31日，周炳鈞等上書教育部。

　　12月31日，中正大學學生周炳鈞等上書教育部請求其介入中正大學12月球賽衝突事件。學生原函如是描述這次衝突：「邇因球賽贛籍同學衝突，校長誤認為兩廣同學不法行為，將兩廣同學周炳

〔註1723〕江西檔案館，檔號：J037-1-00303-0030。

〔註1724〕江西師大附中《關於江西師範大學附屬中學建校時間考證的說明》，江西師大附中公眾號2022年12月24日。

〔註1725〕《本校基金委員會舉行第三次次全體大會》，《國立中正大學校刊》第4卷第7期，1944年1月16日，第9頁。高志軍著《政治與教育的互動：國立中正大學研究》，2021年12月華中師範大學博士學位論文，第131～132頁。

鈞開除，區□□等三人記大過二次，休學一年，勒令即日離校」。周等請求教育部飭令中正大學從輕處罰。他們給出三條理由：1. 認為自從入學後，潛心攻讀，遵守校紀，並無肆意妄為之舉；2. 如因此次衝突離校，而該生家鄉多在淪陷區，勢必「舉目無依」；3. 球場糾紛事屬平常，不應嚴懲。〔註1726〕

冬，中正大學成立防疫委員會。

在 1943 年冬季惡性傷寒大流行期間，正大還成立了臨時抗疫領導部門——防疫委員會。該會由正大校長、訓導長、總務長、校長辦公室秘書、體育衛生組主任、軍事管理組主任、診療室主任以及校外醫療專家黃克綱（著名心血管病專家，1957 年後擔任北京 301 醫院第一任內科主任）、程懋平（傳染病專家，1949 年後在重慶新橋醫院擔任傳染科副主任）、邢大春（傳染病專家，時任江西省衛生處技正，1949 年後擔任江西醫學院教授）等人組成。委員會成員級別高，力量強，對領導當時正大抗擊傷寒病疫起到了關鍵作用。〔註1727〕

冬，中正大學搬遷贛州計劃受阻，蔣經國放言，如果校長辭職，可以迎刃而解。

他在那年冬天辦冬令營的時候，便說若胡校長去了職，中正大學便可遷來贛州了。〔註1728〕

是年，胡校長對熊大榮學生的勉勵。

記得在 1943 年一個深秋的晚上，有兩位男同學到女生宿舍找我說：「胡校長要你去他家中。」其中一位還饒有風趣地說：「請你去。」當我隨這兩位同學進人胡宅廳堂，只見胡校長的面孔嚴肅而冷峻。

〔註1726〕《電呈球場糾紛校方處以退學轉飭學校從輕處分》（12 月 31 日），《國立中正大學學生因演劇募振濟發生糾紛搗毀民國時〔日〕報捷報等文書》（194102～194404），中國第二歷史檔案館藏，全宗號五，案卷號 5632，第 34.35 頁。高志軍著《政治與教育的互動：國立中正大學研究》，2021 年 12 月華中師範大學博士學位論文，第 223 頁。
〔註1727〕張建中著《那年，這所大學爆發了大規模的傷寒疫情》，公眾號「江西檔案」，2020 年 05 月 25 日。
〔註1728〕胡先驌著《對於我的舊思想的檢討》，1952 年 8 月 13 日。《胡先驌全集》（初稿）第十五卷人文科學文章，第 629～640 頁。

我立在一邊心裏有點發悚，很不自在。過了一會兒，胡校長說在學
校開展戲劇活動能夠豐富校園生活，這是件好事，又說我演戲還不
錯，受到好評，自己應該好自為之。又指出校內只有兩個話劇社（三
青團的「青年劇社」和少數同學組織的「中原劇社」），都在一個校
門之內，責備我不應該分什麼這個劇社、那個劇社，應該從整個學
校著想，要注意團結，不要鬧彆扭。胡校長隨即問我：「青年劇社要
你去排演，你為什麼答應了又不去？為什麼？你說。」我回答：「因
為患感冒。」胡校長馬上說：「這好辦，到校醫務所開點藥吃就行了
嘛！」接著，胡校長又在批評中教導我，我只有立在一邊聽訓。後
來，胡校長對我說：「你父與我是老朋友，有時聚晤，我視你如同自
己的子侄，找你來談話，批評你，是希望你在學校的戲劇活動中起
到良好的作用。」胡校長的面孔仍然嚴肅，不過，語氣轉變得較為
溫和。最後，胡校長叮囑兩位男同學送我回女生宿舍。我心想：挨
批不挨罵就是幸事。〔註 1729〕

是年，中正大學添建校舍。

　　何以要「添建校舍」？蓋因如胡先驌 1942 年所稱：「去夏因戰局
波動，本校未添置校舍，新生無法容納」。可見，受戰爭影響，貽誤房
屋修築，學生增加而校舍不敷是正大尋求分校的重要原因。〔註 1730〕

是年，中正大學成立軍訓總隊。

　　胡何以要「提前成立」軍訓總隊？他在另一函電中說的相當直
白：「本校對軍訓向極重視，惟屢以教官之不得人，未能達預期之目
標。擬請允許即成立軍訓總隊積極進行。」〔註 1731〕

〔註 1729〕 熊大榮著《胡先驌校長對我的批評和勉勵》。胡啟鵬主編《撫今追昔話春秋
　　　　　　——胡先驌學術人生》，北京燕山出版社，2011 年 4 月版，第 313～314 頁。
〔註 1730〕 《國立中正大學校長胡先驌關於申請發放本校需用品等事宜的呈》（無時
　　　　　　間），江西省檔案館藏，檔號：J037-1-00316-0004。從「去夏」「經四區蔣專
　　　　　　員讓租贛縣龍嶺村疏散」等句，可斷為 1943 年。高志軍著《政治與教育的
　　　　　　互動：國立中正大學研究》，2021 年 12 月華中師範大學博士學位論文，第
　　　　　　165 頁。
〔註 1731〕 《國立中正大學校長胡先驌關於申請發放本校需用品等事宜的呈》。江西省
　　　　　　檔案館藏，檔號：J037-1-00316-0004。高志軍著《政治與教育的互動：國立
　　　　　　中正大學研究》，2021 年 12 月華中師範大學博士學位論文，第 78 頁。

是年，要求學校教師提高教學質量，學生學好功課。

　　我在鼓勵學生埋頭用功，搞好業務，與團結學生這一方面雖是有點成績，但在學校行政方面卻是失敗的。〔註1732〕

是年，要求教師抓教學，學生學知識。對黨團活動，少參加，以敷衍了事。

　　在我辦大學的三年半期間中，我不許黨團分子來到大學內活動，也因為黨是熊式輝的黨，團是蔣經國的團，我不願意受他們的控制的。我不要學生參加活動，且要他們把業務搞好。因為學校內沒有黨團的氣氛，教授與學生都誠心教學，所以成績不差，而我也得到學生的擁護。〔註1733〕

是年，胡先驌致戴叔珣等信函。

　　周拾祿又曾致函擬聘張靜甫、田成上、石堅白等人，胡先驌也發函戴叔珣，希望他能來校教學研究。1943年胡先驌又通過蔣英教授和福建研究院植物所聯繫，聘得該所助理研究員林英來校內生物系任教。〔註1734〕

是年，《生命的意義》文章在《掃蕩報》（第12期）發表。同年轉載於福建《文選》（第1卷第6期，第336～340頁）。摘錄如下：

　　人類的知識，受五官的限制。我們感官所能知能及的，為現象世界的事物；而一切事物都有它的本質本體。視覺所能及為紫外線以下紅外線以上的光波所反映出的事象。超出這個範圍，就為肉眼所不能及，但經過科學儀器，就可不受限制，而能覺察紫外線以上紅外線以下的事象。我們感官所得的印象，也不一定真。以視覺而論，譬如荷花，普通人看來是淡紅色，但色盲的人看來，卻是藍色，究竟那個對呢？尚難斷言。

　　所謂本體，乃一切事物之所出，而為宗教家所特別注重。本體

〔註1732〕 胡先驌著《對於我的舊思想的檢討》，1952年8月13日。《胡先驌全集》（初稿）第十五卷人文科學文章，第629～640頁。

〔註1733〕 胡先驌著《對於我的舊思想的檢討》，1952年8月13日。《胡先驌全集》（初稿）第十五卷人文科學文章，第629～640頁。

〔註1734〕 鄭瑤著《繼往開來責在斯——國立中正大學農學院研究（1940～1949）》，2019年江西師範大學碩士研究生學位論文，第54頁。

是什麼？基督教的答案是上帝，印度教的回覆是婆羅門，中國人歸之於道。《易經》說：「太極生兩儀」，兩儀就是『能』和『質』，為我們所可知，也就是科學家研究的對象。能與質本來是相同的，不過以不同的方式表現出來而已。普通說『物質不滅』，物質實非不滅，不過我們尚未找出毀滅物質的方法，尚真能將物質毀滅。就是最微小的物質，也可放射極大的能，這說明不是物質不滅，惟能力不滅。近代物理學已證明能與物質是一種東西的不同表現。譬如電子，一方說是『能』，一方說又是質。一切物質都由陰電子以極大速度繞旋陽電發生極大的能而成。如一個陰電子繞一個陽電極就成氫，兩個電子繞電極就成氦。化學元素九十二種，也許更多，都是電子以不同數目不同形式繞電極而成，其中以氫的構造最簡單。這種能的觀點已將三百年來機械論的唯物論推翻。所謂能是相續如線的量子所成，量子間的距離我們已能測得。總之，現象世界的事物，都是由有組織的機構所形成。在沒有組成以前，並無特性，既成之後，於是發生特殊的性能。可見特性的成立，由於組織的不同：如氦與氫只差一個電子，而性質不同；水銀與黃金，也只差一個電子，而水銀為液體，銀灰色，黃金為固體，黃色。這種完全不同完全由於構造的不同。如以磚造屋，因堆砌方法不同，結果屋的形式和功用也不同。那構造不同的九十二種元素，復互相結合為許多化合物，這與由多間房子而構成一棟屋的情形相同。在九十二種元素裏，以炭和矽的化合物的種類為最多，但炭的化合物較為鬆弛，易變動，矽的化合物則較堅固，不易變動。因這種構造的不同，形成無數的現象。而且在炭的高級化合物如蛋白質中，不僅因電子數目的多寡而不同，就是構造上的方位不同時，也足生不同的結果，複雜萬分。我們對於化合物的構造底研究，因矽化物較堅固，不容易研究，故僅研究炭的化合物，就是有機化合物。當一種炭化物吸收能或放出能時，變化多端，分合不定，而成膠質化物，這是能的變動，就是生命的起源！

關於生命的起源，宗教家說，由於上帝的創造，以前科學家說由於自然，就是由『有生』發生『有生』，即『生命』發源於『生命』。這種發生『生命』的『生命』，係經過宇宙光線的作用，由別的星球

傳來,但別的星球的生命又是怎樣來的呢?自巴斯德發明顯微鏡後,發現有比細菌更小的毒素,叫做 virus,它能寄生於各處,能吸收養料,繁殖生命。另外一種與 virus 相似的 bacteriophage,它能在細菌中發生傳染病,而將細菌殺死,倘放在人的心上,卻可增加人的抵抗力。最近放射光線中 Garma 線發明之後,顯微鏡更加進步。能將原物放大十萬倍,如傷寒菌可放至甜瓜大。現在已經知道 virus 為結晶體,但它又有生命,故為生命與無生命的過渡物。它是當地球初冷時,地面潮濕,炭氫二氣,彌漫大空再經宇宙線的放射而造成。

生命到了細菌階段,已進了一層,具有生命,所以細菌的歷史,與其他化合物不同。生命是什麼?生命就是河,河的特點是能流動,而不分上下前後,不流就不能算做河。生命就是複雜的生長,不僅有構造,且有變遷,它具備一種 metabolism 的特性,一方破壞同時也建造。到了生命的階段,一方生長,就是由小而大,發展到一定時期和限度,於是生殖,就是由一而二。生長與生殖,有一定的期限。因生殖而有性的問題,單細胞行無性生殖,就是自身份裂,由一而二而四,較高的生物則為有性生殖,如草履蟲,由一而二而四的自身份裂若干次後,必須兩個靠在一起,發生性行為,將核交換,不然分裂的結果必滅亡。

生育是生命中最早的現象。在最下等的生物,將硫化二氫分解,以硫化物做養料,也有以鐵的化合物作養料,較高的則靠葉綠素,就是以炭水化合物與太陽光作用,造成葡萄糖,以維持生命。原始生物都靠自己製造養料以自存,如眼蟲以鞭行走,含有葉綠素,能自造養料,但一部分眼蟲,則因失去葉綠素,不能自造養料,乃不得不將別的較小的自製養料的吃掉,以維持自己的生命,這就是動物的起源。因為自己不能製造養料,要吸別的能自造養料的生物,所以要活動,感適環境力要大。動物最高層,一支為脊椎動物,如人;另一隻為無脊椎動物,最高為昆蟲。昆蟲的直覺力(良知良能)最大,而且以此為止。有一種蜂將蛋下在別的昆蟲身上,幼蟲孵出後,就將別的吃掉以長育。另有一種蜂,將別的蟲類刺傷,使它陷於昏迷狀態,然後在上面下卵,以便孵出的幼蟲吃不腐爛的食物。又如蜜蜂的窠是六角形的,依據研究的結果,六角形是最經濟最良

好的設計。但無論怎樣昆蟲的直覺力是有限的，固定而不變，所以沒有進步。動物等到良知良能一途走不通乃改用智識。因為有判斷力，適應環境力。人類之所以有今日，關係甚為微妙而複雜。這種情形和英國一句俗諺說：「英國的強盛，由於未出嫁的老小姐多」相似。這話乍聽起來，覺得奇妙不可解。原來英國的盛旺，由於英國人身強體壯，而身強體壯，由於牛肉好，牛肉好由於飼牛的草好，草的茂盛由於土蜂的傳粉，土蜂是怕田鼠的，田鼠要貓去捉，而英國未出嫁的老小姐最愛養貓，由於這種間接的相互影響的關係，於是得出那奇妙的俗語。

在最初，地球非常和暖，只有一塊單純大陸，被一個現在是一條河的鄂畢海和南方的 Texas 海隔開，既無寒溫帶分別，也沒有高山，當時地面盡是叢林。人類的祖先棲息其上，手足並用。以後，地球因自身旋轉作用，發生造山運動，聳出高山，如喜馬拉雅山，阿爾卑斯山，洛機山，舊大陸也連接出來，北冰洋與南部溫暖的大部，隔阻暖流無法北流，北部驟寒，於是人類史上接二連三的發生冰期，茂暢的叢林乃南移，原人無法巢居，不得不改為穴居，因來往地面，而漸習於的力步行。結果原來用以行走的兩隻手，獲得空閒，以從事別的工作，並由用手而腦子發達，產生思考力。人類因能控制自然，改造自然，發生無窮新的事件。人類在情緒上既有惡歡懼怒，因環境情況發生聲音，更進而為語言，復因手空而能製造抽象的象徵，並以符號表示語言。人類因有語言，而複雜的思想得以交換表示，因有文字故能記述而傳之後世。加之推理智慧，教育的作用，而有文明有社會。到了這一階段，人類不僅不為別的動物所侵，且結成堅固的團體，而不為別的團體所侵，由複雜的團體關係，而發生新的要求。

我們一個人就是一部複雜的歷史，一直要受到最單純的氫的歷史的影響，五十萬年來，自有文字以來人類歷史傳統的影響，受中國祖先遺傳的影響，受幾千年文化的影響，受中國物質環境的影響，歷史上有數人物如老、莊、孔、孟、秦皇、漢武、岳飛、秦檜的影響。我們不僅受地球所有古今中外人物事象的影響，且受到地球以外的星球的影響。太陽黑子引起氣候的變化，南宋時氣候奇

冷,江南一帶,陽春三月河冰可以行人,這樣就便於元兵作戰,而宋朝傾覆;明朝末葉天熱大旱,不但南部華人南下討食,蘊成今日的華僑力量,在內部又有張獻忠、李自成的作亂,與吳三桂的辱節,清兵的入關,以及影響到後來太平天國的革命,鴉片戰爭的失敗,總理革命的倡導,中華民國的成立。倘若進一步追問,太陽黑子是怎樣來的?則不得而知。或者為受銀河界一百多萬個新宇宙的影響。至於關係怎樣?亦不得而知。我們受往古的影響,我們又影響將來。但在人類天演中,有一特點,就是因智識發達的結果,既能瞭解自己,也能瞭解別人,瞭解世界以至宇宙;由無生命到有生命,由有生命到本身,這就是偉大的生命。而一切偉大的詩歌、藝術……都是由偉大的生命而來。我們既能改造宇宙,當能應付更大的責任。人類之有今天不再返為禽獸者,由於環境。《左傳》說楚令尹子文是由虎乳育而成的,這非常可能。另外一個證明,據說基督教傳教師在印度北部某地,因土人的指引,發現一個很大的白蟻窠,每天看見兩個人形的奇怪東西,跟在狼的後面出來,乃設法捕獲,才知道是兩個十幾歲的女孩子。這兩個女孩子被捕後,張牙怒目,野性勃發,經過長期養育後,仍難根除她的野性,可見環境對於人類的影響之深切。我們必須能改造環境,才能有進步。改造環境,需要互助,人與人間要互助,社會與社會要互助。互助一方面由於本能,一方面是為了自己。軸心的種族優越論,損人以利己,舉己以抑人的觀點是錯誤的。人類現有的科學發明,如將原子分裂時具所放射的能力,可將地球炸毀,全人類就可在一瞬間歸於滅亡。所以在今天來談世界和平,人類自由,已不是高調,已是急需的行動。

現在物質文明給予人的影響太壞。人類的快樂,除飽食暖衣外,尚有更重要的道德與精神。以科學的進步言,人類不愁不足,只患太多。今之所以不足,由於過分享受,理想中的奢侈生活,行走靠汽車飛機,冷熱有暖氣風扇,也許大家連飯也懶得吃,想做成的營養料,由針注射進去。這種不要勞動的奢侈生活,可以使人類適應環境的機能退化,人類也許就會由此消滅。以生物學的立場來說,人類只許有相當的經濟基礎,相當的努力,相當的吃苦,相當的閑

暇，人類才有進步。所以改造環境，不僅注重物質，同時須注意精神。我們要瞭解自己，認識自己，生命不是一息，工作不是僅為自己，而須擔負起對國家民族所應負的責任。〔註1735〕

是年，錢鍾書獲得讀懺翁託先君（錢基博）轉來書，他曾奉答七律一首《胡丈步曾遠函論詩卻寄》：

> 汲古斟今妙寡雙，袖攜西海激西江。
> 中州無外皆同壤，舊命維新豈陋邦？
> 烽火遠書金可抵，丹鉛退筆鼎難扛。
> 不乾捫有談詩舌，掛壁年來氣亦降。〔註1736〕

是年，國立中正大學購置 25 匹馬力木炭單缸引擎和 15 千瓦發電機，建設發電廠，供大學內使用。

是年，撰寫《黃種新傳》文章。摘錄如下：

> 自國體改共和，文官死職者鮮矣。能走而不走，穿制服，佩證章，靜待寇至而挺身罵賊，從容以死，如臨川地方法院黃公種新者，則尤百不一見，其忠烈之慨為何如耶！公諱種新，字醒民。幼慧，五齡就傅，二年畢讀五經與四子書，鄉里稱神童。家素寒而食指眾，幸公父勤經紀，勉公讀。同里李林瑞有文名，命公從之習經史，兼治律。公年十五入邑庠，試第一。欲試鄉闈而科舉廢。適公兄益蘭外出經商，不幸溺斃。公父悲泣不輟，公跪請輟學經商。自是昕夕辛勤者十年，家漸裕。每恨已失學，因釀資創廣智小學，為鄉里開風氣，作育人才甚眾。一日喟然歎曰：「棄學就商，求慰親心，繼兄志。今家小康，當求建樹。苟有所成，名垂青史，亦儒者之事也。」乃往南昌，考入私立江西法政專門學校法律本科肄業，布衣蔬食，勤奮苦讀，手不釋卷，歷五年卒業。民國十三年任九江地方審判廳書記官。民國十五年公以父偏癱廢辭職還家，侍奉湯藥。翌年父病稍瘥，被派任江西贛縣高等第一分院主任書記官，屢辭始奉命。十

〔註1735〕 《胡先驌全集》（初稿）第十四卷科學主題文章，第 235～238 頁。
〔註1736〕 胡宗剛撰《胡先驌先生年譜長編》，江西教育出版社，2008 年 2 月版，第 347 頁。

七年遷江西高等法院學習推事，繼升候補推事，二十年遷臨川地方法院推事。二十五年迭遭兩親之喪，公哀毀骨立，與兩弟析產而自承其債務，其孝親友弟如是也。公在臨川供職十一年，案牘勤劬，每夜深猶批判不輟。常語其家人曰：「以訟蕩產者比比皆是，不速為批判，適以增加其負累耳。」二十八年秋法院遷騰橋，訟案紛繁，公日夜董理，積勞成疾，仍扶病開庭，至昏瞀不能治事，立遺囑時猶狂呼某案應如何判決。然竟一藥而愈。三十一年夏敵擾浙西贛東，六月五日寇陷臨川，法院遷上頓渡，再徙龍骨渡。同事先後散去，唯公獨留保卷宗。二十七日敵軍再犯宜黃，經龍骨渡時，夜雨川漲。公閉戶夜坐。敵軍三人破門而入，見房主之弟婦與侄女，欲淫之。公乃挺身出室，屬聲呵叱之。寇見公服制服，佩證章，知為法院官吏，遂捨二女而縛公，殺之於屋前菜圃中，享年五十歲。夫人劉，子允中、正中先後卒業於交通大學，守中尚幼。

贊曰，俗諺有云：「求忠臣必於孝門。」公事父母以孝，友諸弟以悌，勤於所學，忠於所事，儉以持身，遺愛在民，即此為今世之循吏，鄉里之有道矣。顧慨於節義之不彰，抱殺身成仁之志，臨難而詞色不變，其大節浩氣沛然充塞於天地之間，尤非叔世君子所能企及也。〔註1737〕

是年，門人弟子為胡先驌祝賀五十大壽。

有首題為《中秋前一夕楊生惟義、陳生封懷、彭生鴻綬、楊生新史、唐君善康、侄德孚置酒為壽，補祝吾降日，感而有作》，是年胡先驌五十大壽，師生之聚其樂本融融，然國難當頭之時，不無沉痛之語。錄之以見胡先驌當時情懷：「異縣棲遲得暫安，門生兒女共杯盤。七年已見天心轉，此夕聊為令節歡。隔座飄歌傳笑語，薄雲成暈湧冰丸。勞生夢影隨波逝，莫喻酸懷有累歎。」〔註1738〕

是年，聽胡校長講課。

〔註1737〕張大為、胡德熙、胡德焜合編《胡先驌文存》（上卷），江西高校出版社，1995年8月版，第386～387頁。

〔註1738〕胡先驌，《懺庵詩稿》，自印線裝油印本，1961年。胡宗剛著《靜生生物調查所史稿》，山東教育出版社，2005年10月版，第153頁。

　　大四的上學期，前方戰事告急，日本帝國主義作瘋狂掙扎，危及泰和。正值風聲鶴唳之時，聽說胡校長要親自開課，講授高等植物分類學，我們驚喜萬分。胡先驌先生是一位國際著名的植物分類學家，能聽到他的講課真是三生有幸。凡是修完植物分類學的學生，都選修了這門高等植物分類學，系裏所有植物學教授、講師、助教、實驗員都自始至終聽課，不大的實驗室內前面兩排都坐滿了老師，如嚴楚江、張肇騫、陳梅生……等，他們都認真作筆記。胡先生講課全部用英語，除了遇到 B、P 等發音時有點口吃外，英語很流利，我們有時來不及筆記，有些苦惱，嚴楚江教授對我說：「Miss 尹，別緊張，把我的筆記給你核對補充」，師生親密無間，宛若父子。沒有學過分類學的人總認為分類學是一門描述性的學科，要記憶力強才能掌握。我從小就喜歡靠聯想，按理解來記憶，不善背誦，讀完了張肇騫先生的植物分類學，我改變了原來的一些看法，也只有系統學習了植物分類學才能聽懂胡校長的講學。胡先生講課重在說理，不以譁眾取寵而取悅於學生，不搞口訣式以助記憶，根據自己淵博的知識，研究的造詣，自家的觀點，闡述分類的依據、譜系的演化，並評價各派學說，以啟迪學生的思維，培養學生的理論修養和掌握原理與方法。他還注重某科某類植物研究的歷史，不僅使學生知道歷史的沿革，而且使學生懂得人們對自然界的認識是有一個從表及裏、從淺入深的過程，一個學科的進展是從相鄰多學科的發展而發展。凡事不能坐井觀天，做一個學術上有成就的人，必須要有寬闊的視野。更令我們欽佩、傾倒的是胡先生非凡的記憶力，雖然他的講課筆記，我已遺失了，雖然我畢業後沒有當過植物分類學的助教和從事植物分類學的教學，但我永遠不能忘記的是他講薔薇科分類時，幾乎不看講稿，對這一科以下的分類階元的拉丁學名能十分準確地、快而迅速地在黑板上一一寫下，各階元的鑑別特徵講得清清楚楚。聽胡校長的課，是一種享受，是一種在科學領域中獲得高層次薰陶的享受。〔註1739〕

〔註1739〕尹長民著《懷念胡先驌校長》，江西師範大學校慶辦秘書處編《穿過歷史的煙雲——紀念江西師範大學建校六十週年》，江西高校出版社，2000 年 10 月版，第 12～15 頁。

是年，傅書遐回憶來靜生生物調查所工作。

　　經范旭東介紹，胡先驌還招收了傅書遐為採集員。……傅書遐來江西之前，為四川大學四年級園藝系學生，因參與驅逐學校教務長的運動，而被學校當局開除。經其父執范旭東和業師戴蕃瑨的說項，得胡先驌的同情，遂來江西，在靜生所從胡先驌習植物分類學。至於其如何進入靜生所，他的傳記材料中有這樣的自述：1943 年夏天，我請求范旭東介紹我到靜生生物調查所去工作，因為我一向對植物分類學有濃厚的興趣，在恢復學籍後不久，也得到胡先驌的允許。我感覺到國民黨辦的大學再進沒有什麼意思，也學不到什麼，而且胡先驌很同情我的遭遇，願意親自指導我作研究工作，我覺得這種機會很難得，同時我的父親和范旭東也很同意，我就放棄了再入學的意思而赴江西泰和靜生生物調查所去了。胡先驌叫我做「植物部採集員」。我到了泰和，胡先驌一方面叫我去找陳封懷、張肇騫，向他們請教；一方面每兩星期一次，每次一個晚上兩小時左右，根據 Hutchinson Families of Flowering Plants 及 Dallimore of Jackson: Handbook of Conifers 為藍本，教我植物分類學系統的初步知識，例如每科分類的重要根據的性狀、分布、重要文獻等。同時我旁聽許多門功課，如嚴楚江的植物形態學、胡先驌高等種子植物分類學等。經常受陳封懷先生的教導，他常帶我在附近跑跑以資認識（中國科學院華南植物植物；我又經常向張肇騫先生請教，聽取學習研究所提供）他們的工作方法和經驗。我在中正大學生物系的標本室和靜生自己的小標本室中，進行系統的學習，看標本抄文獻，抄 Key 等，胡、張、陳三先生給我的教益，使我這一年多的中間，獲得了植物分類學的初步知識。〔註1740〕

是年，介紹國立中正大學龍嶺分校情形。

　　龍嶺位於一座荒蕪的山岡，可以俯瞰贛江；同樣是簡陋的校舍與昏黃的燈光，分校全部是一年級同學，全體新生約近千人。分校主任羅容梓教授，剛正嚴肅，有大儒風範，學生們對他敬畏有加。

〔註1740〕傅書退，《自傳》，武漢：中國科學院武漢植物研究所檔案。胡宗剛著《靜生生物調查所史稿》，山東教育出版社，2005 年 10 月版，第 151～152 頁。

教務主任戴良謨，微積分教授，笑口常開。也有體育教授，但沒有可踢足球的體育場。學生的宿舍兼自修室，雙層木床，木板縫裏爬滿了臭蟲，沒有紗窗紗門，蚊蟲進出自如，靠一把紙扇，一盤蚊香，但卻沒有「DDT」噴劑來對付臭蟲，居然也可以度過燠熱的夏夜。學校四周開了許多小餐館，可以替學生包飯，但靠公費生活的流亡學生，哪有資格去「包飯」呢？只能在膳廳以大鍋菜、八寶飯（飯中含各種砂泥）果腹。可憐的是，菜既不夠，錢又沒有，難免營養不良。還有害人的新城軍用飛機場離學校不遠，敵機不分日夜會來突襲，於是不得不在上午帶飯團疏散，晚上用厚毯掩住窗戶內的燈光，就這樣做功課，在日機的轟炸下，臨時竹筋黃泥堆砌成的房舍被炸毀，自己再搭建；就這麼「你來我往」的對上了！

1943 年胡先驌給朱汾頤為本校大學贛縣分校總務組出納員任用書

真受不了崗上風沙！其實，只要走上五華里的路，踏過贛江上的木板渡船，就可到贛州城裏去換空氣，午、晚餐都可在公辦的青年食堂內吃頓價廉物美的「營養客飯」。對跑堂的須尊稱他為工友，客人不必付小費，付了也不敢要。若不怕生滿兩寸長的黴菌，可以去嘗嘗當地的異味油炸臭豆腐。閒逛委託行也是最有興趣的節目之一，因為有些流亡學生會將自己身邊稍為值錢的衣物送去寄賣，以換點錢來補貼生活零用，也可從那兒發現自己所需要的東西，包準價廉！流亡學生最感苦惱的莫過於鞋襪破損，哪像現在尼龍襪、休

閒鞋永遠穿不破！當時皮鞋穿不起，布鞋後跟太容易開洞，新襪上腳不出三天，後跟準會露出「鴨蛋」；破了自己又不會補，惟一解決的辦法是買雙厚車胎底的翻毛皮鞋，穿棉襪，並在鞋底釘塊鐵片，才可經久耐用，晴雨皆宜。

說出來千萬別見笑！在抗戰烽火中熬過來的，哪個不生疥瘡、繡球風以及香港腳之類的皮膚病？力士鞋不敢上腳，也是奢侈品！最可怕的還是患上瘧疾，可是流亡學生誰也逃不過，那時奎寧丸、阿的平成了必備聖藥。說不完的點點滴滴，現在想起來真有些茫然，我到底是如何熬過那苦難歲月來的？

先修班讀完，學校規定前十名可以免試保送大學，我記得我是第二名，自然獲得保送；但當時不知大家是什麼心態，一般人都不屑保送入學，認為有本事就堂堂皇皇地通過入學考試，進入大學才算風光！當然我也未能免俗，硬是經過入學考試而順利進入「民卅七級土木系」。罪過的是，由於我的「金榜題名」，竟擠掉了一個應錄取名額，內心不免略感歉然。

1944 年秋入學，我是新老生，也是老新生，嶺上生活已是習以為常。〔註1741〕

是年，家屬回憶在江西泰和生活情形。

那時李村的房子沒有電燈，晚飯後，先翁常和昭文及我在煤油燈下聊天。他談到昭文和德熙的生母王夫人時，對昭文說：「你很像你母親，就是人整個大一號，但性格不像，你母親性格極溫和，結婚十幾年從未紅過一次臉。」並說王夫人持家勤儉，待人接物寬厚周到，長輩都很喜歡她，對先翁生活起居照料，體貼無微不至。從中可以感覺到先翁的懷念之情溢於言表。談到祖母全夫人更敬愛至深，稱她是一位典型、傳統的中國賢淑婦女，很有個性，心地善良，是位有求必應的菩薩心腸的好人。先翁說，有一親戚原很富有，後轉敗落，全夫人得知他有困難，即主動幫助。全夫人對先翁管教非常嚴格，自幼不准挑食，不願吃的食物，吐出來仍必須再吃進去。

〔註1741〕王森林著《杏嶺、龍嶺、長勝墟、望城崗》。胡啟鵬主編《撫今追昔話春秋——胡先驌學術人生》，北京燕山出版社，2011 年 4 月版，第 358～359 頁。

先翁說:「全夫人嚴過於慈。」

　　先翁對路旁乞討者,總是同情、憐憫。舊社會這種人很多,寫一篇苦難事,跪在路邊,真假莫辨。先翁總是解囊相助,更有人知道他心慈,編了一套瞎話騙錢,別人認為他容易上當,他則說:如怕被騙就不去幫助,而真正急需者就得不到幫助了。

　　先翁甚喜下象棋,宗瑚姐夫一家搬到李村後住在隔著小池塘對面的民房裏,常陪先翁下棋。幼弟德焜四歲,喜觀看,居然被他看會,後亦能與父對弈。夏夜常在竹籬圍的院內乘涼,先翁學識淵博,記憶力又好,講許多聞所未聞的有趣事,高興時則天南地北、地理歷史、文學藝術、音樂戲曲、無所不談。看了報,他就談當時最關心的時局,盼望著戰爭早日勝利結束。他在美國時也去聽音樂、看歌劇,帶回不少名曲唱片,原版小說看了不少,買了很多翻譯名著寄給昭文,家中有莎翁全集。在黑龍潭時,我看見他書桌上已開始寫的劇本,但因到泰和創辦中正大學而停止。在李村的那段日子裏,我們得益匪淺,是段美好,難以忘懷的日子,回憶往事,歷歷在目。〔註1742〕

　　是年,雲南農林植物研究所經費日漸短缺,難以維計。在農林植物所內設立社會教育支部,得社會教育公糧項下每月拔米九公石六公鬥。補助員工薪夥開支。〔註1743〕

　　是年,國立中正大學《天地》(月刊)創刊,由天地月刊編輯。主編和停刊日期不明,刊載社會科學論文和時事等。

　　編年詩:《奉答楊蘇更即次原均》《奉答蔡公湛丈即次原均》《窗外》《得比人郭亞策自美來書報以長句》《十三夜步月偶成》《中秋前一夕諸生補祝吾降日》《景物》《南昌陷敵五年近聞收復有策感而賦此》《書來》《孤枕》《知非》《秋晴》《觀校中菊花展覽有賦》《冬夜偶題》(三首)《積毀》《挽程九如》《誦詩偶題》(二首)《偶題》《種菜口號》《顯微先生殉國週年紀念》(二首)《送孫結民》《賀洪都旅渝同鄉會成立》《夜讀有感》。

〔註1742〕 符式佳著《緬懷先公翁胡先驌》。胡啟鵬主編《撫今追昔話春秋——胡先驌學術人生》,北京燕山出版社,2011年4月版,第384頁。
〔註1743〕 中國科學院昆明植物研究所編委會編《中國科學院昆明植物研究所簡史(1938～2008)》,2008年10月版,第3頁。

民國三十三年甲申（1944） 五十一歲

1月4日，胡先驌致教育部信函。

　　1月4日胡先驌致函教育部的信件中對此事卻是另一種敘述。胡稱：「十二月養日學生比賽，贛生何祖容毆擊贛生徐良驥，經制止聽候處置。徐生突與粵生周炳鈞率領粵桂生多人聚毆何生重傷。經校務會議議決：徐、週二生勒令退學，何生與聚毆之粵桂生六人各記大過二次，休學一年。粵桂一部醞釀全體撤退，以排擠粵桂生藉口，向外宣傳企圖搗亂。查有X呈報嫌疑學生以同鄉觀，暗中鼓動，除已商准省黨部積極協助外，謹先電呈，並請密轉粵桂湘各當局及大學密防為禱。」〔註1744〕

1月6日，胡先驌講演，昨又一批青年團員志願報名參加服役。

　　【本報特訊】本省知識青年志願從軍指導委員會舉行知識青年志願從軍擴大宣傳周，昨{五}日為第二日，下午二時，在省府大禮堂由中正大學校長胡先驌講演，胡氏對知識青年從軍之意義□述甚詳，聽眾四百餘人，深為感動，又今日為第三日，下午二時由教育廳廳長程時煃在中正大學禮堂講演，聽講單位為中正大學、墾務處、銓敘處、正大附中、省立高級農林學校等。

　　【又訊】本省知識青年從軍指導委員會登記組開始辦公後，即有數十名青年男女前往登記，據悉：日昨又有黃曼瓊（女）、劉文□、陳祖仁、陳克昂等四同志，前往該組登記，查黃曼瓊係南昌女中高中畢業生，陳祖仁、陳克昂係劍聲中學畢業生，聞彼等均係三民主義青年團團員云。〔註1745〕

1月9日，吳有訓致陳立夫信函。

　　時在西南聯大的吳有訓在接到讓其出任中正大學校長電函後，

〔註1744〕《密》（1944年1月4日），《國立中正大學學生因演劇募振濟發生糾紛搗毀民國時〔日〕報捷報等文書》（194102～194404），中國第二歷史檔案館藏，全宗號五，案卷號5632，第32、33頁。高志軍著《政治與教育的互動：國立中正大學研究》，2021年12月華中師範大學博士學位論文，第223頁。
〔註1745〕梁洪生主編《杏嶺春秋——〈江西民國日報〉有關國立中正大學的報導全匯（1938～1949）》，2010年12月內部印刷。中華民國三十三年一月六日週四第三版。

吳有訓在 1944 年 1 月 7 日，以「體弱學淺，不能遵命」婉拒。〔註1746〕1 月 8 日，吳有訓告知教育部次長顧毓琇「已專函立公懇辭」。1 月 9 日，吳有訓似又致一函向陳立夫陳明三點：一、「訓自去年病後，至今未能恢復，煩重任務實無力擔任」；二、中正大學因尊崇總裁設，學術上必有特殊貢獻，方合名義。吳有訓自稱，在現有條件下，不能辦到，此「有負此偉大高崇人名之舉，訓決不敢嘗試」；三、吳有訓認為，中正大學成立未久，似乎無特別整頓必要。他還不同意因整頓而更換現任校長「即有似以督促現任校長辦理為宜」。〔註1747〕

1 月 11 日，胡先驌致朱家驊信函。

> 騮公部長勛鑒：
>
> 　　前得中央研究院通告，以本院評議會將於三月初開會，驌以校務諸待董理，不能出席，至以為歉，已正式通知院方，請王仲濟代表，並提案三件，盼能通過。
>
> 　　驌主持敝校荏苒三載有餘，雖學校已具規模，而本業荒疏已甚。平生志願在寫成《中國樹木圖志》一書，以抗戰多年，夙志浸成泡影。靜夜思維，徒增惆悵，故欲敝校辦理至某一階段，即擺脫繁劇，重理故業，弟不知何日始能如願耳。
>
> 　　中山大學農林植物研究所陳煥鏞兄多年之慘淡經營，已蜚聲於世。煥鏞身雖陷敵，而蔣英教授能繼承其師之事業，勇猛精進，一如曩日，洵屬難能可貴，乞設法由英庚款會寬與補助，以資獎勵為要。唐世鳳博士少年英發，屢承青睞，殊深感荷。最近又有一極重要之發明，在理論與實用上均有莫大之貢獻，即海水中各種鹽分須在不同之溫度下結晶，在晚間結晶者為純粹鈉鹽，日間結晶者則含有他種鹽類。此事發明後，則收鹽只需在晚間，所得者即為純粹精鹽，可免電解之勞費。此誠空前之發明，政府似宜特加褒獎者也。

〔註1746〕《驌密拜讀盛意至感但以體弱學淺不能遵命希原宥是幸》（1944 年 1 月 7 日），《國立中正大學教職員人事任免以及薪津待遇等有關文書》（194008～194509），中國第二歷史檔案館藏，全宗號五，案卷號 2646，第 31 頁。

〔註1747〕《國立中正大學教職員人事任免以及薪津待遇等有關文書》（194008～194509），中國第二歷史檔案館藏，全宗號五，案卷號 2646，第 32～34 頁。高志軍著《政治與教育的互動：國立中正大學研究》，2021 年 12 月華中師範大學博士學位論文，第 205 頁。

專此敬頌

勳綏

弟　胡先驌　拜啟

一月十一日（1944 年）〔註 1748〕

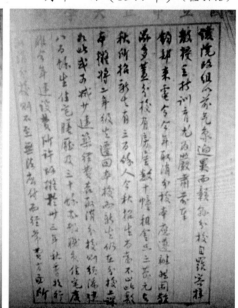

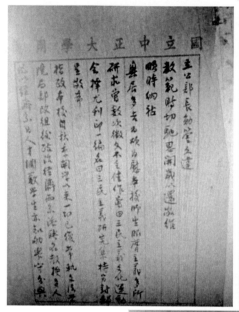

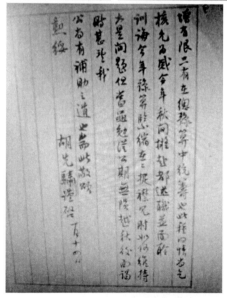

胡先驌給教育部陳立夫部長的書信（曾祥金提供）

〔註 1748〕　《胡先驌全集》（初稿）第十七卷下中文書信卷，第 419～420 頁。

1月14日，胡先驌致陳立夫信函。

立公部長勳鑒：

久違教範，時切馳思，開歲以還敬維，順時納祜。興居多吉為頌為慰。本校師生服膺主義，多所研求，曾數次徵文，不乏佳作。曾由三民主義文化運動會擇優刊印一編，名曰：《三民主義研究集》特刊，另封郵呈。敬希指政。

本校自秋季開學以來，一切已復常軌。文法學院局部改組後，政治、經濟兩系添聘名教授多人，尤以經濟系的人才淵藪，學生亦知劬樂守分，與該院改組以前氣象迴異，而贛縣分校自羅容梓教授主持，訓育尤為嚴肅。前奉鈞部來電：令今年取消分校。本應遵辦，然困難滋多，蓋分校有房屋數十棟，租金三萬元，去秋所招新生有三百餘人。今秋招生尚嘗不正此數。本擬將二年級生遷回本校，而新生仍在分校上課。如此，或可減少建築經費，取消分校，則須添建八百餘生住宅、膳廳及三十餘家教職員住宅。

度非今年建設費所許，故擬卅三年秋季執行，取消分校。則不至無法應付，而經常費方面所增有限，只有在總預算中統籌也。此種舊情尚乞核允為感。今年秋間擬赴都，述職並面聆訓悔。今年預算，緊縮，在在捉襟見時，如何維持，大是問題，但當黽勉從公期無隕。越秋後，面聆時，甚望我公尚有補助之道也。

耑此敬頌

勳餒

胡先驌 謹啟

一月十四日〔註1749〕

【箋注】

陳立夫（1900～2001）名祖燕，字立夫，浙江吳興人。20世紀中國的重要人物之一，政治家。曾歷任國民黨秘書長、教育部長、立法院副院長等要職。尤其作為有留美背景的教育部長，在戰亂期間對中國教育事業的發展做出了卓著的貢獻。政府遷臺後移居美國，潛心研究中華文化，推動中醫藥的發展獲國際認可。1969年，陳立夫回臺定居。晚年竭力推動海峽兩岸的交流。提出「中國文化統一論」，使他在兩岸關係中

〔註1749〕 曾祥金先生提供，胡啟鵬輯釋《胡先驌墨蹟選》（初稿），2022年2月，第93～94頁。

佔據了一個頗為特殊的位置。他的這一主張,在兩岸都得到積極回應,他也因此當選為「海峽兩岸和平統一促進會」的名譽會長。

1月24日,江西吉安《大眾日報》載:國立中正大學舉行交誼座談,學者暨黨務新聞工作同志歡聚一堂。

（本報訊）國立中正大學胡校長先驌,昨（二十三）在該校招待黨務及新聞工作同志,並舉行交誼座談,計到省黨部梁主任,委員尹敬讓、何人豪、周步光、匡正宇、書記長兼正路通訊社社長陳協中、民國日報社長劉幾達,本社社長程宗宣、民國日報總編輯熊克勵,正路社及本報總編輯曾一之等十餘人。正大總務長王修采、教務長胡光廷,訓導長張一清、農學院長周拾祿、工學院電機系主任劉幹才,文法學院教授羅時口、校長秘書周宗璜等亦出席,座談良久,交換意見甚多,至為歡洽云。

（陳露先生提供）

1月24日,國民政府軍事委員會軍訓部致教育部信函。

案據江西省軍管區司令部副司令朱為鈔微電報稱,奉派元旦檢閱國立中正大學軍訓,學生散漫不整,校長又不重視軍訓,主任教官於訓導處下從事雜務,校內設備不善,軍訓廢弛,致學生常起風潮,為整飭計,宜將該校校長及軍訓長及軍訓主任教官更換,另選賢能接充,可否?謹電鑒核等情。查更換校長應由貴部核辦,至更換軍訓主任教官已交國民兵教育處辦理矣。除電覆外,相應函請察照辦理見復為荷。此致

教育部

國民政府軍事委員會軍訓部

一月廿四日（一九四四年）〔註1750〕

1月,胡先驌致陳立夫信函。

竊本校教授兼總務長鄒邦珏於去年十二月因病請假一月,曾由教授王修案暫代。茲以鄒總務長因病呈請辭職,業經照准,惟遺遺

〔註1750〕中國第二歷史檔案館藏教育部檔案。胡宗剛著《再議胡先驌被辭中正大學校長》,公眾號註冊名稱「近世植物學史」,2022年06月29日。

總務長一職未便久懸。茲查有教授王修寀學術優長，才能卓越，自民國三十年即任教本大學，並兼任總務長，成績甚佳。又教授張明善自民國二十九年即任教本大學，兼農藝系主任，學術才能均甚優越，去年鄒總務長因公赴桂時，曾一度兼代總務長職務。除暫仍先由王教授裝代總務長外，理合繕具王修寀、張明善二教授履歷各一份，備文呈請鈞部核定示遵。

　　謹呈

教育部長陳

國立中正大學校長　胡先驌

三十三年一月〔註1751〕

　　1月，《一九四四新年獻辭》文章在《國立中正大學校刊》雜誌（第4卷第7期，第1～2頁）發表。摘錄如下：

　　　　今年經我政府定為全面反攻年，勝利即在指顧間。在某時期，或將舉行盛大的還都慶祝，則在吾人慶祝今年元旦時，將感到如何的興奮與如何的期待耶？在過去之數月中，我國與諸盟邦之合作，日見密切，接二連三發生了一串空前的盛事。先是魁北克會議，宋外長與羅斯福總統、邱吉爾首相相聚一堂，討論太平洋作戰方略；繼而有同盟國遠東總司令蒙巴頓將軍之訪問重慶；繼而我蔣主席與羅斯福總統、邱吉爾首相在開羅之會晤，三領袖於徹底戰敗日本，已商定最後方略並發表宣言，聲明戰後我將恢復東北四省與臺灣、澎湖，朝鮮獨立，日本所有之其他屬地，皆將剝奪，以回返到彼明治維新時以前的狀態；繼而有羅、邱、史在德黑蘭之會議，主題雖為如何戰敗德國及處理戰後的歐洲，但吾人可預料到三領袖必定討論到某一時期蘇俄必能開闢遠東戰場與中英美三大盟邦協同擊敗日本會師東京；另一方面，則在美國所舉行的世界糧食會議，已決定了如何以糧食救濟世界各災區，及促進全世界糧食生產之政策；繼而有世界救濟善後會議之舉行，蔣廷黻博士被舉為世界救濟善後總署遠東分署主席；最近日將舉行世界財政會議，以討論戰後全世界一切財政問題；最近美國且通過廢止限制華人入境法案。

〔註1751〕　《胡先驌全集》（初稿）第十七卷下中文書信卷，第442頁。

　　自此繼續不斷展開之重大事件觀之，不但盟邦之最後勝利已指顧可期，既戰後復興以及維持世界和平之方案，亦已次第決定而在籌備之中。第一次歐戰後毫無準備之弊，已因四大強國之賢明領袖之卓越遠見而不至再見於今日。在我國則甲午以來之國恥，即可盡雪，一切不平等之條約亦已劃除罄盡；同時政府已決定實施憲政，在戰後一年內，即將召集國民大會，制定憲政。而常德大捷，不但證明吾國戰鬥力之強大，且亦為全面反攻之前奏。各地物價之穩定與下落，尤證明全國人民對於最後勝利之來臨，具有堅強之信仰。繼而言之吾國之前途，未有較今日更光明者，則吾人慶祝今年之元旦，其歡忭之情將如何耶。

　　雖然，行百里者半九十，雖勝利指顧可望，然欲達成勝利，則尚賴吾人盡最後最大之努力。蓋欲擊敗日本，不能專賴太平洋取逐島收復進而攻擊日本本土之戰略，必須自我國本土發動大規模之陸空軍全面反攻，庶幾能盡驅日寇於大陸之外。而我國之空軍基地對日本心臟加以殲滅性之轟炸。今我英美聯邦已決定以強大海軍，肅清我綿長之海岸，以解除日寇之封鎖，以強大空軍協助我陸軍反攻，且已以大量之軍火充實我大軍之武裝。然強大陸軍之全面反攻，則仍為我國是賴。亦惟其如此，我國始能盡我方應盡之責任，而不愧真為四強之一。故我國在此一年中，仍須積極充實吾人之兵力，期能完成此重大之責任。美國今年將再有三百萬新兵入伍，我國寧能不以全力擴充我之兵力乎？今各地知識青年從軍之運動，實為最佳之徵兆，甚盼我國所有及齡之青年，皆能積極從軍，以爭取最後最光榮之勝利，斯既慶祝今年元旦所應有之表現也。〔註1752〕

約1月，中正大學致教育部信函。

　　烈士子女上學是否公費，中正大學曾與教育部發生爭執。校方舉中央大學吳德懋、國立商學院院長程瑞霖因公殉職，子女均給予免費待遇為例據理力爭。教育部部分讓步使事態得以較妥善解決。〔註1753〕

〔註1752〕《胡先驌全集》（初稿）第十五卷人文科學文章，第356～357頁。
〔註1753〕《中正大學財產增減表經費累計表辦理支給兼課鐘點費等報表文書》（194209～194707），中國第二歷史檔案館藏，全宗號五，案卷號3765，檔號：五-3765，第31～32頁。此件僅有2月5日字樣。從「遺族恤金，所請

2月4日，胡先驌、周拾祿致國立北平研究院信函。

胡先驌、周拾祿致函國立北平研究院。1943年年初，胡先驌從
教育部來函中得知「國立北平研究院製造單鼻式顯微鏡三十架」，立
馬便函呈請國立北平研究院「函文：電奉擬請就近設法交運單鼻式
顯微鏡六架並希見復由」。〔註1754〕

2月5日，教育部同意烈士待遇。

教育部以「與法不合，未便照辦」拒絕，但念及姚名達「忠貞
效國，抗敵捐軀，身後蕭條，已故稚弱」事實，同意子女將來升入
國立學校時予以免費待遇。免費待遇決定可能是教育部在中正大學
建議之下才做出的。〔註1755〕

2月16日，周拾祿致張靜甫的信函。

周拾祿致關於張靜甫加薪聘任的函。周拾祿聽聞森林系新聘教
授張靜甫先生因湖南農專待遇優厚，有不願來校消息，立馬致函胡
先驌希望能「加薪聘任」，胡先驌也慮及森林系教員緊缺，便依周拾
祿之言，該年4月張靜甫赴任中正大學農學院森林系教授。〔註1756〕

2月16日～18日，第8屆「庚子賠款」留英公費考試，在重慶、昆明、
桂林、泰和、成都、西安六地舉行。

2月28日，教育部復國民政府軍事委員會軍訓部信函。

查國立中正大學校長胡先驌業經辭職照准，另行呈院任命蕭蘧

再支給原薪三年一節，與法不合，似未便照准」看，應是1944年。高志軍
著《政治與教育的互動：國立中正大學研究》，2021年12月華中師範大學
博士學位論文，第98頁。

〔註1754〕江西檔案館，檔號：J037-1-00819-0266。鄭瑤著《繼往開來責在斯——國立
中正大學農學院研究（1940～1949）》，2019年江西師範大學碩士研究生學
位論文，第24～25頁。

〔註1755〕《據呈請准發該校故教授兼戰地團團長姚名達原薪俸三年核示知照由》
（1944年2月5日），《國立中正大學教職員人事任免以及薪津待遇等有關
文書》（194008～194509），中國第二歷史檔案館藏，全宗號五，案卷號2646，
檔號：五-2646，第129頁。高志軍著《政治與教育的互動：國立中正大學
研究》，2021年12月華中師範大學博士學位論文，第98頁。

〔註1756〕鄭瑤著《繼往開來責在斯——國立中正大學農學院研究（1940～1949）》，
2019年江西師範大學碩士研究生學位論文，第61頁。

接充矣。相應函復察照為荷。〔註1757〕

3月1日，中正大學易長。胡先驌辭職、蕭蘧繼任，行政院昨日會議通過。
　　【中央重慶二十九日電】政院二十九日舉行第六五一次院會，各部會長官均出席，軍事外交報告外，決議各案則載如下：（一）內政部軍政部呈，擬修正戰時守土獎勵條例第二三五條之請核定案，決議通過，送立法院審閱；（二）財部呈請修正火柴專賣條例第三、四兩條條文案，決議修正通過，送立法院審議；（三）社會部呈擬貴州省合作事業管理處組織規程修正草案請核定案，決議修正通過；（四）福建省府呈請修正福州市政籌備處組織規程通過；（五）重慶市府呈請褒卹該市臨參會故候補參議員會吉芝案，決議由院令褒揚。（1）江蘇省府委員兼民廳長王公□呈請辭職應免，個兼各職，委員王良仲、王仲廉、李壽雍另有任用，應予免職，任命陳桂深為江蘇省政府委員兼民廳長，葛建時、張玉麟、蕭獲原為該省府委，陳盛蘭為秘書長；（2）國立中正大學校長胡先驌呈請辭職應予免職，遺缺命蕭蘧繼任。（3）任命□□青為農林部參事。（4）任命何□林為交通部航政司長；（5）任命邱垣□為交通部公路總局簡任技正；（6）糧食部簡任技正沈國瑾另有任用應予免職。〔註1758〕

　　3月3日上午十時，著名愛國將領、國民黨軍事委員會政治部長張治中抵達泰和馬家洲，江西黨政首長前往迎接，下午5時許，張治中抵達上田，省會各機關首長及高級職員二百餘人在上田豫社門口列隊歡迎。
　　3月5日，張治中一行分別在南岡口、中正大學大禮堂、省黨部對民眾與學生進行演講。
　　3月6日，張治中赴吉安活動，7日返泰赴湘。
　　3月8日，程時煃致胡先驌信函。
　　　　函文：遙啟者，前據省立農業專科學校校長詹純鑑來函希望能從省立科學館借用高低倍顯微鏡各一架，現省立科學館來函稱館內

〔註1757〕中國第二歷史檔案館藏教育部檔案。胡宗剛著《再議胡先驌被辭中正大學校長》，公眾號註冊名稱「近世植物學史」，2022年06月29日。
〔註1758〕梁洪生主編《杏嶺春秋——〈江西民國日報〉有關國立中正大學的報導全匯（1938～1949）》，2010年12月內部印刷。中華民國三十三年三月一日週三第二版。

二十架顯微鏡，被貴校借去十五架，現存五架之中有兩架需自用，
其餘三架不合省立農業專科學校要求，特此函請貴校退給高低倍顯
微鏡各一架以便轉借農專應用。

（鄭瑤先生提供）〔註1759〕

3月8日，胡先驌免職經過。

實際上胡先驌更為主動。胡先驌提出辭職請求時間可能非常早。
如1944年1月19日，胡先驌在電湖南新化黎懋常時稱：「希速返校
辦理移交」。〔註1760〕直到1944年3月6日，胡先驌閱報知，自己
辭職已照准。於是催陳立夫敦促蕭蘧早日上任。〔註1761〕另有一函
時間為1944年3月8日，也是胡先驌上書陳立夫請求辭職的信函。
信中說：「驌奉命長此校三年，於茲心力交瘁，驌近來病益加重，不
能支持，請允辭職」。〔註1762〕這或許表明胡先驌去電請求辭職的信
件不止一份，此函在3月6日前就已發出。就在3月8日當日，行
政院宣布，經該院第651次會議決議：「胡先驌呈請辭職應予免職，
遺缺任命蕭蘧繼任」。〔註1763〕在此後官方話語中，對胡先驌辭職的
說法基本沿襲了胡的3月8日電內容。正大以後的敘述中均稱：「三
十三年春，胡校長以心力交瘁」，辭職照准。〔註1764〕1948年教育年

〔註1759〕江西檔案館，檔號：J037-1-00719-0077。
〔註1760〕《國立中正大學校長室關於讓黎懋常返校的電》（1944年1月19日），江西
　　　　省檔案館藏，檔號：J037-1-00093-0097。
〔註1761〕《國立中正大學教職員人事任免以及薪津待遇等有關文書》（194008～
　　　　194509），中國第二歷史檔案館藏，全宗號五，案卷號2646，第118頁。
〔註1762〕《請允辭職》（3月8日），《國立中正大學教職員人事任免以及薪津待遇等
　　　　有關文書》（194008～194509），中國第二歷史檔案館藏，全宗號五，案卷號
　　　　2646，第130頁。
〔註1763〕《國立中正大學核查胡先驌請辭職案院會決議應予免職遺缺任命蕭蘧先行
　　　　代理仰轉口依法填具任用口查表件星院核辦》（1944年3月8日），《國立中
　　　　正大學教職員人事任免以及薪津待遇等有關文》（194008～194509），中國第
　　　　二歷史檔案館藏，全宗號五，案卷號2646，第91頁。又見《為呈報到校視
　　　　事日期及已呈繳任用審查表資歷證件等乞鑒核備查由》（1944年5月16日），
　　　　《國立中正大學教員任免、進修及職員編製表等文書》（194110～194506），
　　　　中國第二歷史檔案館藏，全宗號五，案卷號2647，第35頁。
〔註1764〕如《准函寄上本校沿革一份請查照由》（1948年11月23日），江西省檔案館
　　　　藏，檔號：J037-1-00047-0160；《國立中正大學關於核定國立中正大學校址的
　　　　函》，江西省檔案館藏，檔號：J037-1-00051-0220；《遵令編呈大學概況電覆鑒

鑒也說：「三十三年胡校長以心力交瘁呈准辭職」。〔註1765〕

3月8日～10日，召開中央研究院評議會第二屆第二次會議。

重慶舉行的中央研究院評議會第二屆第二次會議，27位評議員參會，胡先驌、陳寅恪、林可勝、凌鴻勳、秉志等五人請假。修正《國立中央研究院評議會議事規程》，評議會開會以過半數評議員出席為法定人數。評議會提出的議案至少要2人聯署，會議期間臨時提出的議案至少要5人聯署，才可列議事日程。評議員陳煥鏞附逆，應請開除會籍案，呈報國民政府備案，並依法補選遞補人，呈請國民政府聘任。在第二屆植物學科未當選評議員之候選人為錢崇澍、秦仁昌、丁穎等三人，依法應由大會就此三人中票選一人。錢崇澍以22票補選評議員。胡先驌提出設立經濟植物研究所及中央植物園案，設立國家公園案等，會議討論通過提案十餘件。會議決定將中央研究院動植物研究所分為動物研究所和植物研究所。〔註1766〕

1944年3月8日，中央研究院評議會第二屆第二次年會合影。
胡先驌、陳寅恪、林可勝、凌鴻勳、秉志等五人因事請假

核匯辦由》（1947年3月24日），江西省檔案館藏，檔號：J037-1-00281-0131。

〔註1765〕《第二次中國教育年鑒·第五編高等教育第二章公私立大學概況》，上海：商務印書館，1948年，第128頁。⑧《公務員任用審查表》，《國立中正大學教職員人事任免以及薪津待遇等有關文書》（194008～194509），中國第二歷史檔案館藏，全宗號五，案卷號2646，第116頁。高志軍著《政治與教育的互動：國立中正大學研究》，2021年12月華中師範大學博士學位論文，第205頁。

〔註1766〕陳勇開、吉雷、鄒偉選編《國立中央研究院評議會第二屆歷次年會記錄》，楊斌主編《民國檔案》總第133期，2018年第3期，第7～15頁。

3月8日,《關於設立經濟植物研究所及中央植物園案》:

植物為農工兩業之主要資源,中國植物種類之豐富,甲於世界,可資利用之植物資源,未經開發者尚不可億計。歐美各國莫不有規模極大之研究所與植物園以從事此項植物之研究與栽培,英國之邱皇家植物園及其各屬地之植物園,咸負研究與栽培經濟植物之責,英屬馬來之橡皮業,錫蘭之茶業等等,皆此等植物學機關有以促成之。美國農部之植物輸入局,亦規模龐大,每年派大批專家至國外探求輸入有經濟價值之植物,無往勿屆。蘇俄亦然,蘇俄為建立北極圈地帶之農業,曾派人至南美安第士高山,覓取特種耐寒之馬鈴薯新種,其所建立之經濟植物研究所,助教多至五千人,其規模之宏大可以想見,甚且有大規模之特種作物研究所,如大豆研究所,搜集試驗吾國產之大豆,多至五千餘種。荷屬東印度亦有茶業研究所,橡皮研究所,金雞納研究所等,彼人重視經濟植物研究之精神可以想見。今中央研究院雖立植物研究所,然植物學範圍至為廣大,純粹科學與應用科學兩方面決不能兼顧,故有另立經濟植物研究所之需要。植物園為栽培各項經濟植物之場所,宜擇適當廣大面積之地區設立一中央植物園,並在不同之緯度或高度設立分園,與經濟植物研究所合立或分立皆可。

「提案人」:胡先驌,「副署人」:戴芳瀾與王家楫。〔註1767〕

【箋注】

1944年12月,「設立經濟植物研究所及中央植物園案」被送往農林部辦理。1945年1月,農林部函復中研院:「委員長亥佳侍秘電略聞『凡政府所辦若干工作事關百年大計,非短時期內所能完成……均應酌為停止留待戰後辦理』。」(《中央研究院評議會第二屆第三次年會總幹事及秘書報告》,1946年10月,中國第二歷史檔案館藏)此案雖引起了國民政府重視,但中央植物園乃國家百年大計,花費極巨,只有等到戰後從長計議。提案由此擱置。

3月10日,教育部致軍事委員會軍訓部信函。

教育部去函軍事委員會軍訓部稱:「國立中正大學校長胡先驌業經辭職

〔註1767〕微信公眾號「國家人文歷史」(ID:gjrwls),原文首發於2022年4月20日,楊煬著「國家植物園」正式揭牌!有個人不能不提。

照准」。〔註 1768〕

　　3 月 14 日，胡先驌致程時煃信函。

　　　　函文：函復農校請借高低顯微鏡二架已通知派員前來洽領。

　　　　（鄭瑤先生提供）〔註 1769〕

　　3 月 20 日，王次甫等明啟程赴渝。

　　　　【本報特訊】民廳議長王次甫，省訓團教育長王枕心，統計處
　　統計長劉南溟，中正大學校長胡先驌，奉調赴渝，定明日（二十一）
　　啟程，又譯運管理處副處長許□飛，赴渝述職，定後日（二十二）
　　啟程。〔註 1770〕

　　3 月 31 日，胡先驌致江西省農業院信函。

　　　　正題名：函復轉囑派員會商農業建設大體合作辦法並籌設農林
　　建設委員會，俟定期召集開會派員參加請查照由。

　　　　（鄭瑤先生提供）〔註 1771〕

　　3 月，中正大學 51 位教授、副教授聯名致陳立夫電函。

　　　　重慶教育部部長陳鈞鑒：

　　　　　風聞有人假借本校教授會名義誣控胡校長多款，同人等毫無所
　　知，如果屬實，殊可憤慨。查本校教授會之組織，原為砥礪學術，
　　協助校務，對此等鬼蜮行為，深惡痛絕，為此聯名簽名謹電鈞長，
　　洞燭奸謀，秉公察究為叩。

　　　　聯名者：

　　　　王易、陳清華、周拾祿、胡光廷、張一清、蔡方蔭、余精一、

〔註 1768〕《函復中正大學校長業已更換希查照》（3 月 10 日），《國立中正大學教職員
　　　　　人事任免以及薪津待遇等有關文書》（194008～194509），中國第二歷史檔案
　　　　　館藏，全宗號五，案卷號 2646，第 119 頁。高志軍著《政治與教育的互動：
　　　　　國立中正大學研究》，2021 年 12 月華中師範大學博士學位論文，第 77 頁。
〔註 1769〕江西檔案館，檔號：J037-1-00719-0080。
〔註 1770〕梁洪生主編《杏嶺春秋——〈江西民國日報〉有關國立中正大學的報導全匯
　　　　　（1938～1949）》，2010 年 12 月內部印刷。中華民國三十三年三月二十日週
　　　　　六第三版。
〔註 1771〕江西檔案館，檔號：J037-1-00702-0084。

羅廷光、馬大浦、盧潤孚、魯昭褘、任啟珊、張肇騫、嚴楚江、吳詩
銘、王修寀、劉幹才、歐陽祖經、胡德煌、方銘竹、周宗璜、周蔚
成、張明善、陳封懷、王綸等。〔註1772〕

3月，《如何改進課外活動》文章在《國立中正大學校刊》雜誌（第4卷
第10期）發表，該文是作者在中正大學「國父紀念周上的演講辭。摘錄如下：

今天和諸生講的是：「如何改進課外活動？」諸生於習課之餘，
應該鍛鍊健全的身體，養成精練作事習慣，和以天下為己任的責任
心。在未入社會服務以前，對於社會的情況，應該先有一個瞭解，
一個研究，並假設各種研究機構，以從事集體討論。尤其在這大轉
變的大時代中，國內的抗戰建國大業，世界戰後永久和平，都不能
全靠課室內的研究，所以課外活動應該特別的運用。

我們中國自鴉片戰爭以後，已成極弱的國家，這次抗戰一躍而
躋於四強之列，數十年積弱，百廢待興，大學生應當站在領導群眾
地位，怎樣去研究改革國家和社會，這是義不容辭的責任。

現在我提出幾個問題供給你們的注意：例如我們中國是五千年
專制的古老帝國，至民國元年才變為共和政體。然而迄今三十餘年，
國家根本大法尚未頒定。現在中央已經決定戰後實施憲政，諸生對
於五五憲法草案，應人人注意研究。又如省制問題，我國自元代創
立現在的省制，延及明清以迄于今日，從未變更，現省級已成為承
上啟下的督察機構，有人主張縮小省區，有人主張維持現狀，孰利
孰弊，亦大可以供研討。又如戰後建都問題，有人主張仍在南京，
有人主張遷西安，有人主張遷遼寧，也有人主張遷北平，各有其理
由存在。其他如新縣制之機構，戰後的教育制度等等，均可供課外
活動之研究資料。

余主張本校三載有奇，向來主張諸生對於大時代的一切應該明
瞭，而且應該具有研究興趣。過去一部分人對課外活動，專事排演
戲劇或體育競賽等等，實屬未能盡善。我在四川報紙上看見中央政
治學校設立假參政會研討一切政治問題，這就是我所主張應該做的

〔註1772〕 胡宗剛著《再議胡先驌被辭中正大學校長》，公眾號註冊名稱「近世植物學
史」，2022年06月29日。

辦法。本校學術團體如力行讀書會及各學會各級會，在名義上雖然
很好，但每次開會多半是請先生演講，很少能表現自動研究，誠為
缺憾！你們創辦的《南洋》這個刊物，對僑民在南洋的政治、法律、
文化諸問題頗多探討，甚有價值。希望今後大家對南洋問題多多研
究，因為我國在南洋殖民有幾百年的歷史，華僑的經營，對我國國
民經濟和國家財源都有很大幫助。戰後南洋華僑問題，當然是我國
應該注意之事，所以希望我們不斷的去研究它。康有為在戊戌政變後，
曾主張中國去開發南美洲。但自康有為發表這個主張以後，到現在四
十多年，很少有人道及此事。日本卻在南美洲巴西國殖民。有一日本
人在巴西種植黃麻，獲有極大成就。戰前我國所用之黃麻袋，是由印
度輸入，價值一萬萬元。抗戰後我國海岸被他封鎖，印度麻袋不能入
口，便令我國發生麻袋恐慌。江西建設廳長楊綽庵創辦麻袋工場，便
成了抗戰時代的一種政績。這類問題都值得注意和研究。

　　戰後的世界問題，假定和平會議可由我們主持，對於德、意、
日在歐亞洲蹂躪的罪行的懲罰，我們有什麼主張？我們知道上次那
樣的向戰敗國索取龐大的賠款，同時又不准他們以貨物作抵的辦法，
釀成了戰後的全世界普遍不景氣，故對於軸心國家竟應如何處置，
始能盡善？戰後各殖民地如何「扶持」、「教養」，使他能獨立自治？
我們不妨粉墨登場，開一次假的和平會議去從事研究。

　　學工的諸生對於戰後建設——建國方略之完成，究應仿傚美國
那樣建立龐大規模的工廠，或建立小廠，以免大工業的種種弊端，
是應該深切研究的。學農的不妨假設糧食會議，就中國四萬萬人口
每人每日之假定需要牛乳半磅、牛肉五兩，及其他各種營養物品，
我們應如何增加生產，方能達成合理營養的目的等問題加以研究。女
生對於婦女問題，亦應詳細研究與討論。其餘可以由此例推，總之諸
生應立志擔當國家大事，所以課外活動也應該從大處著眼，我講的辦
法是最有效的辦法，自今天起，自治會和青年團的負責人，應該會同
在寒假以後從速促成各種假設會議的建立，如假參政會、經濟建設會、
糧食增產會、婦女會，並且可以分別敦請先生指導。大家能夠這樣，
國家就更有希望，三民主義的實現也就更有辦法。〔註1773〕

〔註1773〕《胡先驌全集》（初稿）第十五卷人文科學文章，第370～371頁。

3月，胡先驌啟迪龔嘉英學習杜甫的詩。

　　因為我立志研究杜詩，是由於步公校長的啟發。我從小就喜歡讀唐詩，但不知道哪一家的詩最好。1944年3月初的一個周末，我和張邦良等同學冒昧地跑到杏嶺李村，到胡校長公館去請教。校長很樂意地接見我們，談了將近一個小時。前年張邦良學長由江西萍鄉來信時，還提到這回事。當時校長指示我，最好是多讀杜詩，而且要讀全集，因為杜甫畢生憂國憂民，發揚忠愛，他的作品反映了唐代的政治和社會，尤其是民間的疾苦，所以杜甫在生前，即有「詩史」之號，身後被尊為「詩聖」，是因為杜子美作詩，各體皆備，無體不工，而且力主創新，足資後人模範。校長的話是有根據的，我牢牢記住！決心要好好研究杜甫的生平和全部杜詩。〔註1774〕

3月，胡先驌因熊振湜早逝而慟哭失聲。

　　3月正大舉行悼念因傷寒死亡學生的公祭時，校長胡先驌就因熊振湜的英年早逝而慟哭失聲，久久無法自抑。〔註1775〕

春，胡先驌被迫辭職。

　　於是乎向他父親進讒言，下手論逼我辭職，在全體教授都打電報挽留都無效，我便在一九四四年春天辭了職。這件事陳立夫是不願意的。我後來聽見人說，陳立夫為了此事曾說過：「伺候一個人已經夠了，難道還要伺候人家的兒子嗎！」他便要他的親信貴州大學校長張廷休寫信給我，說我要往重慶路過貴陽時，請我到他那裏去談談。我因為三年多的時候，目睹國民黨的貪污腐化，而此次逼我辭職，又是如此無公道，使我十分灰心，我便回覆張廷休說：我不到重慶去。秋間，我便留在本校住，時約講座。〔註1776〕對這段歷史，在自傳中，進一步作交代：在此辦學三年半一段過程中，我費

〔註1774〕 龔嘉英著《回母校作專題演講的聯想》。胡啟鵬主編《撫今追昔話春秋——胡先驌學術人生》，北京燕山出版社，2011年4月版，第273頁。
〔註1775〕 張建中著《那年，這所大學爆發了大規模的傷寒疫情》，公眾號「江西檔案」，2020年05月25日。
〔註1776〕 胡先驌著《對於我的舊思想的檢討》，1952年8月13日。《胡先驌全集》（初稿）第十五卷人文科學文章，第629～640頁。

盡精力，從無到有，辦了一個有相當成績的戰時大學，而為蔣介石、蔣經國、熊式輝所不滿，這對於我不能不說是一種教訓。同時在這期間內目睹蔣氏父子法西斯的作風，四大家族及國民黨的貪污腐敗，深悔不該投入政治漩渦。故在勝利後我即回北京，重行整理靜生生物調查所，不再參加國民黨政府任何工作。而在國民黨舉行全國總登記時，我未登記，從此遂脫離國民黨了。〔註1777〕

4月12日，胡先驌致農林部湖北省推廣繁殖站信函。

函復：本校成立未久，尚無育成供推廣之優良品種。

（鄭瑤先生提供）〔註1778〕

4月20日，新任正大校長蕭蘧昨抵贛縣定周內來贛視事。

【本報贛縣十九日下午十時四十分電話】新任國立中正大學校長蕭蘧於十九日午後由曲江抵贛縣，準備勾留數日，參觀新贛南各種建設並觀察正大贛州分校校務。聞定周內來泰正式視事。聞正大師生正準備歡送胡校長並歡迎蕭校長云。〔註1779〕

4月26日，正大蕭校長定今日來泰五月一日視事。

【本報特訊】國立中正大學新任校長蕭蘧，定今日來泰，已志昨報，聞蕭氏在贛州視察分校各部，極為詳盡，指示甚多，來泰後將在該校略作休息，定五月一日正式視事，胡校長除去電促蕭氏來泰外，並著人整理杏嶺前湖村一號胡氏舊居，以供蕭氏居住，交代工作亦在積極準備中，學生自治會及光棍社（壁報之一種）分設意見箱兩個，就學業，生活，校風，校務各方面，下分子目甚多，撰集同學意見，以備蕭氏來校後貢獻參考云。〔註1780〕

〔註1777〕 胡先驌著《自傳》，1958 年。《胡先驌全集》（初稿）第十五卷人文科學文章，第 656～659 頁。

〔註1778〕 江西檔案館，檔號：J037-1-00702-0027。

〔註1779〕 梁洪生主編《杏嶺春秋——〈江西民國日報〉有關國立中正大學的報導全匯（1938～1949）》，2010 年 12 月內部印刷。中華民國三十三年四月二十日週四第三版。

〔註1780〕 梁洪生主編《杏嶺春秋——〈江西民國日報〉有關國立中正大學的報導全匯（1938～1949）》，2010 年 12 月內部印刷。中華民國三十三年四月二十六日週三第三版。

4月27日，正大蕭校長改明日來泰。

【本報特訊】新任國立中正大學校長蕭蘧氏，定昨（二十六）日來泰，該校胡校長特派員赴車站及豫社歡迎，茲悉蕭氏以在贛尚有若干事務待理，已改於明（二十八）日來泰云。〔註1781〕

4月29日，新任正大校長蕭蘧昨抵泰上午分訪黨政首長預計下周內可視事。

【本報特訊】新任國立中正大學校長蕭蘧，昨（二十八）晨二時許，由贛縣乘船抵泰，下榻豫社，上午分訪黨政首長，暨正大校長胡先驌，記者於傍晚訪蕭氏於旅邸，據談：三月中旬由昆明赴渝，勾留半月，於本月中旬至桂林，因欲觀光贛南，故取道曲江，十九日抵贛縣，盤桓數星期。視察正大分校暨園藝類，該分校成績與校風甚佳，惟圖書試驗儀器，稍欠完備，此乃受戰事經費困難影響，國立中正大學，成立雖短，但考其設立經過與現負之使命，誠為各國立大學中意義重大者，該校經胡校長籌劃經營，今已規模備具，此次奉令繼任，自當秉承政府旨意，尊重各方意見，追隨在校諸同仁之後，竭盡綿薄，繼續發展該校，使不負國家作育人才之至意，繼稱，離鄉已久，省內與校中情形甚為隔膜，對於推進校務計劃，俟獲得深刻瞭解後再作規劃，暫時無可發表，贛省地鄰前線，距中央較遠，郵電往返極其不便，教授薪津，學生貸金以及校內各項費用籌集先後仍兩難，影響教職員暨學生生活及其情緒至巨，故在渝曾向四廳總署借款四百萬元，作為校內周轉金，以備經濟周轉不靈時墊用，末談及西南教育情形，據告：西南教育日臻發達，求學者極眾，各大學可分內遷與原有兩種，內遷各大學水準較高，與戰前則稍顯退步，原有大學水準較低，較戰前則進步，現均突飛猛進，相互媲美，各大學教授與學生生活仍極清苦，中央與各校當局，頗為注意，將來可望改善，各大學因班級擴大故教授並不感十分缺乏，聞蕭校長視事日期，尚待與胡校長商定，預計下周內正式視事。

〔註1781〕 梁洪生主編《杏嶺春秋——〈江西民國日報〉有關國立中正大學的報導全匯（1938～1949）》，2010年12月內部印刷。中華民國三十三年四月二十七日週四第三版。

蕭氏簡歷

記者按：新任正大校長蕭蘧，字叔玉，原籍江西泰和，現年四十七歲，出生於四川重慶，除六歲曾來九江居住數年外，余均隨乃翁宿遊浙魯等省，辛亥革命時考入清華留美預備學校，民國七年赴美先後米蘇里大學，康乃爾大學，哈佛大學研究經濟，十四年學成返國，就任南開大學經濟學教授兼經濟學主任，繼又任文學院院長，民國十八年，先後任清華大學經濟學教授及法學院長年教務長等職，二十六年入國立雲南大學擔任雲大經濟基本教授兼文法學院院長，二十八年復回西南聯大任教授，直至本年三月份發表國立中正大學校長後一月為正。〔註1782〕

4月30日，《天翼圖書館記》文章在江西吉安《文山報》（4月30日，第2版）發表。摘錄如下：

國家之盛衰、政教之隆替、風俗之厚薄、人才之豐嗇，皆視其學術之興廢以為衡。而化民成俗、誘掖啟迪、誠向乎屬書、譬猶轉五寸之轂，足以重致千里也。自倭夷挑釁盧橋、中邦騷動、北起幽燕、東屆滬瀆、西抵荊宜、南連閩粵、多淪踐於鯨波獸蹄之下、陵谷慘沮、川原變色、吾華數千年文物、蕩然殆盡、黌舍播遷、士民轉徙、淹日累期、戰雲未霽、政府殷望學術文化之發揚、民智之增長、固有甚於承平之日也。

閩侯楊綽庵先生、夙擅經世之才、於學無所不窺、主持吾贛建設有年、卓著令聞、乃復高瞻碩劃、創設圖書館於泰和、以安義熊公治贛十年、勳績在民、今膺簡命、遠使美京、爰奉公之表德、以顏其館、殆使邦人優游厭飫、蹈厲發揚、以弘公之教澤歟。

考藏書沿革、古私而今公、古者天子藏書、僅太史或典校者得就觀……秘府深扃、遂無人得見、顧亭林歎為密於禁史、而疏於作人、工於藏書、而拙於敷教、遂使帷囊同毀、家壁皆殘、可深慨哉。

嘗歎藏書非篤好而有力者不能、而世之有力者、多溺於聲色狗馬之好、稍進或沉酣於鍾鼎彝器名畫法書、更進則宋板元槧、珍護

〔註1782〕梁洪生主編《杏嶺春秋——〈江西民國日報〉有關國立中正大學的報導全匯（1938～1949）》，2010 年 12 月內部印刷。中華民國三十三年四月二十九日週六第三版。

世守、惟恐不謹。乃或僅數傳或不俟身後輒罹燹危、竄任散佚、終不肯與眾共之、嗚呼、得之難而失之易、其自私玩喪之罪、不得辭也。若先生者篤行劬學、又能行其所好、深維學者不得書、如饑渴之思飲食、遂建斯館、嘉惠士林、固已卓爾、矧值茲物力艱困之際、而館宇軒敞若此、致世家巨室、樂出轉藏、割愛捐贈、其願力之偉、尤可尚焉。同人感念先生經始之勞、屬余紀績、因述斯感、將使並世之賢、聞學興起、則斯館之創、又非第頮漑一方已也。

編者按：吉安市人口十餘萬獨惜圖書館尚付缺如。劉縣長益錚雖曾一度計劃、今又將調任以去、願後任繼續努力、俾觀厥成也。〔註1783〕

5月2日，正大校長蕭蘧定今日視事，改進校務具體計劃尚正在縝密研究中。

【本報特訊】新任國立中正大學校長蕭蘧，抵泰四日，茲與舊任校長胡先驌商定，於今（二）日上午九時半正式視事，接受該校印璽，至宣誓就職日期正電請教部指定，該校學生自治會定明日（三）舉行歡送胡校長，歡迎蕭校長大會，恭請新舊校長訓話，記者昨訪蕭氏於豫社，據談：近日來忙於私人拜會，關於今後校務改進之具體計劃，預定正式赴校視事後再參酌該校實際情形作嚴密之研究。其努力方向，以提高教授素質，樹立優良校風為主，務期該校於百尺竿頭，再進一步，末謂：該校學生自治會所提供之意見，充分表現全體學生對校務之關懷，其中例舉之意見，足為今後校務改進之參考云。〔註1784〕

5月1日，胡先驌上交「國立中正大學關防」一顆，「國立中正大學校長官章」一顆，「國立中正大學條戳」一個。

5月2日，談辭職。

5月2日，胡先驌辭去國立中正大學校長職務。5月3日，學生自治會舉行迎送大會，胡校長憤怒地對千名學生說：「今日大會，一

〔註1783〕 《胡先驌全集》（初稿）第十五卷人文科學文章，第372頁。
〔註1784〕 梁洪生主編《杏嶺春秋——〈江西民國日報〉有關國立中正大學的報導全匯（1938～1949）》，2010年12月內部印刷。中華民國三十三年五月二日週二第三版。

送一迎，在國內各大學中誠為創舉」。由蕭遽任校長，校方以其他理由開除了事件主要參與者吳墩等學生的學籍，鄭唯龍等 3 人也被迫離校。對待校長辭職的事情，胡先驌倒挺豁達的，他曾對子女說：「我是來辦學的，不是來伺候這些人的。我不是任何人的私人。不幹就不幹，無所謂，我還教我的書，搞我的研究。」〔註 1785〕

5 月 3 日，正大校長蕭蘧昨正式視事。

　　【本報特訊】國立中正大學新任校長蕭蘧昨（二）日上午九時半赴該校正式視事，當由原任校長胡先驌親將印璽關防移交蕭氏，並詳談校務推進狀況，該校學生自治會定今（三）日下午一時在大禮堂舉行歡送胡校長歡迎蕭校長大會，聞蕭氏已於昨日遷入杏嶺前胡村一號居住，開始主持校務云。〔註 1786〕

5 月 4 日，正大全體學生迎送新舊校長。

　　【本報特訊】國立中正大學全體學生，於昨（三）日下午一時在該校大禮堂舉行歡送胡校長歡迎蕭校長大會，至胡、蕭兩校長暨全體師生共千餘人，由學生代表鄭志群主席，致歡送歡迎詞後，首請胡校長致訓詞，大意謂：今日盛會，於雙重意義中舉行，其精神為各地學校所未有，余四年來得各師生共同奮鬥，未建理想鵠的，殊感愧歉！末勉學生努力求進，培植優良學問，品德，才能，以為報效國家之工具，語畢，繼請蕭校長訓詞，略謂：本人繼胡校長之後，主持本大學，決繼續胡校長之志努力實現，並提出今後改進意見謂：（一）目前為二十世紀，係團體生活時期，應重紀律，守秩序，學生等為受有高等教育青年，尤應自知自行；（二）應犧牲小我，完成大我，注重國家民族之利益，放大眼光，為事業努力；（三）大學教育不僅是專門技術之傳授，而應以培植學生，明是非、善分析、能決斷，以使智慧為發達思想之工具，詞畢由學生代表贈送胡校長

〔註 1785〕 苗青、韓宇、李敏著「三十年前東方學術界一顆閃亮巨星的隕落——胡昭靜女士訪談錄」。胡啟鵬主編《撫今追昔話春秋——胡先驌的學術人生》，北京燕山出版社，2011 年 4 月版，第 388 頁。

〔註 1786〕 梁洪生主編《杏嶺春秋——〈江西民國日報〉有關國立中正大學的報導全匯（1938～1949）》，2010 年 12 月內部印刷。中華民國三十三年五月三日週三第三版。

錦旗一面，散會後並攝影留念。〔註 1787〕

5 月，胡先驌推崇蕭蘧校長的學術水平及其在經濟學界的聲譽。

校長主持中正大學三年餘，受到師生真誠愛戴。每逢星期一紀念周時，一般會邀請校外專家、學者作專題學術報告。報告結束後、校長即席致謝，且針對專題再予概括發言，這種發言往往比原報告更為精闢，引起學生更熱烈的掌聲。如果大家得知某紀念周是由胡校長親自作報告，到會人數則更多，會場更肅靜。校長每次報告都提出許多需要去探索、去研究的問題，使同學們受到很大啟迪與開導。

校長襟懷坦蕩，剛正不阿。1936 年蔣介石曾邀請學術界著名人士晤面。胡校長直言提出：權貴人士在國內來往，應禁止迎送，俾將節省下來的錢用於發展科學和教育事業。當時江西省主席熊式輝自辦一所天翼中學。1941 年，熊向校長提出，該校高中畢業生可免試進入中正大學。校長婉言拒絕。60 年代初，在一次全國人大代表大會討論會的發言中，胡校長批評中國科學院有些人只想做官，不願搞科研。還不時回頭問郭沫若先生：「郭老，你看我的意見對不對？」郭沫若不住點頭。

1944 年，當學生得知胡校長辭職，蕭蘧校長繼任時，出於對胡校長的敬愛，自動發起「留胡拒蕭」簽名活動。胡校長得知後，立即召集全體學生訓話，反覆推崇蕭蘧校長的學術水平及其在經濟學界的聲譽，痛斥學生無知。一場風波，遂告平息。〔註 1788〕

5 月 15 日，回顧胡先驌四年辦學的經歷。

對於蕭代胡消息，該校校報簡短回顧了此事前後經過：「本校校長胡先生，自主持本校以來，迄將四載，慘淡經營，規模備具，近來身體屢弱，迭經電部辭職，業已獲准。三月廿一日部令簡派蕭蘧先生代理本校校長。茲悉蕭校長業於五月二日上午八時到校接印視

〔註 1787〕 梁洪生主編《杏嶺春秋——〈江西民國日報〉有關國立中正大學的報導全匯（1938～1949）》，2010 年 12 月內部印刷。中華民國三十三年五月四日週四第三版。
〔註 1788〕 簡根源著《憶胡校長二三事》。胡啟鵬主編《撫今追昔話春秋——胡先驌學術人生》，北京燕山出版社，2011 年 4 月版，第 307 頁。

事，聞對今後校務之推進，現正悉心擘劃中」。〔註1789〕

5月25日，顯微學社編印二烈士紀念集。

　　另一方面，顯微學社為表彰忠烈，發起編印二烈士紀念集運動，懇請各界賜稿。〔註1790〕

5月27日，省政府發出全省中等以上學校搬遷動員。

　　江西省政府以時局關係，向全省中等以上學校發出準備疏散命令。〔註1791〕

5月，《戰後世界政治經濟之動向》文章在《國立中正大學校刊》雜誌（第4卷第9期）發表。摘錄如下：

（一）

　　在未談戰後世界政治經濟之動向以前，先應知道第一次世界大戰是為了什麼？第一次世界大戰主因在那裏？第二次世界大戰主因又在那裏？為什麼經過第一次殘酷的世界大戰，還不能將一切國際糾紛加以解決，以致再有第二次殘酷的世界大戰發生？

　　第一次世界大戰的動機，是因為國際間形成了兩種對立的國家──一部分國家要打破現狀，一部分國家要維持現狀，這種矛盾形勢之醞釀，實遠起源於法國大革命。法國的大革命是反抗貴族政治，封建政治。……此種情勢，一直維持到十九世紀之末。

　　在十九世紀末葉，德意志興起，其工業之發達，一日千里，因而又變成一個高度資本主義的國家。……英德間這種矛盾衝突的結

〔註1789〕《新任校長蕭蘧先生已到校視事》，《國立中正大學校刊（第四卷第十五期）》（1944年5月15日），江西省檔案館藏，檔號：J037-1-00713-0193，第9、10頁。高志軍著《政治與教育的互動：國立中正大學研究》，2021年12月華中師範大學博士學位論文，第208頁。

〔註1790〕《顯傲〔微〕學社關於請予捐助的函》（1944年5月25日），《江西省政府省建設廳各類電報》（1940年至1944年），江西省檔案館藏，全總號：J021，目錄號1，案卷號00458，第565頁。高志軍著《政治與教育的互動：國立中正大學研究》，2021年12月華中師範大學博士學位論文，第101頁。

〔註1791〕《函請撥送民船三十艘由》（1944年6月23日），江西省檔案館藏，檔號：J023-1-00914-0037。高志軍著《政治與教育的互動：國立中正大學研究》，2021年12月華中師範大學博士學位論文，第236頁。

果，爆發了第一次世界大戰。……

威爾遜可稱為一位偉大的思想家，他所提出的「戰後和平十四原則」為舉世人士所讚佩。……

第一次大戰以後，不惟英法美三大資本主義國家之間矛盾具在，而由巴黎和會所新產生的許多小資本主義國家間，尤矛盾重重。……

第二次世界大戰想打破現狀的大國家有四個，即德國、意大利、日本與蘇聯（我們不要看到蘇聯加入盟國，便忽略他要打破現狀的特質）這種要打破現狀的國家，有三個共同要點：第一，同否認資本主義式的民主政治；第二，同否認國家的絕對主權；第三，同否認私有財產之神聖不可侵犯。……

（二）

明白了上面發展的情勢，我們便可進一步來討論戰後世界政治經濟發展的趨向。

上面所說要打破現狀的國家所倡導的反民主，反主權，反私有財產的思想，非絕對沒有理由。……所以，民族自決，不一定合乎理想，故此次戰爭後，人們定會明白，不要把民族國家看得太認真，而應打破國界，消除各民族間的歧視心理。……

在這次戰爭中，第一種思想，便是將世界組成一大聯邦。……

第一次國際聯盟之所以失敗，就是因為它的組織太鬆懈，太重視民族國家的主權，會議時不採多數表決制而採用全體通過制；只有道義制裁而無武力制裁。……

在世界聯邦之下，或者還須有一種較小的組織，換句話說，就是在世界大聯邦之下，按地域再分為若干小聯邦。這種小聯邦，有人主張應分劃為十一個：

（1）南北美洲聯邦；

（2）蘇俄聯邦；

（3）中國聯邦（包括朝鮮）；

（4）日本聯邦——剪除它原有殖民地與委託代管地；

（5）印度聯邦——暫時由英國保護；

（6）馬來聯邦——包括緬甸安南泰國與南洋群島；

（7）大英帝國聯邦——包括其海外殖民地；

（8）東歐聯邦——蘇聯歐洲領土除外，其他斯拉夫民族諸小國以及希臘羅馬尼亞等小國均加入；

（9）北歐聯邦——包括德國、荷蘭，挪威，瑞典及丹麥等國；

（10）南歐聯邦——包括比利時、法國、意大利、葡萄牙、西班牙等國；

（11）中東聯邦——包括土耳其、埃及、伊蘭、亞拉伯等國；

在這將全世界劃分十一個聯邦的局勢下，武力並非完全裁去，也非任各國任意保留，而是將舉世所有國家，分成等級。分配維持世界和平所需要的兵額。最強者如英美，規定占多少；次強者如中法，又各占多少，再次各小國，合共又占多少。

不過，這種聯邦劃分制，只是一種理想，能否實現，尚是問題，我們隨便提出幾個問題，來討論一下，便知道理想與事實的距離，是怎樣一個情形。

東歐聯邦，由於民族的過分複雜，故其組織基礎甚難穩固。……
北歐聯邦可算是最容易而又最合理想的組織。……

在亞洲，印度是一個最難解決的問題，而我們也不要認為英國准許印度獨立，印度問題就解決了。……此等小國因在英人統治下才能固保其權力，故一向效忠英國，反對印度獨立，也是印度的光明前途一個大障礙。

馬來聯邦是世界文化最低的一個區域，它是否有自治的能力，實屬一個疑問，在馬來聯邦中，文化程度算菲律賓為最高，然菲律賓人雖繫馬來種，文化則已全被西班牙文化所薰陶，故謂其與馬來人同種，毋寧謂其與南美洲民族相近。

我國人曾有一度懷疑英美或將與日本中途妥協，以留日制蘇，或留日制華。……

在此次戰爭以前，美國一向採取孤立政策，不去過問國際事情，故世界的領導權操在英國，但此次戰爭以來，這種領導權將由英國移轉美國。……所以英國不但不會與美國來爭領導權，反而惟恐美國不出來領導。

英國的情形與荷蘭相同，本土狹小，屬地遍散海外，易生解體之危險。……

（三）

以上是未來政治的趨勢，以下再討論到今後經濟的發展。

戰後資本主義無疑的要遭毀滅；蓋資本主義之所以生存，完全建築在殖民地的基礎上。……戰後世界的經濟，無論是共產主義、民主主義、三民主義、甚至於法西斯主義，都一定會殊途同歸，改變成一種共同形勢——社會主義經濟。因此，我們可以說，十八世紀是政治革命，二十世紀是經濟革命；這次戰爭，實是世界經濟發展的必然的趨勢。

英美在戰後，政治方面雖依舊採民主制，經濟方面則非實施統制經濟不可。……此種制度，英國政府已逐漸採用，我們三民主義的最高目的，也就是要達到這一步。

美國現在的所得稅，政府收得非常重。……所以，美國也要成為一個社會主義的國家。

蘇聯雖是一個共產主義的國家，但因世界各國都走到社會主義的途徑，使他不能不放棄世界革命。……

（四）

由於美國得天獨厚，故在上次大戰中，美國變成了民主國家的兵工廠。……美國所要求各國的只有一點，就是各國再不要建築關稅壁壘。

三國會議的結果，蘇聯之所以肯放棄大斯拉夫主義者，就是蘇聯要救濟人民的飢餓。……

在這次戰爭裏，歐亞參戰各國的製造機器的機器，恐怕要破壞百分之五十，而美國因為成為民主國家兵工廠的原故，此種機器不知已添了多少，此次戰後，美國必須要以此項戰時增多之機器，運送英國、中國及歐洲，以重建世界各國的工業，以解決戰後世界經濟之矛盾。

此次世界糧食會議所訂定的共同營養標準很高，這標準規定每人每日應食牛肉、牛乳、麵包、蔬菜、果品等營養品，其熱量應達二千卡路里。……

鄒秉文先生這次參加世界糧食會議，他來信說，中國農業前途在戰後非常樂觀，世界的農業生產品不夠甚遠，絲、茶葉、桐油……等皆賴中國供給，故中國的農業應努力促使發展，農業人才更應積極培

養。有人說你不要以為某項物資有剩餘而不去生產，相反，你尚應儘量去生產，蓋現代的經濟已達世界經濟的時代，全世界有無相共，即使某項產品有剩餘，亦可由國際組織運達世界各地，供給人類享受。

自從荷印淪陷以後，美國對於各項物資皆力求自給。……因此，戰後非以世界經濟之眼光，組織全世界經濟之統制機關，將生產與分配加以統制不可。

中國的法幣，因為大量發行的結果，本是一個嚴重的問題，但不至於破產，美國不會讓我們破產。美國曾建議組織一國際銀行發行一種國際貨幣以調整國際金融，英國也有類似的計劃，但使貨幣貶值太厲害之國家，得由世界銀行予以救濟。

總之，戰後世界之政治經濟為一元政治經濟，各個國家之富強康樂只有程度上之差異。在太平洋方面必能因產業開發，人民生活水準提高而得到高度繁榮，過去那種殖民地榨取政策必須廢止。荷蘭女王曾發表言論，稱殖民政策已經落伍，今後之政策，非培植文化較低國家之政治經濟使得臻於自立之境不可。即此趨向的明證。

中國前途很樂觀。因為美國人知道，要太平洋能夠安定，非中國強大不可。蓋中國民族素為愛好和平之民族，信奉三民主義，以忠孝仁愛信義和平為其德性，決非侵略的民族。因此，為維持世界和平故，非使中國成為重要之柱石不可。

中國的不平等條約已經取消，戰後各國間必能調協互助，不再傾軋，則中國在南洋群島之僑民，自當享受平等待遇。憑中國人吃苦耐勞的天然優越條件，南洋是其發展企業的場所，任它組織什麼國家，或成立馬來聯邦，我們在南洋總是可以用和平自由之方式加以開發的。

中國與中南半島間，已有滇緬滇越兩路，將來滇泰路也必要築成（安南有地名老撾又名南掌原為中國所有，被法國占去，若能收回，則中國與泰國即直接接壤。）有此三路，則中國與中南半島之交通非常便利，文化亦自然交流。

日本民族有其優點，中日親善在理論上是應該的。我也贊成中日應該親善，惟其時間必在打敗日本之後。美國有人主張，在戰事結束後，日本之形勢要地，由英美派兵駐守，駐守期間不能少於六

年，以便改造其政府，改造其人民思想，統制其國民教育，使其國
內之窮兵黷武者，知道武力侵略之非法，幡然改圖，誠心悅服，在
中美英蘇領導之下，加入世界聯邦，則東亞與世界的和平與繁榮更
可以保證了。〔註1792〕

6月6日，中正大學為搬遷而提早考試。

　　因時局緊張，中正大學就省府敦勸疏散，提前結束學期期考及
畢業考作出討論。會議決定，原計劃7月17日舉行的考試，提前至
6月15日舉行。這次會議還提出臨時動議一條，擬推選委員5人成
立疏散委員會，統籌疏散事宜。〔註1793〕

6月23日，中正大學致江西省驛運管理處信函。

　　因湘北時局日趨緊張，中正大學已有打算將重要公物及教職員
家屬遷贛縣打算。而此時船隻已由江西省驛運管理處統制。為此，
該校致函該處請撥民船以為疏散之用。〔註1794〕

6月26日，中正大學執行遷贛縣。

　　中正大學第40次校務會就教育部電令必要時遷移贛縣決定予
以討論。會議決定，時局嚴重，應即行遵部令遷移贛縣（全體通過）。
另外，因疏散事務日益繁重，這次會議還決定增加疏散委員會委員至
15人決定。〔註1795〕「月餘寇氛稍殺」，仍在杏嶺繼續辦學。〔註1796〕

〔註1792〕張大為、胡德熙、胡德焜合編《胡先驌文存》（上卷），江西高校出版社，1995
　　　　　年8月版，第388～398頁。
〔註1793〕《國立中正大學校務會議第三十九次會議議事錄》（1944年6月6日），江
　　　　　西省檔案館藏，檔號：J037-1-00564-0014。高志軍著《政治與教育的互動：
　　　　　國立中正大學研究》，2021年12月華中師範大學博士學位論文，第236頁。
〔註1794〕《函請撥送民船三十艘由》（1944年6月23日），江西省檔案館藏，檔號：
　　　　　J023-1-00914-0037。高志軍著《政治與教育的互動：國立中正大學研究》，
　　　　　2021年12月華中師範大學博士學位論文，第236頁。
〔註1795〕《國立中正大學校務會議第四十次會議議事錄》（1944年6月26日），江西
　　　　　省檔案館藏，檔號：J037-1-00564-0018。
〔註1796〕教育部教育年鑑編纂委員會編纂：《第二次中國教育年鑑·第五編高等教育
　　　　　第二章公私立大學概況》，上海：商務印書館，1948年，第128頁。高志軍
　　　　　著《政治與教育的互動：國立中正大學研究》，2021年12月華中師範大學
　　　　　博士學位論文，第236頁。

1944 年 6 月江西泰和杏嶺，國立中正大學土木工程系 1940 級畢業紀念，
前排左 2 蔡方蔭、3 蕭蓮、4 胡先驌

6月，中正大學準備第二次搬遷。

　　第二次遷移是 1944 年 6 月，「湘北寇熾，省府敦勸疏散」。教育
部遂墊借 1944 年 8～12 月學生膳費 15 萬元，並指示中正大學，贛
縣分校遷移事宜與蔣經國洽商。〔註1797〕

6月，中正大學計劃再次搬遷贛南。

　　中正大學準備第二次遷校。茶陵、攸縣相繼陷敵，吉安、泰和
震動。學校遂決定於 6 月提前結束，一面將圖書儀器運存贛縣分校，
一面仍堅守泰和杏嶺絃歌不輟，辦理 1944 學年度招生事宜，靜觀局
勢變化。〔註1798〕

7月12日，中央銀行電匯中正大學 150 萬元。

　　7 月 12 日，中央銀行電匯中正大學應變費 150 萬元。〔註1799〕

〔註1797〕《密》（1944 年 6 月 16 日），《中正大學現金出納表領款收據經費累計表等
　　　　各類會計表文書》（194205～194504），中國第二歷史檔案館藏，全宗號五，
　　　　案卷號 3763（1），第 109 頁。高志軍著《政治與教育的互動：國立中正大
　　　　學研究》，2021 年 12 月華中師範大學博士學位論文，第 125 頁。
〔註1798〕教育部教育年鑒編纂委員會編纂：《第二次中國教育年鑒·第五編高等教育
　　　　第二章公私立大學概況》，上海：商務印書館，1948 年，第 128 頁。高志軍
　　　　著《政治與教育的互動：國立中正大學研究》，2021 年 12 月華中師範大學
　　　　博士學位論文，第 236 頁。
〔註1799〕《電口應變費學術研究補助費二項匯發日期》（1944 年 7 月 12 日），《中正
　　　　大學現金出納表領款收據經費累計表等各類會計表文書》（194205～
　　　　194504），中國第二歷史檔案館藏，全宗號五，案卷號 3763（1），第 114 頁。

此外，教育部還電請江西省政府主席曹浩森必要時墊發遷移費，共計墊 360 萬元。後因時局漸趨舒緩，1944 年遷校事宜未能付諸實施。〔註1800〕

7月，胡先驌為《國立中正大學第一屆畢業同學紀念冊》作序。

總裁蔣公每謂：「教育、經濟、武力，為構成現代國家生命力之要素。」嘗慨然於吾國教育與政治完全脫節，不能實現三民主義之新教育制度；並擬試辦一理想大學，以為徹底改革大學教育，培植建國基本人才之實驗。前江西省主席熊公式輝有感於此，乃商呈總裁，得其允許，於二十九年十月創設國立中正大學於江西省泰和縣之杏嶺村；先驌奉命主持斯校。第一年設文法、工、農三學院，政治經濟、社會教育、土木、機電、化工、農藝、森林、畜牧、獸醫凡九系，招收一年級學生三百三十七名。開學之日，蔣公頒賜訓詞，指明：「本校所研究之道，必為救世三民主義之達道；所授與諸生之學業，必為擔當革命建國基層事業之實際知能；而所以解謎破惑，昭然示諸生以為學作人之途徑者，則在使諸生認識生命之意義，生活之目的，與現代國民之責任。」又云：「中正對於教育之主張為文武合一與術德兼修。所謂文武合一，即恢復古代以六藝為教之主旨，俾吾在學青年之精神體魄、生活習慣，均無愧一戰鬥軍人之標準；所謂術德兼修者，即謂教育之功用，不僅在傳習知能，而當以造就人格為基本。」本校師生凜然於所負責任之重大，四年以來，兢兢業業，一方面闡揚三民主義之真諦，一方面授受專門課業及實務中必須之知識。雖以本校設戰時戰地，儀器圖書均甚缺乏，然經師生之努力奮鬥，而學業尚能有成。今第一屆三院九系學生畢業者，計二百九十餘人外；行政管理專修科畢業者，計三十一人，實將各出所學為國家社會服務。驌為本校經始之人，丁茲盛事，胸中不免喜懼交並。喜者以四年辦學之辛勤，至今已收其效果；懼者以創辦斯校之目的，是否能達成其十一。諸生屆茲畢業之期，諒亦同具喜懼

〔註1800〕《中正大學歲出概算書由江西寧都遷至南昌修建經費概算等文書》（194208～194505），中國第二歷史檔案館藏，全宗號五，案卷號 3763（3），第 128 頁。高志軍著《政治與教育的互動：國立中正大學研究》，2021 年 12 月華中師範大學博士學位論文，第 125 頁。

之感焉！現在我國抗戰與歐洲戰事，均將結束，勝利在望，諸生不日即將在我國建國大業中，擔負基層事業之重任，務須各秉其素日之修持，以其專門技能，躬行實踐，積銖累寸，完成其各崗位之任務，庶在中國之復興大業中，人人咸能貢獻其綿薄，則上足以副總裁之期望，亦不負熊前主席擘畫斯校之苦心，則先驌亦與有榮焉。〔註1801〕

8月10日，復興民族的精神堡壘國立中正大學——光永。

金風送暑，各校皆紛紛舉行秋季招生，徘徊在大學門外的學子，對各校情況□常有□瞎子捫鑰□之感，為便利考生計，特分期介紹東南各大學，著重其校史，校風，各院系優點，環境及費用諸點，以為青年朋友報考時之參考。——編者

靜靜的琴江，流經著綠野平疇的寧都長勝，在郊外四周覆蔭如蓋弱柳垂髫的枝拖中，卻矗立著崛起在東南的復興民族的精神堡壘——江西的最高學府國立中正大學，她是最近由泰和遷到這兒，重新奠立學府的基礎，在那裏我們可聽到不斷的弦歌。和看到成千孜孜不倦的莘莘學子。

六年前的秋季——十月三十一日——那可紀念的一天，熊式輝先生秉承著總裁的指示，而創設本校，為著紀念總裁的豐功偉績，就敬奉領袖之名而名之，她自創辦之始，就負著一種特殊的使命，那就是總裁在頒賜的講演中指示的：「中正大學的任務，在研究國民革命的進程，和闡揚三民主義的真諦」，所以正大就標榜著「文武合一，術德兼修」的作風，現在也始終進行朝著這訓練的目標展進，故他們是「文治兼育著武事，學術配合著政治」，這是正大一個重要的特點。

正大的校務，最初是由胡先驌博士主持，經過他四平殷殷的灌溉和努力，把這做新生的幼兒從襁褓中漸漸地成大起來，由三院九系擴充到三院十一系和四個專修科，正大均為國家作育之人材，為民族培養著鬥士，把最初僅三百人的學校增至擁有兩千學子的偉大學府，誠使人不勝有滸歟盛哉的感覺，現在，胡前校長倦勤引退在現任校長蕭蘧先生領導之下，更是朝著宏偉的大道前進。

〔註1801〕 胡宗剛著〈胡先驌序《國立中正大學第一屆畢業同學紀念冊》〉，公眾號註冊名稱「近世植物學史」，2023 年 05 月 22 日。

但，正大畢竟是朵新生的蓓蕾，雖有著六年的校史，和已□有剛班的畢業，卻談不上有著傳統的作風，一切都是新的，一切都在創造，所以，她也又有著光明的前途和可樂觀的展望，她現在雖然促在一個小的市鎮，可是她永久的校址，卻經總裁特定在廬山，只要抗戰一結束，就可立即遷到那□所明媚的避暑勝地，去發揮□□偉大的學術□□，□□美麗的遠景，我們不難憧憬得到的。

關於正大的各院系的概況和特點，這裡筆者向社會作個簡短的報導：文法學院包含著文史、社教、政治、經濟四個學系院長是由蕭校長兼任這院富有著活潑的動□□氣和蓬勃的進取精神在本校中是人數最多人材最多的一個，尤以政治，經濟等系，往往配合著實際成為歷屆投考學子逐鹿的中心，但限於名額，每□人有「父子之門牆□仞，不得其門而入」之□，工學院擁有機電、土木和化工三系，以前由著名的結構學權威蔡方蔭氏主持，現在蔡氏為著專心落□，辭去行政職務，而改由潘慎明先生繼任，各系的主任，如俞□梅、吳詩銘，劉幹才等先生都是在工程界負有盛名的學者，在他們領導之下，本院的作風是孜孜的研究，和苦讀的精神。他們很少參加各種課外活動，不求聞□□□□□在實驗室和圖書館中，一把計算尺，一盒儀器，這是他們的隨身法寶，即使設備是□□些，也可以努力把它的缺點彌補，正大的第三個學院是農學院，她擁有全國知名的教授陣容，和一所廣大的實驗農場，本院享受著社會中各種的聲譽，和保有光榮的成果，裏面有農藝、森林、生物和畜牧獸醫學系，都是應著國家、社會最迫切的需要而設立，本院的主持人是周拾祿先生，教授裏更多全國聞名之士，當然這是由於胡前校長是世界聞名的生物學家，極易於羅致些，本院的同學都□地的到田地去！到森林中去，到實驗室中去！到牧場中去！有時在路上碰到一群挑糞桶的農夫，使你驚訝的那就是一群未來的農學士，此外，本院還設有稅務，師範，行政管理和土木四個專修科，可惜，因為現在對社會的供給量已達到飽和，今年就一律停止招生了。

一般說來，正大的圖書儀器，比較前成立的各大學都要來得貧乏，可是，值得慶幸的是這次泰和疏散中所受的損失，卻是很小，就現有的而言，也勉可「強差人意」了，何況，勝利就在目前，馬

上就可得到充裕的來源和大量的充實,以她的地位和使命看來,終究是會後來居上的。

最後談到正大的校風,社會上有部分人士也許認為有點過於活躍,其實這只是少數同學外在的表現,大部分人對於功課,一點也不放鬆,「讀書時讀書,遊戲時遊戲」,這可說明正大同學求學時的情況,他們的課餘生活,都是緊張嚴肅,勤儉樸毅,靠貸金求學的占全校百分之七十以上,而半工半讀的更不在少數,當然其中也少不了揮金如土的闊少爺,來與窮學生做個對比,所以假如有人要問正大一學年的費用要多少,我可以答覆他們「由每年揮金十數萬至僅僅支付必要費用的數千金都可以」(以目下的物價指數而言)要用多少,就得看個人的家庭環境而定了,現在的膳費是每月連米一千八百元,八人一桌,菜是一品鍋式,份量多可以吃得飽,貸金同學,只要添補幾百元就夠了。

正大的考試,向來是認真,平時的期考,只要有修的學分二分之一不及格就得退學而對學生的入學考試,尤其是嚴格,這是使每年的考生最感頭痛的一項,不知有多少被摒於宮牆之外哩!現在,正大又打開了那嚴格的學府大門,來與許多青年相見,分為長勝本校,上饒贛縣三處招考新生,廿五日至八日報名,九月一日和二日兩日考試,她對考試是大公無私,有教無類,只要是真正優秀學子的必會從千百個青年當中選擇出來,給他們以深造的機會!〔註1802〕

8月,胡先驌前往泰和胡氏總祠三都本源堂參加祭祖活動並演講。

8月,《科學研究與中國新農業之展望》文章在《國立中正大學校刊》(第4卷第15期)發表。本文係作者在中正大學農學會的演講,蕭理綺記錄。摘錄如下:

去年六月在美國開了一個聯合國的糧食會議,確定了人類應有之最低營養標準。就此標準而言,我們中國人在肉類的消耗上恐僅及其五分之一,至於牛奶,更因吾人從無食奶之習慣,恐怕僅有其標準之百分之一。

〔註1802〕梁洪生主編《杏嶺春秋──〈江西民國日報〉有關國立中正大學的報導全匯(1938~1949)》,2010年12月內部印刷。中華民國三十四年八月十日週五第四版。

……

　　由上舉的各種事實看來，在中國將來的農業決不可再墨守成規，而應當特別注意者有三事：

　　（一）中國地大物博，應如何設法利用今日尚未利用的動植物富源。

　　（二）研究中國的自然環境，如何輸入及利用外國的經濟植物。

　　（三）如何利用科學方法以創造新的農產品種。

　　以上數點，茲略論之如後：

　　（一）利用中國原有之天然物產。如用桃金娘釀酒事業，在戰後必須使其能繼續維持下去，並且須要發揚光大，使之成為一偉大事業，如桂粵以及湘贛南部之山坡荒地，均可開闢大量栽培桃金娘。又如靜生生物調查所王啟無先生在滇桂交界處發現一種很有經濟價值之胡氏核桃（Huocarya）（注：胡氏核桃之命名，乃鄭萬鈞博士用以紀念胡先驌博士者），為很大喬木，果大如胡桃，可在華南石灰岩區栽培，如加以研究，也許由胡氏核桃可在中國南部建立一新的堅果業。如嫌其樹過高，則用山核桃（Carya cathayensis）或四川野胡桃（Juglans cathayana）為砧木即可得到矮性而結果多之胡氏核桃。關於此類實例甚多，可知將來之農業尚有很多新途徑有待於吾人去開闢也。在農產製造上有一可為之事，即製罐業。……關於此點，世界糧食會議亦主張中國應儘量發展農業及農產加工業。在水產方面亦大有可為，如溫州產一種小墨魚，其味極美，而他處皆不知之，甚至不至瑞安、永嘉一帶，連其名亦不得而聞。反之，日本對於利用水產卻非常注意，如日本此次入侵中國後，即在華北各地市場銷售許多從不輸入中國而為中國沿海均有之海產。……裨益國計民生，良非淺鮮，個人利市百倍，猶其餘事也。

　　（二）在中國建立新的農產品，即外國之可在中國生長之農作物均應輸入栽培以增加吾人之享受，如陳煥鏞先生能在廣州將檬果栽培成功，即其一例。蓋檬果乃熱帶植物，在廣州栽種則嫌溫度不夠，陳氏乃在與廣州溫度相差不遠之錫蘭島半山輸入一種檬果，在廣州栽植遂獲成功，且其味較普通檬果尤佳。

　　現在中國研究農業者，甚少從事中國等溫線與等雨線之研究，

或比照外國之等溫線與等雨線以探討外國哪些植物可在中國哪些地方生長，這項工作實非常重要。如我國皖浙一帶所產之山核桃不甚有名，而美國南部卻有一種山核桃（Carya pecan），名為皮甘，其味尤勝於胡桃。此種在我國贛、湘、鄂、桂各省應皆適於栽培，如加以研究，將來即可正式輸入繁殖而成為我國之名產。……

在食用作物方面，如黑麥為很好糧食，滋味及營養均佳，而在中國竟無人去種，此點實不妨研究一下。……還有如俄國從安第斯山所找得之耐寒馬鈴薯品種，是否可在西康一帶繁殖，亦不妨一試也。

（三）要創造新品種，即利用植物育種（Plant Breeding）之方法以產生新品種。可是毋忘吾人已到了劃時代的時候，不可再走舊路。如今日已經開始利用秋水仙素（Coichicine）溶液浸種，由此而可以產生多倍染色體之突變（Polyploid mutants）即能獲得新的變種。其原理即秋水仙素能刺激細胞中之染色體分裂而細胞自身則不分裂，因此染色體即可由兩倍（diploid）而變成多倍（Polyploid）。利用此法可使植物生長強盛，產量增加，如以之培育樹種，將大量增加林產，將來或須用此法以解決煤炭荒也。今日西南聯大及四川大學已在做此項工作，但我們應廣加研究，如蔬菜、花卉、果樹等都可藉此法以產生新種。今日又有藉宇宙線放射以產生新品種的方法。……

在這次戰爭中，另有一新發明，即為將農產品中之水分用法提出以減少運輸量，迨到達目的地後將加水進去而能恢復原狀，如運輸時間不長，其色香味均不至有大改變。其方法或係為利用真空揮發器在低溫下以使水分蒸發，此種方法在將來的農產製造上實有很大的價值。

予今日所言者，不過為播點種子，希望由此麗引起大家之好奇心與興趣，並啟發各位，明瞭新農業應該如何發展，而不再一味陳陳相因，墨守成法，種種農業上之問題，在將來都有好多創造與發明的可能。過去之中國留學生，在外國學了某一套學問技術，回國後則終生總是弄此一套，絕不敢越雷池一步；天天高唱育種，而實際收效甚鮮，此可謂之正統派。此輩正統派人士予實不敢十分贊同，但願在場之數百人中有十個八個於將來有一番劃時代之作為與成

就，即不負予今日之一席話矣。〔註1803〕

8月，胡先驌被邀請赴泰和三都圩胡本源堂參加祭祠儀式。

我和校長同宗，1944年8月，泰和三都圩胡本源堂舉行大規模的祭祠儀式，胡家前輩用車馬將先驌校長父子從縣城接來祭祖。我記得，當天有胡家父老兄弟數百人前去車站歡迎，祠堂前面貼了大紅標語：「歡迎國際學者胡先驌博士來胡本源堂祭祖！」在隆重莊嚴的會堂上；校長作了演說，他著重講了《生命之意義》，受到同宗父老的真誠敬重！十多天，我陪同校長朝夕相聚，校長生活很有規律，比如午睡只睡40分鐘，那時前方在浴血抗戰，國內國際形勢變化多端，校長侃談祖國的前途，人類的未來，青年人的責任，我受益極深。離別時我們合影留念，校長的大兒子（我的師兄）和我們始終在一起。〔註1804〕

8月，國立中正大學又開辦兩年制土木工程專修科。各院系一年級新生和師範生均在龍嶺分校就讀，本科生在上二年級時返杏嶺本部上課。

9月7日7時，原「中山艦」首任艦長、海軍中將歐陽琳，因腳疾醫治無效於泰和松山姚村8號寓中逝世，終年58歲。

秋季，中正大學學生達1608人。

秋季學期，在泰和本部有學生1105，贛縣分校303人，共計1408人。另奉教育部電令新招農藝學系學生49人，土木專修科新生40人，還有江西省教育廳原保送其他大學，因戰爭造成交通阻塞旋又保送該校者，共約120人。這些學生一旦入學，則該校人數規模本部可達1255人，贛縣分校353人，共計1608人。〔註1805〕

10月12日，江西吉安《大眾日報》載：胡先驌昨在青年館作學術講演，題為「生命的意義」。

〔註1803〕 張大為、胡德熙、胡德焜合編《胡先驌文存》（下卷），中正大學校友會出版發行，1996年5月，第330～335頁。

〔註1804〕 胡希直著《永遠懷念胡先驌校長》。胡啟鵬主編《撫今追昔話春秋——胡先驌學術人生》，北京燕山出版社，2011年4月版，第459頁。

〔註1805〕 《國立中正大學關於民國三十三年第一學期學生名冊》（1944年），江西省檔案館藏，檔號：J037-1-00185-0154。高志軍著《政治與教育的互動：國立中正大學研究》，2021年12月華中師範大學博士學位論文，第123頁。

（青年社訊）三民主義青年團江西支團部於昨日上午十時，在泰和青年館敦請胡先驌先生作學術講演，題為「生命之意義」。雖天雨不止，各界聽講青年仍極勇躍，胡氏義詞，本於純科學之立場，以闡明生命之意義及生命之目的，茲將講詞略志如下：首謂宇宙間無所謂物質與精神之異殊，歸莫基始，僅為各種元素之結合，以舉元素活的所生之「能力」而已。次述生物演進，先有單細胞及多細胞植物，再進而植動並存之性由，後植動逐分別進化，由低級向高級，由單純而趨複雜，再釋「生命」為「能授受他類物榮化自己，並加分殖，口部分成為一生命體。「生命意義」含有互助合作，自我犧牲，生機代謝之作用，故人類攜化歷史文化能創造，乘講授舉生存之於歷史，特殊生活於也世界上，先人社會，完成了我，後代子孫，須我下禮，復有關注間來之意義，總之，「我們要償清先人歷史之債務，負起子孫生命之綿延」，生命意義盡獲屬此。

（陳露先生提供）

10月14日，中國植物學會昆明分會會員在昆明舉行活動。

論文提要（僅錄作者和題名）

丁振麟：野生大豆與栽培大豆之遺傳研究

孫兆年：天南星之形態及苗之發達有重營養葉與鱗葉之關係

孫兆年：魔芋之形態及其營養葉與鱗葉之發達

孫兆年：竹之發達及其營養葉與鱗葉及莖之節間之測量

孫兆年：蘇枋素在生物組織製片之染色效應之研究

張景鉞：倪藤之新型原胚

徐永椿：雲南之氣候與森林

張英伯：雲南木材研究三——建築木材之力學性質

張英伯：雲南木材研究四——中部主要木材之鑒定

張英伯：施來登木之解剖研究

陳封懷：中國及喜馬拉雅人參屬植物之研究

陳封懷：中國西部飛燕草屬之研究

胡先驌、鄭萬鈞：中國槭樹之研究

鄭萬鈞：雲南冷杉之研究

薛應龍：植物激感現象之研究：含羞草靈敏度在一日間之突變

劉金旭：染料促成之單性結實

劉金旭、婁成後：花生結實之發展階段

湯佩松、陳紹齡：秋水仙所引致之同質四元體大麥之研究

會議還選舉產生昆明分會職員，即張景鉞為常務理事、周家熾為理事兼書記、湯佩松為理事兼會計、俞德濬為理事、經利彬為理事、齊雅堂為監事。此或可以理解為雲南省植物學會早期學術活動，雖然名之為昆明分會，僅遠在麗江之秦仁昌、馮國楣因路途遙遠而未能與會。〔註1806〕

10月，江西吉安《大眾日報》載：民政廳紀念周敦請胡先驌講演。

（本報訊），本省民政廳昨日國父紀念周，特約前國立中正大學校長胡先驌先生講演：「戰後政治經濟動向」。對於第一次及此次大戰發生原因與今後永久消滅戰爭之政治經濟動向暨本黨革命所創建到的大同目的。內容極為詳盡，歷數小時始畢，全廳職員百數十人，皆肅立靜聽，異常興奮云。（陳露先生提供）

1944 年 12 月 20 日中國西部科學博物館開館典禮、中國科學社
十三週年北培區慶祝會聯合大會攝影

11月4日下午，參加在四川成都舉行中國科學社第24屆年會暨成立三十週年紀念大會社務會議，當選中國科學社理事。

〔註1806〕胡宗剛著《1944 年中國植物學會昆明分會年會紀事》，公眾號註冊名稱「近世植物學史」，2021 年 5 月 21 日。

　　司選委員會委員章元善、胡定安、伍獻文先生來函報告本社理事選舉結果，由曾社員省之代讀如下：

　　謹啟者，同人等受命辦理選舉本社理事事宜，當於本年八月間發出選票約計六百份，截至今日（十月十九日）止，共收到自各地寄回之選票共一百四十二張，即在中央研究院動物研究所開票，結果下列十三人得票最多當選為理事：盧於道（113 票）、顧毓琇（97 票）、王家楫（94 票）、薩本棟（93 票）、茅以升（88 票）、鄒炳文（75 票）、張洪元（74 票）、沈宗翰（73 票）、蔡翹（73 票）、郭任遠（71 票）、王璡（65 票）、歐陽翥（63 票）、李春星（63 票）。

　　原選票已檢交總社備查云云。

　　上列新舉得理事十三人，合原有理事十四人如下：任鴻雋、楊孝述、錢崇澍、竺可楨、葉企孫、周仁秉志、孫洪芬、劉咸、胡剛復、吳有訓、胡先驌、李四光、嚴濟慈。

　　共為理事二十七人，其中總幹事楊孝述（現由盧於道代）為當然理事外，合計理事二十六人（依照新章所定，見討論事項第一條）。

　　以上七項報告，均經全體接受。〔註 1807〕

　　11 月，江西吉安《大眾日報》載：教育廳設置學術審議委會聘胡先驌等為委員。

国立中正大学（宁都长胜圩旧址1944-1945）

國立中正大學寧都長勝圩舊址

〔註 1807〕王良鐳、何品編注中國科學社檔案資料整理與研究《年會記錄》選編，上海科學技術出版社 2020 年 12 月版，第 365 頁。

　　（本報訊）教育廳設置學術審議委會，並聘請胡先驌、蕭遽、胡光廷、王易、胡昌騏、謝唐、歐陽祖經、王宗和、戴良謨、彭旭虎等為委員會。

　　（陳露先生提供）

11月，胡先驌為邵常塏和王嬋運夫妻結婚典禮的證婚人。

　　第三次晤見胡校長是 1944 年在第一屆經濟系校友邵常塏和王嬋運的結婚典禮上，校長應請為證婚人，這是很難得的事！我受新人之託前往促駕，那時校長已卸任，住在上田村附近一幢寬敞高雅的民房裏。我走進胡校長的公館時，他正在專注地看書，我一開口他就明白我的來意，便說：「好的！你先等一下！」說時他匆匆上樓，一會兒就下來。這是一幢老式雕花樓房，校長在下樓穿過客廳時，在放熱水瓶和茶具處倒了一滿杯溫開水一飲而盡，就招呼我說：「咱們走吧！」他招呼我一同坐上自備包車（裝飾稍為講究的人力車）。雖然從容不迫，但行動緊湊迅捷，不由得我不感覺到他那一貫遵守時間的好習慣。

　　隆重而簡單的儀式後，人席時胡校長坐在首席主客位置，我也奉陪在側，還有學校的師生多人。因係喜慶，胡校長一坐定就開始說笑話，有趣的掌故之類，娓娓動人，引得大家不斷發笑。絲毫沒有名流學者的架子，對任何人都一見如故，使人感到親切而毫無拘束。他顯然有一種驚人的吸引力，使你不得不聚精會神地傾聽，他的知識面涉及之廣，無論古今中外、自然科學、社會科學都有新穎見地。那時正是戰爭臨近結束的年代，生活十分艱苦，窮學生們很難吃上魚肉，吃酒席更是幾年難遇的事，但胡校長只顧說話，即不飲酒，也少動筷，而我們因聽得出神，也顧不上吃，而其他各席卻猜拳行令，端上菜來一掃而光，吃得熱鬧的場面正和我們成了鮮明對比！我們只是聽得人迷，忘乎所以，只管品味著字字珠璣，享受著精神美食，吃的滋味在這時反而被淡化了，也許是被遺忘了！收拾杯盤的叮噹聲使校長發覺，說了聲「抱歉」，便起身告辭。我們也不得不緊跟著恭送他到門口。這天我們實際上比平時還吃得少，雖然錯過一次當時難得的大吃大喝的機會，但毫無悔意，反而感到收

穫挺豐富,而且回味無窮。〔註1808〕

胡先驌和兒侄合影

1946 年,在上海升平街,左起,前排胡德焜、胡德輝、胡德燿;
後排胡先驌、胡德裕(先驌三子)

11 月,胡校長為「私立致用會計補習夜校」寫校牌。

　　回憶 1944 年從正大畢業後,我曾在泰和創辦過一所學校,取名「私立致用會計補習夜校」。該校開辦的一切費用,由我個人負責,所以由我任董事長,楊寶瑽任校長,鄧思慈任教導主任(任課教師全是正大校友),學生是在職人員和醫院護士……約 40 人左右。雖然只辦了一期,但得到社會上的好評。當時通過鄒被生同學請胡校長寫校牌一塊,以增高學校的聲譽。胡校長居然欣然同意,大筆一揮,留下珍貴的墨寶。掛出校牌時,泰和街上的老百姓踊躍圍觀。有些人抱著懷疑的態度說:「這塊校牌是中正大學胡校長寫的嗎?」十分驚奇,實難相信。是的,根據胡校長的威望和地位,決不會隨便給一所補習夜校寫校牌的。至今已時隔半個世紀,可惜校牌早已丟失,然而胡校長對我的一片師生情誼,卻終身難忘,永遠銘記在心。〔註1809〕

〔註1808〕 羅良俶著《與胡故校長四次晤談記》。胡啟鵬主編《撫今追昔話春秋──胡先驌學術人生》,北京燕山出版社,2011 年 4 月版,第 276～277 頁。

〔註1809〕 袁連文著《胡校長為我寫校牌》。胡啟鵬主編《撫今追昔話春秋──胡先驌學術人生》,北京燕山出版社,2011 年 4 月版,第 299 頁。

《中華民族之改造》文章

　　11 月，1944 年 11 月～1945 年 10 月初，胡先驌在江西永豐縣避難，抗日戰爭即將結束，勝利曙光在前，思考中國將面臨全面整頓、全面建設問題。寫下《中華民族之改造》一書。

　　　　我避亂到永豐。我因為對當時對政治灰了心，便想寫一部中國改革的方案，書叫《中華民族之改造》，此稿在《龍鳳》月刊上繼續發表，其中《政治之改造》《教育之改造》都印成單行本，一時頗為人所傳誦。《政治之改造》文為《中華民族之改造》第九章。初載於《龍鳳月刊》第三期，第 9～42 頁，1945 年 9 月。1946 年 1 月中國興業出版公司《政治之改造》單行本，文前新增作者短序，正文內容亦有增刪。〔註 1810〕在永豐寫的《中華民族之改造》，一方面是炫耀我的博學，一方面也是替……政府劃策。過去是零星的發表文章，這時是寫一本有系統的著作，我發表我的政見，以求獲得……政府

〔註 1810〕胡先驌著《對於我的舊思想的檢討》，1952 年 8 月 13 日。《胡先驌全集》（初稿）第十五卷人文科學文章，第 629～640 頁。

的採納。〔註 1811〕

12 月，江西吉安《大眾日報》載：胡先驌博士大著《中國之前途》第一章發表。

　　（本報專訊）胡先驌博士自去年辭中大學校長一職後，有感身體衰弱，因而閉戶讀書，不問外事，此次參政員改選，外界人士都希望胡氏出面競選，且咸相信競選必成。黨政名流，並有□□勸駕者，但均為胡氏婉言拒絕。記者昨曾平周村胡氏寓所，當蒙接見，胡氏謂：「自任正大校長三年以來，心力交瘁，故一再向教部懇辭，幸蒙照准。」御職以來，迄今八月，雖身體較前康健，但感許多著作，皆未完成，乘此定閒正可撰述，故對此次競選拒不參加。記者詢以現在正著何書？胡氏答云：「業對中國前途□□，自始即極關懷，故數十年來，無時不在研究中，現在正討論此項心得，俾早問世。余係一生物學家，其看法與一般人嘗有異樣。此書成後，苟能對目前中國政治前途，有所貢獻，余之口也。記者因問讀書何名？寫成多少？答云：書名「中國之前途」。第一章已經成，現福建某刊物正在索稿，甚急！將寄出給第一期《龍鳳》雜誌，而後印許成冊。胡氏風度□極雍容，態度亦□和睦。無怪正大全體學生至當寄懷念曰：「胡校長書生本色，天真可愛也。」

　　（陳露先生提供）

是年，派雲南農林植物研究所鄭萬鈞在雲南大理蒼山採集了一批植物標本。
　　1944 年，撥進教育公產田 30 畝，種菜種花以維持農林植物所生計。〔註 1812〕

　　是年，俞德濬利用國際秋海棠協會調查引種秋海棠種苗費用約 500 元美金在辦公室以南建立了第一代溫室 12 平方米。〔註 1813〕

〔註 1811〕 胡先驌著《對於我的舊思想的再檢討》，1952 年 8 月 18 日。《胡先驌全集》（初稿）第十五卷人文科學文章，第 641～646 頁。

〔註 1812〕 中國科學院昆明植物研究所編委會編《中國科學院昆明植物研究所簡史（1938～2008）》，2008 年 10 月版，第 3 頁。

〔註 1813〕 中國科學院昆明植物研究所編委會編《中國科學院昆明植物研究所簡史（1938～2008）》，2008 年 10 月版，第 3 頁。

是年，顯微學社《姚吳二烈士紀念集徵文》啟。

　　編者按：顯微學社《姚吳二烈士紀念集徵文》啟，王有蘭先生署簽（見前圖片頁）。附姚、吳二烈士事略（即原載校刊的二烈士週年紀念特刊文）。巴怡南輯《顯微紀念冊》保存數份，沒有寫明「民國三十三年」×月×日，因而不知何月發出啟事。至於此後「不見下文」，可能與當年時局動盪有關。

　　蓋聞殺身成仁，明哲所期，崇德報功，懿俗攸尚。姚顯微先生盛年碩學，教授國立中正大學，循循善誘，士子翕服。前歲五月，寇犯贛東，敵騎所至，廬舍丘墟，先生目擊心傷，悲憤無已，爰起而組織戰地服務團，帶（率）學生 40 餘人，赴前方慰勞傷病，救濟孔多，厥功尤偉，不幸於新淦縣之石口遭遇敵人，與學生吳昌達從容殉難，海內知與不知，莫不同聲嗟悼，今屆先生殉國第二週年，同人等議決廣事徵文，編印一集，以揚忠烈而垂久遠，凡海內鴻達，及先生知友，尚乞不吝珠玉，賜以鴻文，文體不拘，要以含有學術性者為限，一俟刊載，當以本書為酬。附上姚吳二烈士事略，並希賜覽。

　　寵賜瑤章請予民國三十三年月日以前惠寄泰和杏嶺國立中正大學巴怡南收。〔註1814〕

國立中正大學戰地服務團紀念

冬，江西泰和受到日寇威脅。

〔註1814〕姚國源執行主編《浩氣壯山河——原國立中正大學抗日戰地服務團紀實》（上冊），江西高校出版社，2010 年 11 月版，第 235～236 頁。

盤踞在贛北日軍沿贛江南竄，威脅泰和。〔註1815〕

編年詩：《感興答簡庵仙貽夢梅兼呈擷華蓮舫》（三首）《掛冠》《瘧發》《僦居》《自友人處夜飲歸途口占》《甲申三百年祭》（二首）《閒步》《九月十八日作》。

胡先驌贈中正大學凌熙華教授書法

中正大學畢業紀念章

〔註1815〕《遷校寧都長勝側記》，聶國柱主編：《國立中正大學》（江西文史資料第五十輯），南昌：江西省政協學習、文史辦公室編，1993年，第117頁。高志軍著《政治與教育的互動：國立中正大學研究》，2021年12月華中師範大學博士學位論文，第236頁。

民國三十四年乙酉（1945） 五十二歲

1月4日，胡先驌致任鴻雋信函。

（電報）張處長納川密轉任叔永兄鑒：

推薦補助金人選，俟刪函到再辦。弟近頗有志改革教育制度，能與朱部長商酌，以部聘教授資格赴美考查教育否？靜生所明年預算能至五十萬元否？

乞電覆。

弟 胡先驌 陷

（1945 年 1 月 4 日）〔註 1816〕

1月5日，任鴻雋致胡先驌信函。

（電報）泰和中正大學蕭校長轉胡步曾兄：

陷電悉。出洋事不易辦到，所務如何進行，最好來渝一商。

弟 任鴻雋 微

（1945 年 1 月 5 日）〔註 1817〕

1月13日，正大同學組織新聞學研究會。

【本報訊】國立中正大學從事新聞事業及有志新聞工作同學，組織新聞學研究會，推選蔡其生為理事長，王霞量，劉真民，熊□傳，邱中靈，□詩鏡，胡宜池，盛行勳，劉延壽，項□由，周文瀚，羅謀昌，□邦榮，曾有年，盧承□等為理事，並敦請胡先驌，任啟珊，余精一，潘慎明，張明善諸教授為常務顧問，聞該會將積極展開工作，指導並協助會員新聞出版事業之發展云。〔註 1818〕

1月14日，胡先驌致任鴻雋信函。

（電報）任叔永兄鑒：

〔註 1816〕 胡宗剛撰《胡先驌先生年譜長編》，江西教育出版社，2008 年 2 月版，第 354 頁。

〔註 1817〕 胡宗剛撰《胡先驌先生年譜長編》，江西教育出版社，2008 年 2 月版，第 354 頁。

〔註 1818〕 梁洪生主編《杏嶺春秋——〈江西民國日報〉有關國立中正大學的報導全匯（1938～1949）》，2010 年 12 月內部印刷。中華民國三十四年一月十三日週六第三版。

靜所明年預算除匯費需 500,000 元，可准否？請電覆。

驌

（1945 年 1 月 14 日）〔註 1819〕

1 月 15 日，任鴻雋致胡先驌信函。

（電報）中正大學轉胡步曾兄：

電悉，中基會本月將開會議，靜所預算可望 500,000 元，會後再電達。

雋刪。〔註 1820〕

1 月 19 日，本市電話設備開始拆卸轉運，中正大學計劃於 29 日提前進行期末考試。

1 月底，中正大學隨江西省政府各機關團體從泰和縣撤至興國，再遷至寧都長勝，龍嶺分校也遷至長勝，與校本部合併，4 月復課。

後來日軍沿贛江南竄，大學遷往寧都。〔註 1821〕

1 月，國立中正大學從杏嶺經老營盤撤離泰和、遷抵寧都縣長勝墟辦學。「江西省青年留訓所」遷往吉安富田。

1 月，泰和再次受到威脅。

日寇又有竄擾永新，侵陷贛縣之舉。局勢又趨緊張，泰和本部、贛縣分校不得不作出反應。贛縣分校疏散較早。〔註 1822〕

1 月，家屬回憶胡先驌在江西省永豐縣避難情形。

1945 年初，農曆尚未過年，聞日軍將由贛州經泰和、吉安等地與南昌日軍匯合，學校準備遷寧都，我們全家遷永豐。一天黃昏突

〔註 1819〕 胡宗剛撰《胡先驌先生年譜長編》，江西教育出版社，2008 年 2 月版，第 354 頁。

〔註 1820〕 胡宗剛撰《胡先驌先生年譜長編》，江西教育出版社，2008 年 2 月版，第 354 頁。

〔註 1821〕 胡先驌著《對於我的舊思想的檢討》，1952 年 8 月 13 日。《胡先驌全集》（初稿）第十五卷人文科學文章，第 629～640 頁。

〔註 1822〕 教育部教育年鑑編基委員會編纂：（第二次中國教育年鑑・第五編高等教育第二章公私立大學概況》，上海：商務印書館，1948 年，第 128 頁。高志軍著《政治與教育的互動：國立中正大學研究》，2021 年 12 月華中師範大學博士學位論文，第 236～237 頁。

然告急，大家匆忙吃完晚飯，桌子都來不及收拾，立刻打點行李，到江邊匯合，宗瑚姐夫找到夏家小漁船十條，願送我們到永豐。漁船很小，除船主外，每條船隻能搭二三人。兩家約30人，分乘小船，曉行夜宿，每到一村莊，就向農民借曬簟在祠堂搭地鋪。經五晝夜到達永豐，那時正大政治系首屆畢業生湯道南同學在永豐工作，知道先翁到達，已找好在矗家村住房，並幫助解決了生活上的一些困難。到住處後，發現身上都有蚤子，費了很大勁才完全肅清。

在永豐過了農曆年，春天的一天夜晚，我不記得是何人，陪同國民黨黃伯韜將軍來訪，先翁與之談話至深夜。此後不久，母親從北平繞道抵達永豐，在途經「三不管」地區時，身邊所帶箱子、被褥均遭搶劫一空。人能安全抵達與家人團聚總算是幸運，大家都非常高興，先翁尤感欣慰。8月得知日寇無條件投降，全家興奮不已，準備行裝，先到吉安，稍逗留，10月抵南昌，1946年7～8月自廬山講學回南昌後，9月為德熙和我主持婚禮，10月即偕母親和弟妹們返回北平。〔註1823〕

正月，在永豐縣，吳定高拜見胡先驌。

1944年大學畢業後，我回到永豐的正峰中學當教導主任。1945年正月裏，胡校長偕夫人、幼子及部分教授到永豐避難，住在永豐縣城郊矗家村的矗尚書（明代尚書、武狀元矗豹）宅府裏。我專程到矗家拜會校長，暢談至深夜並留宿府上。那晚我在暢談中流露出不甘國家淪陷、欲報效國家的心願。胡校長當即作書與當時江西省第三區行政督察專員並保安司令公署（即簡稱吉安專員公署）的李林專員，介紹我暫到他那兒去當秘書。我便於1945年5月赴吉安當秘書去了。從此一別就再未與胡校長謀面，成了永別。〔註1824〕

2月，俞德濬擔任煙草生產事業總管理處專員，承擔多項工作。

2月，按照「雲南煙草生產事業總管理處暫行簡章草案」第九條

〔註1823〕 符式佳著《緬懷先公翁胡先驌》。胡啟鵬主編《撫今追昔話春秋——胡先驌學術人生》，北京燕山出版社，2011年4月版，第384～385頁。
〔註1824〕 吳定高著《我與胡故校長交往二三事》。胡啟鵬主編《撫今追昔話春秋——胡先驌學術人生》，北京燕山出版社，2011年4月版，第271頁。

－1449－

規定，俞德濬受聘擔任煙草生產事業總管理處專員，承擔「肥料種類之調查研究，煙草行株距適度與產量之研究，煙草分類及輪作制研究，煙草及籽種變質之研究，煙草生產環境及氣候溫度之研究，煙草病害種類與發生原因之研究，煙草蟲害種類與發生原因之研究，煙草病蟲害防除方法之研究」、「煙苗之培育，籽種之選擇存儲，籽種之消毒，籽種之研究」等任務。試驗中的「煙草及籽種變質之研究」，是指在推廣過程中發生的品種退化問題。據當時的報告記載，退化現象是「僅發二至三臺葉即多開花」，「葉片變狹而變厚」，導致產量減少，煙葉品質降低。1944～1945 年，尋甸縣 80 畝煙草地曾因種子質量問題而發生賠償。總管理處解決品種退化的對策是：1. 設立專業育種場，用科學方法繁育優良種子；2. 禁止農民自行留種；3. 繼續引進美國的烤煙新品種。〔註 1825〕

4 月 6 日，雲南農林植物研究所對煙草進行栽培試驗。

　　4 月 6 日，雲南農林植物研究所對煙草進行栽培試驗，承擔雲南省政府煙草栽培試驗的原因，純屬生存所迫。對白花煙草（N. persica）、黃花煙草（N. rustica）、長坡一號、美煙二號（Gold Dollar）、美煙三號（Special no: 400）、美煙四號（Yellow Mammoth）、美煙五號（Mammoth Gold，即『大金元』）、美煙六號（Yellow Mammoth）、美煙七號（Maryland）、美煙八號（White Burley）、美煙九號（White Mammoth）、美煙十號（White Stem Orinoco）、美煙十一號（Yellow Burley）、特四〇〇號（Special 400）、特四〇一號（Special401）等有登記號的 15 個品種登記號進行栽培試驗。布置煙草浸種發芽、苗床覆稿、播種時期、定植時期、肥料配合、株行距、摘心時期、病害防除、蟲害防除等比較試驗，並從形態、產量和品質方面對十五個品種作了比較分析。〔註 1826〕

4 月 27 日，根據《教育部檢報國立專科以上學校教員及國立研究機關人

〔註 1825〕中國科學院昆明植物研究所編委會編《中國科學院昆明植物研究所簡史（1938～2008）》，2008 年 10 月版，第 99 頁。
〔註 1826〕中國科學院昆明植物研究所編委會編《中國科學院昆明植物研究所簡史（1938～2008）》，2008 年 10 月版，第 99～100 頁。

員統計總表呈》的統計數據，中正大學在全國 25 所國立綜合性大學中，有教授 78 人排第 13 位，副教授 45 人排第 3 位。

國立專科以上學校（國立各大學）教員人數統計表 [註 1827]

1945 年 4 月 27 日

校　名	教授數	副教授數	講師數	助教數	備註（以教授數排名）
國立中央大學	325	57	113	259	1
國立中山大學	253	65	90	139	2
國立西南聯合大學	155	7	34	177	3
國立重慶大學	141	13	28	61	4
國立四川大學	130	24	75	60	5
國立復旦大學	125	24	29	49	6
國立貴州大學	115	40	47	29	7
國立雲南大學	103	15	43	61	8
國立武漢大學	98	13	33	75	9
國立廣西大學	97	24	30	55	10
國立浙江大學	92	35	44	95	11
國立西北大學	81	26	26	32	12
國立中正大學	78	45	62	25	13
中國國民黨中央政治學校	75	41	24	13	14
國立同濟大學	54	21	24	64	15
國立湖南大學	54	17	27	42	16
國立東北大學	52	19	18	28	17
國立交通大學	48	22	21	46	18
國立河南大學	47	19	33	32	19
國立廈門大學	40	15	21	29	20
國立英士大學	37	24	15	7	21
國立交通大學甘肅分校	26	4	10	16	22
國立山西大學	25	2	11	13	23

〔註 1827〕《中華民國史檔案資料彙編》（第五輯第二編・教育一）江蘇古籍出版社，1997 年版，第 805～806 頁。

國立暨南大學	23	22	14	7	24
國立浙江大學龍泉分校	11	12	28	4	25
合計	2285	606	900	1418	

4月30日，黃萍蓀主編《龍鳳》雜誌創刊。在第1期，刊載胡先驌著《中華民族之改造》預告以及著作目錄，內容十分豐富，如緒論、中華民族之形成與其特徵、衰敗及其復興、儒墨道法四派學說對於中華民族之影響、身體、思想、政治、經濟、教育、社會、文化改造等38個方面內容。目錄如下：

《龍鳳》雜誌創刊   《龍鳳》雜誌目錄

（一）緒論；

（二）中華民族之形成與其特徵成就；

（三）中華民族之盛世及其衰弱與復興；

（四）民族混合對於中華民族之影響；

（五）封建制度對於中華民族之影響；

（六）郡縣制度對於中華民族之影響；

（七）選舉制度對於中華民族之影響；

（八）門閥制度對於中華民族之影響；

（九）考試制度對於中華民族之影響；

（十）兵役勞役制度對於中華民族之影響；

（十一）封建經濟對於中華民族之影響；

（十二）秦以後經濟對於中華民族之影響；

（十三）佛儒墨道四派學說對於中華民族之影響；

（十四）佛教對於中華民族之影響；

（十五）宋明理學對於中華民族之影響；

（十六）宗教衰敗對於中華民族之影響；

（十七）昔日海外交通對於中華民族之影響；

（十八）近代海外交通對於中華民族之影響；

（十九）清代政治對於中華民族之影響；

（二十）民國以來政治對於中華民族之影響；

（二十一）海通以後中國半殖民地經濟對於中華民族之影響；

（二十二）上海為近代半殖民地都市罪惡之代表對於中華民族之影響；

（二十三）近代教育制度對於中華民族之影響；

（二十四）近代思想對於中華民族之影響；

（二十五）科學教育對於中華民族之影響；

（二十六）工藝文明對於中華民族之影響；

（二十七）民主主義社會主義共產主義與三民主義；

（二十八）本位文化與全盤西化；

（二十九）人本主義與物本主義；

（三十）優生與優境；

（三十一）身體之改造；

（三十二）思想之改造；

（三十三）政治之改造；

（三十四）經濟之改造；

（三十五）教育之改造；

（三十六）社會之改造；

（三十八）中華民族及其文化之改造；

（三十九）中華民族之改造與世界之改造。

5月19日，胡先驌致任鴻雋信函。

（電報）張處長納川兄轉任叔永兄：密

弟現居永豐，曾患劇病，已漸吉痊。靜所今年一、二期經費急電匯永豐常縣長錫如轉，盼補助醫藥費。

弟 胡先驌 辰蒸

（1945 年 5 月 19 日）〔註 1828〕

5 月 22 日，任鴻雋致胡先驌信函。

（電報）泰和中央銀行煩轉永豐縣常縣長轉胡步曾先生：

蒸電奉悉。此匯上本年經費，全數四十八萬元，又美援華特別研究補助金八萬元，定靜所兩名、中正大學八名，每名四萬元。靜所中基會本月將開會議，靜所以給兄及陳封懷或楊惟義。中正大學接收人員名單望代催寄，以便發款。

弟 任鴻雋 齊

（1945 年 5 月 22 日）〔註 1829〕

5 月 31 日，胡先驌致朱家驊信函。

驊公部長勛鑒：

頃奉手教，虛懷若谷，謙德彌昭，至為佩仰。政府自宋公柄政，百度維新，國運日隆，不著可卜，此次六全大會，在總裁領導之下，宣布本黨政綱，既進步而又中庸，允能博得國人之擁護與國際之推崇，異黨將無從肆其簧鼓，草野之人，不禁額手稱慶也。

戰後我國代日本而興，在東亞居於領導之地位，南洋僑民之事業將日見發皇。惟是僑民知識水準低下，教育不發達，欲拯其固陋，齊其心志，非施以適當之教育不可。驌於民國十八年出席第四次太平洋學術會議，曾居爪哇數月，多與當地僑民領袖接談，具悉其中實況。十餘年來，對於南洋僑務未嘗去懷，當主持中正大學時，有僑生多人，創辦一《南洋》季刊，驌為作《戰後南洋僑民教育之方略》一文，自謂尚有一得之愚，今敬以呈政。公若能與主持僑務機關商洽創設一僑民教育機構，建立一種適合僑民教育制度，則有裨

〔註 1828〕 胡宗剛撰《胡先驌先生年譜長編》，江西教育出版社，2008 年 2 月版，第 356 頁。

〔註 1829〕 胡宗剛撰《胡先驌先生年譜長編》，江西教育出版社，2008 年 2 月版，第 357 頁。

於國策者，當非淺鮮矣。

　　復次我國昔年施政缺乏遠識，苟且因循，從無國策，知己知彼，兩無足稱，事事仰人鼻息，受人支配。今已八年抗戰，躋身於四強，立國謀謨，亟宜策定，尤宜以學術之研幾為施政之指針。德人創設政治地理學院，召集全國之英才碩彥聚合研究本國與外國之天時、地利、風俗、人情、歷史、社會，全以其所得為政府之南針，曾收驚人之卓效。美國亦繼起作類似之研究。我國今既為五強之一，則此種大規模之研究機關實有從早設立之必要。早年政府設立資源委員會，已有卓著之成就，今更宜擴而充之，允宜建議於中央成立一政治地理研究院，由公主持，而自中央研究院、資源委員會、各大學之研究所與政府各機關中遴聘專家，從事於全世界性之廣泛政治地理研究，必可收卓效於不日。此事如告成功，亦公之大勳也。

　　驌自去歲卸職，閒居閉戶讀書，薄有所得，現正著《中華民族之改造》一書，已成十餘章，將陸續在福建永安黃萍蓀所辦《龍鳳》月刊發表。竊謂我國教育制度亦宜有徹底之改造，客歲曾草《教育之新目標——教育生活化》一文，以稿寄朱經農兄，請其設法代為刊布，不知已蒙鈞覽否？現正草拙著《教育之改造》一章，俟刊布後，將以呈政。

　　此次戰後世界教育思潮大有變遷，自由講學之風或將為政教合一之教育方針所取得，而教學方法因美國訓練兵員而大有改進，故我國之師範教育與各級學校之課程與進度標準等等，皆宜大有更張，教部允宜派員赴美調查研究，以為我國教育制度改革之參考。驌任大學教席二十餘年，近復主持大學教育四年，對於我國教育制度頗有芻蕘之見，如蒙遣往美國考查教育，以供鈞部之參考，尤所私願。公不譏其毛遂自薦否？勝利在望，奉手有期，不勝懷想之至。

　　專此敬頌
勳安

　　　　　　　　　　　　　弟　胡先驌　拜啟
　　　　　　　　　　　　　五月卅一日（1945 年）
回教，請由江西永豐縣政府常賜如縣長轉交為叩。秉農山兄即

將來贛，並聞。又及。〔註1830〕

5月，國立中正大學第二屆畢業紀念冊《校史》一文，對胡先驌校長任期工作進行論述。

本校之創立，當遠溯自總裁駐澤廬山，主持海會寺訓練工作之時，一日，駕臨南麓秀峰寺，見夫雙劍穿雲，雲飛龍懸壁，乃欣然謂江西省政府熊主席曰：「此地宜講學，如設大學於此最佳！」時總裁感於建國需才，尤需端敏忠貞之士，植其基礎，倘求教育能實（注：適）應社會國家之需要。必非盲目生殖所能奏功，欲挽頹風，宜施準則，故主張：一、應使教育計劃與政治設施相呼應，俾學校為政府之研究部，政府為學校之實驗場。二、應使學術理論與實際工作相貫通，俾言不空談，行無妄舉。三、應使人格修養與知能傳習相協進，俾青年所得之知識，能於其精神生活中，發揮偉大之道德力量。

熊主席躬聆訓誨，爰建議於江西省創設一大學，先行實驗政教合一之理想。當蒙總裁嘉納遂即著手籌議。惟以匪患未平，省幣支納，議途中輟。復承總裁體念其困，特撥款百萬元，為創辦本大學之基金。先予二十六年（1937年）設立中正醫學院，擬更次第設立各學院。詎倭禍遽作，醫學院西遷，二十八年（1939年）熊主席赴渝，邀集川中名流，詳慎研討，擬增設中正政治學院，並承總裁加撥基金萬元，返贛復約省內外學者集議遂川，僉以實行總裁理想非一政治學院所克勝，遂再呈准總裁設立中正大學，在泰和設立籌備委員會，由教部聘請熊式輝、程時煃、邱椿、馬博庵、蔡方蔭、朱有騫、羅廷光諸先生為委員，熊委員式輝為主任委員。

二十九年（1940年）六月一日，本校在泰和杏嶺正式成立籌備會，九月初，奉國府令，任命胡先驌博士為本大學校長。十月一日，胡校長到校，正式就職，結束籌備會務，時有文法、工、農三學院，內分政治、經濟、社會教育、機電、土木、化工、農藝、森林、畜牧獸醫九學系，學生三百餘人。胡校長本其平日勇猛精進之治學精神，及方正仁厚之處世態度，主持校務，三年內先後增設文史、生物二學系，及行政管理、師範、稅務三專修科，並於贛縣龍嶺設立分校，

〔註1830〕《胡先驌全集》（初稿）第十七卷下中文書信卷，第420～421頁。

規模漸宏矣。

三十三年（1944年）春，胡校長以心力交瘁辭職獲准。現任校長蕭遽先生奉命繼任，於五月二日到校視事，循舊規以資整頓，立新猷而謀改革，計劃甫具推行在即。值湘北敵陷衡山、衡陽，而茶陵，攸縣相繼失守，敵人企圖竄擾之方向不明，則吉泰首當震撼之衝，本校遂決定於六月下旬，提前結束。為萬一計，先將重要圖書、儀器，運存贛縣分校，一面仍在杏嶺積極謀改進校務，並辦理三十三年（1944年）度招生，以靜觀局勢之變。月餘，寇氛稍殺，在杏嶺繼續開學，又奉令增設土木修科及農藝一班。至是本校教員與學生之增加，蓋五倍於初期。舉凡校務之設施，員生之福利，正向預定步驟中邁進。乃今年（1945年）一月，倭寇復有侵陷贛縣，竄擾永新之舉，本校乃然遷至寧都長勝，惟同特時江西省屬機關皆疏散離泰，交通工具不敷，至一月底本校始能將圖書、儀器，運至贛河東岸，陸續經興國運至寧都長勝。賴蕭校長苦心擘畫、積極布置，始能於四月底在長勝開學，使本年應屆畢業生先行復課，六月底結業，不放暑假，即於七月初為一、二、三年級生復課，以補此一學期之課程。

右所述皆本校近五年中艱苦進行之實況也。他日發揚光大，冀仰慰總裁之期望，負荷特殊之使命者，端在全體師生協力同心，淬勵奮發，而此次於顛沛轉徙之餘，猶能不餒不撓，以共謀校務之復振，是殆總裁精神感召陶冶使然也！〔註1831〕

6月15日，《中華民族之改造》文章在《龍鳳》雜誌（第2期，第19～41頁）發表。內容包括：一、緒論；二、中華民族之形成與其特徵成就；三、中華民族之盛世及其衰弱與復興；四、民族混合對於中華民族之影響等內容。在緒論中，胡先驌認為，中華民族五千年歷史，為人類創造輝煌燦爛文化，在歷史長河中，巴比倫、埃及等國家相繼衰弱，而中華民族卻經久不衰，與他族在文化和商業互相交流，取長補短，如「鄭和之七下南洋，不但得伸國威，且以奠定吾族南洋殖民之偉業，其影響吾族之生活文化者若何？」鴉片戰爭之後，中國暫時落後，現在中國如能吸收西方文化制度，以卓越的科學哲學眼光、用

〔註1831〕1945年5月國立中正大學第二屆畢業紀念冊《校史》一文。

冷靜的頭腦、大無畏的精神、熱忱的努力，保存自身優點，擯除其劣點，分析成功和失敗的教訓，中華民族必將復興，領引世界！摘錄如下：

一、緒論

中華民族立國於東亞大陸，垂五千年，曾創造一莊嚴燦爛之文化。先乎彼之蘇馬連帝國、巴比倫帝國、埃及帝國，與之同時之印度帝國，在其後之波斯帝國、希臘國、羅馬帝國、蒙古帝國、墨西哥帝國、秘魯帝國，皆已顛覆式微，鮮能再起，其文化亦已消歇。至使抱悲觀論者如斯賓格勒之徒，認為每一種民族所創造之文化，命運不過一千年。然而中華民族則屢仆屢起，而在每次復興以後，其文化皆有新發展，新創造，果何因而致此乎？是否此民族特具較一切其他民族更為優越之稟賦，換言之，即具有特殊卓越之生存價值？抑其環境與其文化，特有以使其民族復興之道？然當其衰運，則此民族不但不能抵抗外來蠻族之侵凌，而且其人之身體、道德、智慧、文化，皆顯呈退化之現象。其退化之因素安在？是否其民族及文化具不可挽救之潛在之退化因素？抑一般進於文明之民族，在某種環境之下，皆有退化之傾向？吾人是否可以研究發明中華民族退化與復興之原因，進而改造之，使之能恢復其族在昌盛時期之一切美德？今日為物質文明與工藝文化興隆之時代，中華民族欲立足於今後之世界，而圖存於群雄並峙之日，自不能不接受此外來之工藝文化。接受此種文化之後，中華民族將進化乎？抑退化乎？或接受工藝文化之優點而揚棄其劣點，則中華民族可以復興而更不退化乎？其優點、劣點何在？此族是否能如在昔時接受外來之文化而同化之，另創一更優越更燦爛之新世界文化以領導世界？凡此諸問題，皆我炎黃子孫最宜關心而必力求探索者也。

據近代第一流生物學家之研究，認為今日之工藝文化，已引起雅利安族身心之退化。苟不及時籌對策，則此族或將退化如埃及、巴比倫、馬耶、阿次特克、秘魯諸民族，甚或步皮爾當人、內安得塔人之後塵，而其文化之遺跡，只足供後來新興民族之研究與憑弔。復以為雅利安族所創造之文明至為燦爛，實有援救之使不至退化與滅亡之價值。吾則以為置愛國心不論，即以中華民族過去之成就，與其民族性之優點而論，此族亦有援救之使不衰退之價值與必要。

惟援救之具體方法如何，則須吾人努力以研究計劃而使之見諸實行，以求收確定之效果焉。

每一民族皆具有特具之形貌及其所創造之文化。吾人已習閱「民族文化」一名詞，而知討論與研究之矣。吾人亦漸聞「民族心理」一名詞矣，實則人類尚有其各各不同之民族生理，其具特性與其形貌，其心理，其文化不同，而與之互相影響。即每一民族中之個人，其身體與心理之所以適應環境者皆不相同。斷鶴續鳧，必至畫虎類狗。故必就其過去歷史之經驗，而加以近代科學之探討，方能擬定改造其環境之計劃，此尚有賴於博學卓識之士之努力焉。

就過去之歷史而言，吾原始之華夏民族，五千年來，與其他民族雜居於廣袤之東亞大陸，互相爭鬥，互相衝突，互為婚姻，互相交換文化，幾經混合，始形成今日之偉大中華民族。其中之份子，有吾同語系之印緬民族焉，有多音語系之烏拉，阿爾泰民族焉，有多音語系之馬來民族焉，有古舊之含族、塞姆族焉，有雅利安族之希臘、波斯、印度、月氏、烏孫民族焉。血統既極複雜，文化亦屬多元。此種民族文化混合之結果，有利乎？有害乎？吾族之政制初為部落制度，繼為封建制度，終為郡縣制度；經濟亦由封建式之社會主義經濟變為自由兼併之資本主義經濟，此種政治經濟制度之變更，其利何在？其害何從？歷代之任官，或由選舉，或由科舉，文官考試制度，以我國行之最早而最久，其利弊如何？如何影響我民族整個之政治，教育與社會？吾國兵制或為徵兵，或為募兵，或二者兼備；力役則或為差役，或為免役，此種不同之制度，影響國家民族之盛衰者甚大，其善果惡果如何？春秋戰國之世，百家之學大興，以儒、墨、道、法四派為最重要。此四派互相反對，互相譏評，而各持之有故，言之成理，對於中華民族之思想與人生觀，皆有極大之影響，其利弊若何？至漢代與西域交通，印度之佛教輸入，在吾族思想中，乃引起極大之變革，儒學受其影響而一變為宋明之理學，二者支配吾人之思想千餘年，其影響吾族之思想與生活者何在？漢晉以還，吾族即在海上與異族交通，至唐、宋、元、明而益盛，文化與商業，互相交流，固有之農業文化乃大受商業文化之影響。鄭和之七下南洋，不但得伸國威，且以奠定吾族南洋殖民之偉業，

其影響吾族之生活文化者若何？鴉片戰役以後，歐美人民使其工藝文化之長，以脅迫吾族開放門戶，使我國為其資本主義之尾閭，我國之經濟，遂成半殖民狀態，國幾不國。同時則假我以吸收歐西文化制度之機會，二千餘年之專制政體因以推翻，民治代議制，新式法律，新式教育，新式陸軍、鐵路、輪船、汽車、飛機、工廠、銀行、交易所，一切一切之近代制度，皆接踵而至，近代都市亦應運而生。此對於中華民族為有利乎？為有害乎？利可盡獲而害可盡免乎？言政治經濟必有體系與理論之根源，其在外邦也，各因其歷史文化之演變，遂有所謂民主主義、社會主義、與共產主義等，而我國亦有自創之三民主義。此諸種主義，互相衝突，各有優點，各有缺點，吾將何去何從？凡此諸端，吾族皆飽受成功與失敗之教訓，宜條分而縷析之，使其得失盡明，而求有以保存其優點，揚棄其劣點，然後以卓越之科學哲學眼光，用冷靜之頭腦，大無畏之精神，熱誠之努力，以謀吾族身體之改造，思想之改造，政治經濟之改造，教育之改造，社會之改造，進而謀世界之改造。切不可囿於現行之制度，尤不可惟他人是則是傚。須知彼歐、美之天驕，至今日亦如盲人瞎馬，夜半臨池，其危殆不可終日，偶一不慎，其文化可以全部化為齏粉，吾族何必隨之而俱盡？進而言之，又安知吾族不能拯救此芸芸可憐之眾生，使之出水火而登春臺？彼日爾曼帝國查理曼大帝加冕之時，尚在我國唐太宗即位之後一百餘年。當太宗朝，在羅馬市場尚有英國少年出售，最後之一次十字軍尚發生於明太祖登基六十年之後，西方之文藝復興時代，不過與有明中葉相當，距今只四百五十年耳。四百五十年，在人類五十萬年之歷史中，不過一彈指頃，在中華民族四千六百餘年之歷史中，不過十分之一之短短時代，安知再過四百五十年，中華民族不能領導世界走上更高尚更優美之文明之路乎？此則吾人所以不可自餒，而改造中華民族所以不可緩也。

二、中華民族之形成與其特徵成就

最古之人類為在爪哇發現之猿人，其時代大約與歐美大陸之近新紀或第一冰河時代相當，距今約五十萬年。十餘年前地質調查所在北平附近周口店發現另一種猿人，美人步達生博士名之曰北京人，

後經德人 Vweidenreich 博士研究，以為此種猿人或原人與爪哇猿人殆為二種，尤可異者。經彼之研究，發現北京人之齒有某特性，惟蒙古種為有之。步達生亦發現現代華北之中國人之骨骼與此猿人之骨骼相類似，於是乃發生一極有趣同時亦極重要之問題，即不但東亞大陸有最早之人類，且此種人類具有與現在居住該處之民族相同之解剖性質，則今亞洲之蒙古種人，或竟為北京人之直系後裔亦未可知也。

據人種學之研究，歐洲之真正人類為距今四萬年至二萬五千年之間，第四冰河時代之克魯麥囊人。其人身體長大，面寬鼻高，略與歐洲人相似，蓋為歐洲人之始祖，然彼是否亦為亞洲人之始祖尚不能斷言也。若北京人為蒙古種之遠祖，而克魯麥囊人非出北京人與爪哇原人者，則蒙古種不得為克魯麥囊之後裔，而人類或出自多元，亦未可知，此問題尚有待於將來解決也。

關於中國文化之發源，歐洲學者，頗有歧異之主張。有謂中國文化發源於在「昔肥！而今乾燥之塔里木河流域，繼則自崑崙分途發展，一方自黃河上游隨流而東，一方則發展於揚子江流域者」；有謂中國文化與蘇馬連文化有關者；有謂來自印度者；有謂來自馬來者。然古石器與新石器皆在中國各地發現，最初之原人在北平附近發現，而在中國北部冰川又特別不發達，其在冰期之氣候，或比在歐洲與西亞為溫和，則中國之文化可能在黃河下游發生，未必發生於塔里木河流域或他國也。然中國文化與中央亞細亞之文化有關，近年來亦有甚多之證據。在甘肅、河南發現之仰韶、沙井時代（在中國有史以前）之陶器皆為具彩色者；殷墟中所發現大部分之陶器則為單色者，然亦雜有具彩色之陶片；而彩色陶器則見自中央亞細亞經新疆、蒙古、滿洲而延至朝鮮；在殷墟又發現居室東向及俯葬各種風俗之遺跡；尤可怪者則為在殷墟所發現之彙頭四足之複合動物大理石雕像，是與埃及金字塔前之人首獅身像，同出於一種宗教信仰，或者殷商所代表之固有之「諸夏」文化，本以單色陶器為主者（在山東周代譚國故墟所發現之黑色陶器亦為單色），曾與自中央亞細亞傳來之彩色陶器文化接觸，而相混合，而沙井仰韶本非「諸夏」文化，亦未可知。有人以夏文化是彩色陶器文化，果爾則夏、

商非一民族，然此說殊無法證明之也。

......

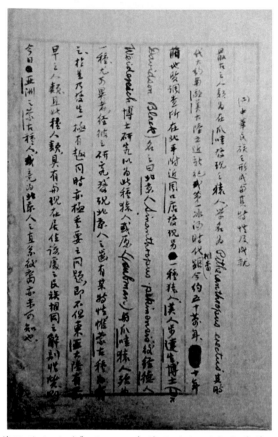

胡先驌著《中華民族之改造》之二、中華民族之形成與其特性及成就的手稿

　　總而觀之，中華民族乃一最偉大最複雜而又最鞏固之民族。五千年來，不斷吸收同化其他民族以形成其自己。蓋環觀全世界民族，除含族之埃及人，非洲之黑人，美洲之印第安人，澳洲之土人，大洋洲之玻內尼西亞人，北冰洋之鮎斯奇摩人外，殆無不與我混同化血者。此種同化工作，至今猶進行未已。在今日吾族與歐美人通婚漸多，在夏威夷則與玻內尼西亞人通婚，在南美洲當有與印第安人通婚者。此種複雜之民族，惟今日北美合眾國人可以方之。在蘇俄與印度，人種雖至複雜，然各族並未完全同化也。至於在歐洲則同為雅利安族而分裂仇視如異族。以此觀之，中華民族偉矣，此種偉大之同化事業，乃中華民族最偉大之成就。

　　中華民族所以能有此同化之力量者，則惟我民族性異常卓越而有特殊之創造性之故。第一，其人仁厚和平，以平天下為最高理想，以平等待人，不歧視異族。雖古時有尊王攘夷之觀念，然亦有用夏變夷之理想，故為政喜來遠人。而異族亦樂於歸化，即入侵之夷、狄，假以年月，亦不禁止此種精神所感化，而盡失其獷悍之習。唐太宗皆謂侍臣曰：「自古帝王雖平定中夏，不能服戎狄，朕才不逮古人，而成功過之，所以能及此者，自古皆貴中華，賤夷狄，朕獨愛之於一，故其種落，皆依朕如父母。」此種天下一家之理想，乃中華民族最優之民族性，因而有此最大之成就也。

　　第二，中華民族風尚雜婚，亦尚平等，無種族階級之嫌，無宗教門戶之見，故與任何種族皆可通婚。北與東胡匈奴，南與馬來、崑崙莫不可結為姻好。一門之內，宗教信仰盡可殊異，此種特性，殆為他族所稀有，故能搏合四萬萬人為一族。唐太宗曾被各族崇為天可汗，亦即萬王之王之意，此等尊稱，中華民族在當時殊足當無愧，將來亦必能以此種精神促成世界聯邦，此又中華民族優異之特性，而亦其偉大之成就也。

　　第三，中華民族，以操單音語故，及造象形文字故，使方言雖異，而文字統一。異族之歸化者，一習此象形文字，則無由保存其固有之語言。操單音語之印緬語系者如此，操多音語之塞姆系，雅利安語系，烏拉阿爾泰語系者亦如此。習此文之異族如日本人，朝鮮人，安南人至難擺脫此種文化之影響，此又為中華民族之一偉大成就也。

　　第四，在政治、學術、思想、文字、美術、農業、工業各項精神與物質文化，皆有超群之造詣，為多數異系民族所不及。故在近代以前，無論為征服我或被我征服之民族，皆翕然向風。在政制思想學術各方面，無論為我所征服之民族，如匈奴、高麗、安南等，或與我交接之民族，如契丹、日本等，或征服我之民族如匈奴、鮮卑、氐羌、女真等，皆競模擬因襲之，以形成其文化而同於我，其衣冠、宮室、農業、手工、技巧，莫不惟我族是倣。至今漢、唐文化，尚留存於高麗與日本，至吾人有禮失而求諸野之感，此又我民族之偉大成就也。

　　第五，中華民族富於冒險性，無往弗屆。天門人逃荒，青田人作小販，遠適西歐，撫州人至日本補碗，至打箭爐開飯店，乃近代之佳例。至張騫之通西域，班超之定西域，法顯、玄奘等之往天竺求法，鄭和之往南洋探險，梁道明、張璉、鄭昭等之在三佛齊暹羅為王，葉來之開闢英屬海峽殖民地，鄭成功之開闢臺灣，則又俊異之創業偉人也。近代學者且謂漢族有在日本為天皇者，其言殆不誣誕。中華民族所以能搏合異族，皆賴此種冒險精神，此又我族卓異之特性也。

　　第六，中華民族富於忍耐性與抵抗力，為他族所不及。在上古時諸夏固屢為異族所侵凌，然終能抵抗之而不為其所同化。五胡之亂，金、元之侵凌，皆為他民族所難堪，而中華民族能忍耐其凌虐，抵抗其摧殘，終能脫離其束縛而恢復我族固有之民族性，比之埃及、巴比倫、希臘、羅馬、墨西哥、秘魯等民族，一為異族所征服，便一厥不振者，殆有霄壤之隔。此又我族卓異之特性也。

　　第七，中華民族既已形成一悠久博大豐富之文化系統於一廣大地域繁盛人口之中，上下數千年，縱橫數萬里，罔或間斷，則成為雪球下坡之狀態，愈積愈大，他文化系統不能取而代之，亦難蟄處其間而保存其本來面目。新文化系統，尤難發生於其勢力範圍中。甚至外來之文化因素，如宗教、哲學、文學、建築、音樂等，一經投入此洪爐，莫不變其本質，而吾族又能兼收並蓄，發揚光大，使成為我之新文化，此尤為我民族卓越之特性，與特殊之成就也。

　　第八，中華民族亦賦有特殊優異之體力。祁寒酷暑，皆非所畏，而其抵抗疾病之力與生殖力又強。今日之山東移民，居西伯利亞與俄人通婚者甚多；而在南洋，我僑民雖有與土人通婚者，而不易為之土化，而反能同化之。呂晚村之後裔竄謫寧古塔，今則其族已達萬戶，為黑龍江之著姓焉，此又我族卓越之性質也。

　　由此諸種特質與成就，故中華民族乃能成為一空前龐大富有活力與悠久性之民族。若吾族能繼續保存其優點，而發揚光大之，則不但能自立於今後之世界，且能領袖群倫，引導之共登大同之域焉。

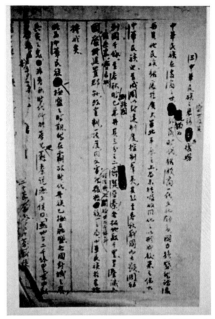
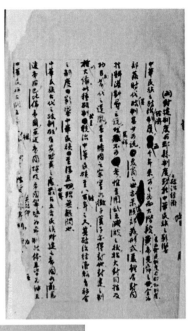

中華民族之盛世及其衰弱與復興

三、中華民族之盛世及其衰弱與復興

  中華民族在夏商之世，猶為部落時代。雖殷商一代，文化頗高，國力強盛，然諸夏與其他民族，雜處於廣大華北平原之上，尚未能吸收同化之，以形成後來之偉大中華民族也。至成周以封建制度控

制群夷,其效至春秋戰國而大顯。周初列國千餘,至春秋時則強國已兼併其大部分,齊楚晉秦,各拓地數千里。至秦滅六國,銷兵器、墮名城、廢封建、置郡縣、改官制、一法度、同文字、頒法典,然後始開後世二千餘年統一之局,中華民族於是始搏成矣。

……

總觀中華民族自夏商至今四千餘年,以散居華北草原之諸夏部落,不斷搏合異族而成為今日四萬五千萬人之偉大民族,其間幾盛幾衰,其文化屢開燦爛之花,至今日與歐洲文化接觸而益有昌大之望。其盛也有因,其衰也有故。吾人略微鳥瞰式之窺測,已可知其大凡。就其史蹟而窮其盛衰之原因,以謀政治、經濟、教育、社會、學術之改革,使吾族得起清末至衰敝而復興,既興而不更衰敗,且日新月進而不已,以啟將來無疆之運,斯乃吾每一黃炎子孫所不可諉卸之責任也。

四、民族混合對於中華民族之影響等內容

民族混合對於一種民族之影響,可分為三類,即體格、精神與文化是也。各種民族具有其不同之骨骼、毛髮、皮膚與眼色,此人人所習知者。如高加索種多具長頭額,深眼高鼻,髮或黃或褐或黑色,或直或卷,眼或蘭或綠或褐或灰色,而蒙古種多具短頭額,淺目寬鼻,髮多黑色而直,眼黑或褐色,即其臭味亦各不同,如歐美人嘗作硤味,而中國人則作麝香味,黑人亦有特殊之臭味。然混血之後,則形態每呈混合之狀。中國人與歐美人雜婚所生之兒,兼有蒙古種與高加索種兩大之骨相膚髮眼色之特性,蓋為吾人所習見者。又如猶太人之鼻,長節隆起而隼頭下鈎,此為該族之特徵。而今日之中國人,則亦有具此特性者,則其前代或曾與猶太人雜婚。至中國人之卷髮者,則必雜有高加索種之血殆無疑義。又就蒙古種而言,此人種之下之各族,亦各具特殊之形態,如日本身矮而面闊,馬來人身矮而眼圓,蒙古西藏人身材高大等等。此各族雜婚之後,亦附產生具混合形態之人也。今吾國北方與南方之人面貌身材迥異,甚易辨別之,蓋各混雜有不同種族之血統故也。各種族不但形體不同,其生理亦有不同。譬如,南美洲之印第安人與非洲之黑人,不宜居於北方之城市中,否則易得肺結核病,黑人最適宜於熱帶氣候,不

畏瘧疾，歐洲北方民族則宜於寒冷氣候，中國人抵抗病之能力較強等等。惜此類之民族生理學在今日尚未有人大規模有系統之研究耳。

各民族之心理，亦有差異，其天才亦不同。譬如猶太人最善於經商，中國人不長於音樂，印度人長於冥想，中國人重視現實，中國北方人厚重質樸，南方人活潑靈巧，廣東人富於冒險性等等。此各種民族心理，雖一部分為環境與歷史所養成，然亦半由於內在遺傳之傾向。惜民族心理亦未經一系統之研究耳。中國東西南北之人，其性情不同，除文化之影響外，亦多由於民族混合而產生此結果焉。

至於因人種混合而使文化混合，則尤為習見之事。有時人種不混合而文化亦可混合，如殷墟中所發現之複合動物石象，只能證明諸夏文化曾混合有含族之文化因素，而不能便謂由於夏族與含族雜婚而後殷人始有制複合動物石象之習慣也。又如日本之習得漢族之文化，不必便須與漢人雜婚。亦猶如吾人在歐美留學，不必須與歐美人雜婚也。然匈奴、鮮卑、契丹、女真諸民族之與漢人雜婚，而完全漢化，乃吾族歷史上犖犖大業。而吾漢人與他族雜婚而習得其文化，或間接由之而習得其他民族之文化，亦有指不勝屈之例。即雜居而不雜婚，亦不足使文化混合焉。

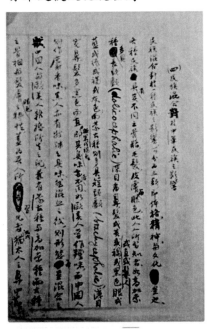

胡先驌著《中華民族之改造》之四、民族混合對於中華民族之影響的手稿

　　總觀中國五千年之歷史，實為一民族混合史。以各時期民族混
合故，我中華民族及其文化之素質乃時有變遷，以各地區所混合之
民族分子不同，其人民之性情、體格亦自有改變。以歷代民族混合
之情形觀之，大體上北方則雜有匈奴、東胡諸種族，西北則雜有西
戎、氐羌諸種族，湘鄂贛滇黔則雜有苗蠻諸種族，浙閩粵桂則雜有百
越諸種族。中華民族之強毅勇敢，堅忍質樸，忠誠冒險諸特性，多得
自所由混合之諸族，加以夏族本來之愛好和平與天下一家之民族思
想，遂能搏成此四萬萬五千萬最富有活力、耐久性、創造性與生存價
值之偉大中華民族焉。甄克思在《社會通詮》書中云：「世界歷史所
必不可誣之事實，必嚴種界使常清而不雜者，其種將日弱而馴致於不
足以自存，廣進異種者，其社會將日即於盛強，而種界因之日泯，此
其理自草木禽獸以至文明之民，在在可徵之實例，孰得孰失，非難見
也。」中華民族乃廣進異植者，此其前途之所以無量歟？〔註 1832〕

6 月 18 日，胡先驌致任鴻雋信函。

　　（電報）張納川兄密轉任叔永兄：

　　　　丙電覆，至念。農山將到上饒，弟擬往晤，靜所三年方針如何？
一、二期經費速匯沈金佩。紫太太到渝否？內人已到永豐。又煩轉
昆明中行，轉農泉鎮黑龍潭雲南植物研究所俞季川，弟請電匯十萬
元接濟。

驌　卯灰
（1945 年 6 月 18 日）〔註 1833〕

6 月 25 日，任鴻雋致胡先驌信函。

　　（電報）寧都中央銀行泰和分行煩轉永豐靜所胡步曾先生鑒：

　　　　灰電悉。靜所經費四十八萬元，並美援華補助。兄及楊惟義君
各四萬元已於五月二十日託中央銀行匯上，想洽收。聞農山抵上饒，
甚慰。渠款二十萬如何匯交，並盼示復。沈金佩已到渝，兄與農山

〔註 1832〕胡宗剛撰《胡先驌先生年譜長編》，江西教育出版社，2008 年 2 月版，第 359
　　　　　～363 頁。

〔註 1833〕胡宗剛撰《胡先驌先生年譜長編》，江西教育出版社，2008 年 2 月版，第 357
　　　　　頁。

能來渝一商否？

弟　任鴻雋　有

（1945 年 6 月 25 日）〔註 1834〕

6 月，胡先驌幫助中正大學家屬安全轉移。

　　1945 年日寇侵犯江西泰和時，我的夫君李靜涵在國立中正大學任教授，我在正大附小教書。在危急的情況下，我們全家老少三代和張肇騫教授、羅時濟教授三家拖兒帶女從杏嶺遷到羅家圩避難。剛住下幾天，日寇又進逼羅家圩，正處於進退維谷、焦急萬分之際，已經去職年餘、避難於永豐縣的胡步曾校長聞訊後立即派人將我們數家十餘口人接到永豐，得以暫時棲息。未久，正大在寧都復課，肇騫兄、時濟兄和靜涵都去寧都教學。我因即將分娩，與張、羅兩嫂仍寄居永豐。這年 7 月 17 日，我的三子在永豐降生。產後九天，永豐縣又告吃緊，敵軍進佔到距城 20 公里境內，胡校長又派人通知我們趕快搬遷並為三家各安排了兩輛獨輪車，幫我們運送行李和老弱乘坐。回憶在當時局勢危急而我們又一籌莫展的情況下，如果沒有胡校長的周密安排，後果真不堪設想！那時，肇騫嫂由於張先生不在身邊，嚇得哭哭啼啼，不知所措。還是胡校長找了一位家在永豐藤田的學生（姓名已記不清）護送我們三家到了藤田（紅軍老根據地）。就這樣，我們算是避開了敵寇。〔註 1835〕

　　夏，王戰邀請中央大學森林學系技術員吳中倫來中央林業實驗所鑒定標本，事後，王戰委託吳中倫（1913～1995）把採得該樹的一份標本（王戰 118號）和兩個果實轉交給鄭萬鈞（1904～1983）教授鑒定。鄭教授認為依所見枝葉標本及毬果的特徵，肯定該樹絕非水松，也不是北美的紅杉，一時也鑒定不出來，認為生存的松杉類新類群。

【箋注】

　　吳中倫（1913～1995），字季次，浙江諸暨人。1933 年畢業後浙江大學農學院高

〔註 1834〕　胡宗剛撰《胡先驌先生年譜長編》，江西教育出版社，2008 年 2 月版，第 357頁。

〔註 1835〕　梁玉冰著《憶古道熱腸的胡校長》。胡啟鵬主編《撫今追昔話春秋——胡先驌學術人生》，北京燕山出版社，2011 年 4 月版，第 272 頁。

級農業職業中學學農藝，1943 年任中央大學樹木園技術員。1945 年任雲南大學農學院植物學講師。1946 年至 1951 年在美國耶魯大學和杜克大學深造，先後獲碩士學位、博士學位。1978 年任中國林業科學研究院副院長。當選為中國林學會第五屆、第六屆理事會理事長。

【箋注】

鄭萬鈞（1904.6.24～1983.7.25），江蘇徐州人。林學家、樹木分類學家、林業教育學家，中國近代林業開拓者之一。1924 年畢業江蘇省第一農校林科。1939 年獲法國圖盧茲大學森林科學博士學位。1939 年 12 月，鄭萬鈞任雲南大學教授，兼雲南植物研究所研究員。1944 年到中央大學任教授兼森林系主任。發表樹木新屬 4 個，新種 100 多個，其中不少是中國特有的珍稀樹種。

7 月 1 日，召開中國科學工作者協會會議。

「中國科學工作者協會」在重慶沙坪壩借中央大學召開成立大會的機會，公推任鴻雋為大會主席，涂長望、潘菽報告籌備經過，中國科學社代表張孟聞、中華自然科學社代表沈其益、中華農學會代表梁希、中國工程師學會代表顧毓琇分別致辭，英國科學工作者協會會員、李約瑟夫人李大斐（Dorothy Needham）報告英國科學工作者協會的情況並致賀詞。〔註 1836〕

7 月 16 日，江西吉安《大眾日報》（記者：摩天）載：胡先驌先生談體育。

胡先驌先生為國際學者，負盛名，前任正大校長，於本月一日被邀請參加體專學生畢業典禮，先生和顏悅色對諸生訓詞。首先以「一個不等體育的國民，不能建設一等的國家」闡明體育的重要，次論體育的目的在培育強健的國民，而不是造就少數的網球大王，棒球大王的運動選手，再從歷史上論我國各朝代武力的興衰，也即體育的興衰，最後對體育貢獻三點意見：

一、體育與生活。體育與生活打成一片，體育是生活的內容，但不是生活的點綴，先生推崇爬山、游泳、打獵、騎馬、射箭、駕駛飛機、滑翔機、乘腳踏車等運動，不一定要西洋化，或古典化。

〔註 1836〕王希群、秦向華、何曉琦、王安琪、郭保香編著《中國林業事業的先驅與開拓者——凌道揚、姚傳法、韓安、李寅恭、陳嶸、梁希年譜》，中國林業出版社，2018 年 11 月版，第 154 頁。

二、研究國術。國術在從前，民間非常普及，鄉民休閒或賽會時常作英勇的比賽，蓋國術之功效有二：一可強身，二可自衛。至今國民習者尤多，而且有些技術高妙到很種秘的，確值得我們去研究，□□□□牌產生後，國術漸受打擊，為發展國民體育，提倡正常娛樂起見，國術有再度熱烈倡導與細心研究之必要。

三、體育教師的道德修養。體育教師不只是體育理論與技術的傳授之，而且是青年有力的領育導向，因為在運動場上最易暴露各人的優點與缺點，容易給人以深刻的認識，同時體育教師與學生接近的機會特多。於是體育教師對學生認識最透澈，學生對體育教師認識亦更深刻，學生無形中在模仿教師的行為，所以體育教師的言行舉動，要足以為人表率，他要有高尚的學術，要活潑、也要嚴肅，更要樂觀、奮鬥、前進。

（陳露先生提供）

7月16日，胡先驌致任鴻雋信函。談到靜生所事業永久性的問題，希望政府接管，掛靠教育部，以解決研究經費等諸項事情。特別談到人員問題，對三位原職員壽振黃、張春霖、李良慶在日本出任偽職，不應續聘。

前日接奉中央銀行泰和分行轉來有電，當即作一覆電寄中央銀行南昌分行代為拍發，想早蒙鈞覽。前得上饒電云，農山將到上饒，但截至今日尚無到達消息。農山本為正大部聘教授（陳部長任內所辦定），故蕭校長已派黃野蘿教授赴上饒迎接矣。故匯款可由蕭校長轉交也。農山夫人患心臟病，臥床累年，此次能否安全到達內地，尚不可知。且農山初到內地，尚須處置家務，想在短期內不能赴渝也。弟年來多病，精神甚為衰弱，值此炎暑，極憚跋涉。敵寇今成弩末，不久將自華南撤退，故至秋末冬初，若兄能洽購飛機票，供給來往旅費，弟可赴渝面商恢復靜生所計劃也。

竊以為靜生所經濟基礎即已動搖，則為謀永久計，宜有兩策，同時進行。第一，將靜所與北大或國立博物館永久合作，其經費歸北大或博物館負擔一大部分，如美國斯密桑研究所及其他研究所附麗於國家博物館或大學之前例；第二，籌劃經費作生產事業。今詠霓任行政院副院長，夢麟任行政院秘書長，騮先任教育部長，皆係老友，應不難辦到。此層請先與三公及范旭東、江翊雲兩先生商洽，

俟弟抵渝後即正式規定可也，然待至還都以後辦，亦無不可，好在
為期已不遠矣。

今寄上靜所卅四年度預算書，以經費過小，大部分人員皆遵吾
兄所示之放牧主義，以另就他事，但戰後皆須回所，亦皆願回所也。
留北平之壽振黃、張春霖、李良慶三人不擬續聘。動物部當商之農
山。另聘他人，就中以炳文（現在法）為弟所渴望。弟尚擬聘伍獻
文為秘書或副所長，以其有辦事才，將來可繼弟與農山之後也。鄭
萬鈞亦擬來靜所，久與弟有口約，唐耀亦擬回所，Merrill 尚推薦一
林惠林博士，只要有經費，人才事業不可限量也。

今年經費微末已極，但傅書遴得一機會作大規模採集。蓋江西
地質調查所往贛東一帶作茶區土壤調查，調查費有卅餘萬元，夏代
所長邀傅同行，所中再供給五萬元採集費，於是可作半年調查採集
事業矣。同為科學研究機關，經費之多寡，懸殊至此，一歎。然在
此居亂期中，弟亦不作奢望也。

專此敬頌

時安

弟 胡先驌 拜啟

七月十六日（1945 年）〔註1837〕

8 月 25 日，《政治之改造》文章在《龍鳳月刊》雜誌（第 3 期，第 10～34
頁）發表。其中《地方制度與地方自治》刊載 1946 年 2 月《江西國教》（第 2
卷第 3～4 期，第 15～17 頁）。政治是經濟集中的表現。政治成為了獲得、保
持、奪取權力的各種活動的總稱。政治與經濟、法律、宗教、道德等社會現象
有密切聯繫並且互相影響。其內容包括廣泛，如憲法、外交政策、官制、地方
自治、經濟制度、國防政策、兵役制度、勞工制度、法律、警察制度、社會制
度等。「我在《政治之改造》中主張顧及全民的利益，而不可僅顧及某一階級
如士大夫階級或勞工階級的利益，這樣便主張了要顧及官僚買辦地主等剝削
階級的利益。而不知剝削階級與被剝削階級利益根本上是衝突的，顧及了剝削
階級的利益，就不能顧及被剝削階級的利益。我還誤談了英美資本主義國家的

〔註1837〕 胡先驌致任鴻雋，1945.7.16，南京：中國第二歷史檔案館，484，（1026）。
胡宗剛著《靜生生物調查所史稿》，山東教育出版社，2005 年 10 月版，第
181～182 頁。

宣傳，則於蘇聯十月革命有嚴厲批評。」〔註1838〕「我在《政治之改造》文中，論外交政策說，中蘇兩國之交誼必須與美國、與加拿大兩國等，方為亞洲與全世界之福。我說蘇聯在十月革命成功以來，其對於我之外交即一反過去帝國主義之所為，而抗戰以還，有助於我者亦良厚，故我國必須以極親睦之友誼，以建立永久之邦交。但東北解放以後，蘇聯延不撤兵，而又將工業設備搶走，又要恢復帝俄時代的權利。」〔註1839〕胡先驌是一位很有政治理想的科學家，其深邃的思想、獨特的見解、令人耳目一新。人生一切公共的活動，都包括在政治範圍以內，所以改造政治，有十個基本原則。摘錄如下：

　　政治之改造，千頭萬緒，談何容易。政治包括整個民族國家一大集團之共同生活所需要之行政制度及運動，如憲法、外交政策、官制、地方自治、經濟制度、教育制度、國防政策、兵役力役制度、法律、警察制度、社會制度等等。除經濟、教育、社會之改造三項將另章討論外，今在此皆擬約略討論之。然在各細目討論以前，竊以為須認定政治改造有十項基本原則，茲特標舉之如下：

　　第一、須顧及全民之利益，而不可僅顧及某一階級，如士大夫階級或勞工階級之利益。

　　第二、須顧及民族與國家之利益，而不可僅顧及個人之利益。

　　第三、須顧民族永久的利益，而不可僅圖應付目前之需要。

　　第四、須求充分發展民族各方面之潛能，而使之日有進步，以發達至盡善盡美之域。

　　第五、須顧及整個人類與各民族之永久利益，必須與其他國家與民族謀互助合作，使全人類能發達至最高之標準。

　　第六、必須要認定人類之智慧絕對不平等，必須儘量養育多數智慧兼道德才能皆十分卓絕之人，以擔任重要行政職務與領導群眾，而不可徒騖民主政治之虛名，使無政治能力之群眾得以操縱政治而為政治進步之阻礙；同時須培養一般民眾之政治知識與判斷能力，使能共同促進政治之進步。

〔註1838〕 胡先驌著《對於我的舊思想的檢討》，1952年8月13日。《胡先驌全集》（初稿）第十五卷人文科學文章，第629～640頁。

〔註1839〕 胡先驌著《對於我的舊思想的再檢討》，1952年8月18日。《胡先驌全集》（初稿）第十五卷人文科學文章，第641～646頁。胡宗剛撰《胡先驌先生年譜長編》，江西教育出版社，2008年2月版，第364～372頁。

第七、不可單謀一人一黨一派之統治權,而抹殺他人之權利,或用任何不不正當之手段以謀求一部分人之利益,而犧牲他人或全民族之利益。

第八、必須主持大政之大員,有無可譏評指謫之公私道德。

第九、必須養成法治精神,使人人皆為國法所約束。

第十,須養成健全之文官制度。

以上十個基本的原則,希望各位深切認識。

……

論政治改造重要原則既竟,茲更分論政治改造之各項實際問題。

一、憲法

五五憲法草案,乃遵照孫中山先生之遺教,及現行之中華民國訓政時期之約法所擬定者。以視民十二年北京政府公布之憲法,固多所改進,然尚不能稱為完善。尤其在國民經濟章,尚未敢為如英國卑威里忍爵士(Sir Beverbridge)報告中所擬之政策之規定。固然訂定憲法,貴在實行,若過於好高騖遠,有法而不能行,適足以養成政府違憲之惡習。然立法不慎,亦足使反動者有根本大法之根據,而為政治、經濟、社會改造之障礙,甚至釀成社會革命焉。因此之故,憲法乃不可過於剛性,而使其修改不至於困難。如五五憲法草案第一百十六條所規定:「憲法非由國民大會全體代表四分之一以上之提議,四分之三以上之出席,及出席代表三分之二以上之決議,不得修改之。」以國民代表二千餘人之眾,則必難獲得如此之多數,而少數人大有破壞憲法修正案之可能。我國在戰後開始建國,國情改變之速,必一日千里。在最近認為不易改變之政治、經濟、社會情形,十年二十年以後,必大有面目全非之慨。故在制憲之初,必預謀修改憲法之便利,雖不必如葡萄牙所規定憲法必於每十年修改一次,至少亦可如波蘭之憲法規定每二十五年修改一次。若不規定修改憲法之時期,則須重訂修改憲法之方法,使之遠較草案所規定者為易。如國民大會須設類似下議院之常會,而修改憲法須經國民大會常會代表半數以上之提議,國民大會全體代表三分之二以上出席,及出席代表半數以上之決議,則憲法不至過於剛性,而不能及時修改以適應國家之需要矣。

　　五五憲法草案規定國民大會之職權，驟觀之似不為不大。然其弊在代表人數太眾，不易取得協議，而反易為少數人所操縱，尤足使罷免權無由實行，創制復決權亦然。其弊將與羅馬之各種公民會議相同，徒為少數政客與野心家所操縱，而不能代表真正之民意。立法院委員雖為國民大會所選舉，然與歐美各國之議院不同，並無彈劾與罷免總統與各部院首長之權，且總統與各部院首長對之並不負責。則除享有議決預算案、宣戰案、媾和案、條約案等權外，實際不過等於一擴大之法制局而已。且國民大會每三年由總統召集一次，會期一月，必要時延長一月。會期太少，為時亦嫌過短。至自行召集臨時國民大會，必須大會五分之二以上代表同意，則尤為困難。而對於國家人民命脈相關之預算案、宣戰案、媾和案，絕無議決之權，是國民大會雖有監督政府之名，而無監督政府之實，以視英美等民主國家之憲法望塵莫及矣。故欲使國民大會真正能行使職權，必須參酌憲政期成會之修正案，在國民大會中設立一議政會一類之常會，常會會員須為大會全體代表五分之一，會期定於春秋兩季舉行，每期兩月。有議決預算案、宣戰案、媾和案、條約案，及召集國民大會，與投不信任票與提出罷免行政首長與創製法律、復決法律、提議修改憲法於大會之權。斯國民大會，方得成為名實兼具之全國民意機關矣。

　　草案關於監察院各條文亦有缺陷。第八十七條規定檢察院掌理彈劾、懲戒與審計三種權。實則監察權不僅限於此三種，宜如歷代之御史臺及都察院，凡監察委員對於一般國事皆有建議與審議之權，及如歷代之給事中有封駁之權。蓋監察之職責，不僅在消極之彈劾，尤須有積極之建議權，及未至彈劾程度之審議封駁權。夫五權憲法之監察權，既為秉承我國自秦二千年以來之監察制度而成為五權鼎立制，則不應使檢察院之職權小於古代之都察院與給事中也。

　　此外則監察委員之人數，若照現額（十九人至二十人）似嫌過少，不足以監察此龐大國家之日益繁賾之事務。若每省得舉監察委員一人，則必在將省區縮小之後。如省區劃為六七十，則監察委員之名額增加至六七十人，監察院之力量或可增加。又各省仍須照現制設立監察使，而須在憲法中以明文規定之焉。

憲草第六章關於國民經濟各條文，在某種意義上為進步的，在某種意義上尚屬保守的。關於土地制度，雖以平均地權為目標，但無具體限田之規定，比較近代新興國家如芬蘭等之憲法尚覺不及。故必在憲法上規定田畝之最大限額。限額以外之田，須以繳收累進式之遺產稅之方法以取得之，而廉價轉賣於自耕農，否則土地兼併之害無法免除之也。又如德國及蘇俄憲法咸規定國家對於失業人民，有代謀工作或供給其生活之義務，英國之卑咸里忌爵士報告亦主張之，而五五憲草則不敢作此規定。蓋鑒於我國經濟力之薄弱，不敢好高騖遠以免國憲之徒為具文，此亦為賢明之舉。較進步之規定，可留待他年憲法之修改。然一百二十七條與一百二十八條所載「適當之救濟」句，宜改為「適當之贍養」，蓋救濟含有慈善性之意義，贍養則含有義務性質。文字誤用可發生謬誤之解釋，因而引起嚴重之影響也。又如訓政時期約法且明白規定國家應提倡各種合作事業與實行勞工保險制度，而憲草反無此項條文，則顯然為退步的。此皆宜重新加入者也。

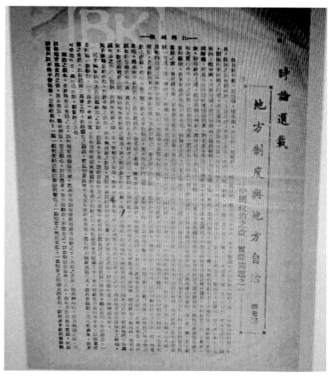

《地方制度與地方自治》文章

二、地方制度與地方自治

自秦廢封建，立郡縣，墮名城，徙豪俊，而後大一統之局以成。然大權集於中央，地方之發展遂不能如戰國時代之盛。自中國極盛時代至於今日，版圖之廣，有若歐洲，人民之庶，亦與之相埒。歐洲大國如英、法、德、意，其幅員與人民，不過與吾國一大行省相若，然其富強殷庶之況，則遠超乎我國之行省。其故為何？則我集合為一中央集權之國，而彼則大小之國林立也。故中央集權過甚，則地方不能發達。現代疆域最大之國有四，即中國、大英帝國、北美合眾國、蘇俄聯邦。大英帝國本為一聯邦，其自治領皆有獨立之主權，其離心力且日益加著，此種情形或終使大英帝國解體。然其各自治領能充分發展者，則在其有獨立之主權故也。北美合眾國本為聯邦，所謂各州，皆有其州憲法與州議會。各州自定之法律，且不一致。聯邦政府之權，近年來雖日增長，然地方之權仍甚大。紐約一市之權力且超越任何他州，此其所以能各謀其發展也。蘇俄自共產黨執政，極力實行中央集權之政策，且曾引起叛亂。然至去年乃政策一變，修改憲法，授予其各聯邦以組織軍隊及與他國訂立條約之權。蓋一國之疆土廣袤如蘇俄，自不宜過於集權於中央也。我國在清代行省之權頗大，庚子之亂，兩江總督劉坤一竟與鄰省督撫協立東南共保之約，頗有類似唐代藩鎮之處。至民國五年袁世凱帝制失敗以後，軍閥擅權，則已成藩鎮之局，而聯省自治之說，復甚囂塵上。自北伐告成，國民政府之政策，在完成統一大業，故一切政制皆趨向於中央集權之一途。至今日則省政府之財政權已被奪去，一切皆須聽命於中央。而五五憲草第五章第九十條且明白規定「省設省政府，執行中央法令及監督地方自治。」此顯有違《建國大綱》第十七條中央與地方之權限採均權制度之精神。照憲草所規定，省政府不啻一中央政府與縣政府之間一承上啟下之機關，而關於全省性之政務，一切皆須聽命於中央。以我國幅員如是之廣闊，而一切省級之庶政，皆須聽命於中樞，勢必有不能盡洽，而不免有閉門造車，削足就履之處。且以擁地千餘方里，有居民數千百萬之省區，除縣級之地方自治事項，得由地方政府與人民自由處理外，全省性之事項，雖省政府與省參議會，亦無權以處理之，此所以近年省政

之萎靡顢頇,毫無生氣也。其所以如此集權於中央者,其目的不外防止主持省政者之跋扈。實則苟軍權皆屬中央,而將現在之每行省劃分為二至四省,則省之實力大為減弱,而野心家不能憑藉省區姿睢。同時增加省政府之權力,使之對於全省性之政事,得以自由處置,且使其財政不須絕對仰給於中央。則消極的可免除省級政治窒格不通之病,而積極的可任其謀地方政治之發展。在將來建國之時,必可收較佳之效果,而亦不至於發生尾大不掉之流弊。且亦可以使才智之士,得在地方政府謀遠大之建樹,而不至於麕集於中樞,對於中樞之政治,亦不無良好之影響。若眼光僅注視於眼前之需要,而缺乏遠大之卓識,則懲羹吹齏,所失滋大矣。

民主國家以地方自治為政治之基礎,近數十年來,談政者皆能言之。而惟今政府始毅然求之以促成之,以達實現民權民主主義之目的。主席蔣公,一方面制定新縣制,一方面在《中國之命運》書中闡明我國國家建設基層在於鄉社之旨,而勉全國有志建國之士,充任鄉社自治員和保甲長,以簡單樸素之生活,以任建國之基層工作。此種睿哲之謀謨,實為秦漢以後,千七百年來所未有也。然以鄉治制度廢置已久,驟行新縣制,乃百弊叢生,固不可懲羹吹齏,然補偏救弊,則當務之急也。

鄉治之根本,在於得有志有識之士,以任鄉官而領導民眾。然在今日,則有身家與潔身自好之士,乃避之若浼,而劣紳地痞,以及無識之徒,乃以任鄉官貪污之資。良法美意,盡成弊藪,言之痛心。所以然者,有三癥結在,不盡去之,則新縣制適為擾民之具,而地方自治無由實現,此執政者所不得不警惕者也。三癥結為何?一為一般民眾缺乏政治意識與政治習慣;一為鄉官之地位太低;一為鄉官之待遇太薄是也。欲民眾有政治意識與政治習慣,惟教育是賴。為欲達成此目的,乃有普遍之訓練制度,省有訓練團,縣有訓練所。歲糜鉅款,而收效極小者,何也?蓋教育不能速成,鄉官之知既低,人品又劣,甚至於主持縣訓之人員,其知識才能與品德,皆不足以領導,而受訓之期又短,欲能求得預期之效,亦將有將豚蹄以祈滿車之歎矣。或又有以縣立中學養成縣級公務員與鄉官之主張,其弊亦相等。蓋縣立中學,大都只有初級班,畢業生皆係未及

齡之兒童，而所授課程，類與政治知識無關，欲以此等乳臭小兒參與地方政治，寧非笑柄？即一般高中畢業生，亦不足以語此。竊以為欲造就地方政治人才，必須在縣立中學以上，更設一兩年制之國民學院，招收高中畢業生，授以政治、經濟、社會、法律諸學科之原理，國際政治之潮流，以及少數實用之政治經濟課程，如戶籍學、民刑法要義、社會教育要論、會計學等。此等畢業生，可大量用之為縣級佐政官與鄉官，其拔萃而有經驗者，可任為縣長，則必可收著效矣。復次，秦漢之時鄉官地位甚高，「漢高二年舉民五十以上，有修行能帥眾為善以為三老，鄉一人擇鄉三老一人為縣三老，與縣令丞尉以事相教」。漢制：「十里一亭，亭有長；十亭一鄉，鄉有三老，有秩、嗇夫、游徼。三老掌教化；嗇夫職聽訟，收賦稅；游徼徼循，禁賊盜。」可見其時鄉官之權；而縣立三老可與縣丞令尉以事相教，則其地位之高可以想見，甚且可以直接上書於天子，則真能達民隱矣。在今日縣民大會、鄉鎮民大會，在理論上固可行使四種政權，但鄉保長之直接施政者，則地位甚低。在抗戰期中，尤難負責，故鄉黨自好之士避之若浼。必也提高其地位，使不至橫遭污辱。縣級長官，亦不得任意辱之，則自好人士或肯挺身而出，以任地方之事焉。同時，在今日縣級官吏之奉給已極菲薄，鄉官之俸給與辦公費則尤同具文。無仰事俯畜之資而責成廉潔，無辦公之費而禁止其攤派，寧非掩耳盜鈴之故智乎？任鄉官者，固不能希望優裕之生活，然亦必須足以資生事，必也使受有高中以上之教育之人，與地方紳者，能終身服務於鄉村而不悔，斯可望有良好之鄉治焉。

按五五憲草，縣長由縣民大會選舉之，其候選人以經中央考試或銓定合格者為限。此種規定甚少流弊，第在邊遠之區，或難得合格之人，然在大多數縣分，想尚不難獲得適當之人選爾。在本縣人士中，由縣民大會選舉縣長，與由省政府委任，各有利弊。然為長久之計，仍以民選為能達成民權主義，在過渡時期，雖有流弊，亦宜忍之。若省政府與監察官監督綦嚴，流弊自可減少也。按憲草將來之地方官為省縣兩級制，行政督察專員在廢除之列，以免三級制之疊床架屋，自是良制。惟為省政府能盡督察之責計，省區勢必縮小，否則必有政務叢脞之患。同時縣長之地位與俸給宜提高，一二

等縣縣長當皆為簡任職，僅三四等縣為薦任，而縣級佐治人員之地位俸給亦宜提高，斯可得資歷學識較高之人充任。縣政庶乎有矣，而地方自治可得較佳之成績焉。憲草無特別市之規定，殊為失察。現今我國已有若干龐大之特別市，如上海、北平、漢口、青島等，以後工商業發達，則必繼有新興之特別市，其人口之庶眾，事物之繁劇，財源之雄厚，遠非大縣可比。在外國如英之倫敦市長，美之紐約市長，其地位皆與省長相若，甚或過之。若其官制擬以縣為準，必多扞格，此不可不預為計及者也。

縣級地方官吏，最主要者固為縣長，而縣級佐治人員之重要，實亦不亞於縣長。在兩漢以縣級佐治人員起家，而得為卿相者，殊不乏人。在清季縣級佐治人員，亦由中央政府所任命，黜陟遷調，縣長皆無權過問。於是，則佐治人員，亦得以朝廷命官自居，而得保全其清操，不至完全變為縣長之幕僚，惟縣長之命是聽，其制至善也。然今日各省頗有以佐治人員完全為縣長之附庸者，無論其賢否，皆以縣長之進退為進退，其流弊有不可勝言者。在福建則佐治人員得有保障，縣長蒞任，只能攜一秘書，前項流弊可以杜絕，然佐治人員又得因以結黨把持，使縣長不能有所施展，其弊又趨於另一極端。是宜斟酌損益此制，使縣長固不得任意更換佐治人員，而佐治人員之把持縣政，與縣長不能合作者，縣長亦得請求更調或彈劾之，則兩種弊端皆可免除，而縣級官吏之職權，亦得適當之保障矣。

縣鄉政治最急之設施，厥為戶政。戶籍不明，則賦稅、治安、兵役、力役、義務教育皆難措辦。古昔注重丁稅與力役，故皆知重視戶政。然歷代以苛稅苛役擾民之故，戶籍調查類多不實。而丁亂離之後，則鄉治廢棄，戶政不修，如東晉、如唐天寶以後，以迄五季，其著例也。自唐府兵制廢，而楊炎復改租庸調為兩稅，後世因之，戶政遂愈失其重要性。又或承平日久，府庫充溢，政府為市恩於民計，乃有停編戶籍之舉。如唐玄宗以寬仁為理本，不為版籍之書；如清聖祖末年定永不加賦之制，復將丁稅折入田賦，而行所謂一條鞭之法。於是戶政乃盡廢。其流弊所屆，地政永無清釐之日，即已墮之鄉治之基礎，亦無法重建，遂使中國乃成全世界惟一無戶政之文明國家矣。殊不知戶政不僅為地政、役政、稅政之基礎，亦

為地方自治、普及教育與普及兵役之基礎。王荊公保甲制實行以後，不但藉以編練成七百餘萬民兵，且劇賊與窩藏通匪之人，亦無所容身，而盜賊大息焉。印度人口之庶，僅次於中國，但近年曾舉行極精密之戶口普查。在今日無普查之國家，僅有中國矣。故今後之內政設施，應以戶政為第一急務，必須舉國皆頒行國民身份證，且須附以相片指紋，庶無冒名頂替之弊。同時以地方警政，寓於保甲法中，則可收閭里治安之道，而一切奸宄，皆無以施其技矣。淪陷區在日人之管制下，戶政之實施或竟在自由區之上，尤以東北與臺灣為然。今失土已收復，我之戶政，只可較敵偽之設施為佳，而不容落後，且統一戶政以期普及於全國焉。

新縣制實施有一種困難，乃為當初計劃新縣制時所未計及者。蓋縣政獨立，在理論上固屬至佳，且以督促縣政府以整理縣財政與實行造產，然各縣之經濟狀況，每有絕大之懸殊，甚至比鄰之縣亦然。在舊縣制，縣財政與省財政之一部分，可由省政府統籌，則各縣財政雖有豐嗇之殊，然尚有截長補短之可能。今則新縣制規定縣財政獨立，在財源富裕之縣，固屬毫無問題，在特別貧瘠之縣，則將無法維持其行政機構，而其事業亦將變為有名無實，馴至同工而不得同酬。官吏不能保持其廉潔，而待舉之要政不得不舉，當局對於民眾乃加以超過其能力之負擔，否則巧婦難為無米之炊。而百廢皆不能舉，雖云主持縣政者，應積極進產，以充裕其財政，然每有因環境所限，除苛斂外，甚少造產可能者。此種情形非閉門造車之立法家所預知，而為主持省政者所深悉，此則宜重為檢討者也。竊以為政府應授予省政府以特權，將各縣之情形詳加調查，一面督促各縣整理財政與造產，一面對於絕對貧瘠之縣酌量予以經濟上之協助，如在清代省與省間之協助。然而在貧瘠之省份，如西康、青海、寧夏等，欲推行新縣政，中央政府尤須予以協助，而不可任其自生自滅，如秦人視越人之肥瘠也。

其他地方行政，如鄉鎮造產、合作事業、衛生行政、義務教育、社會教育等等，將在他章論及之，此不贅及。

三、國內其他宗族之自治

中華民族以漢族為主，殆居全國五分之四以上，其他宗族如滿

族則已完全同化，回族之在西北各省者，同化者亦居多數，苗、猺、儸、倮、傈、撞、泰、佘等各族合計不過數百萬人，其文化類皆落後，漢族對之有保育教化之責。照政府現在之治理方針，則此類宗族終必與漢族同化而後已。有獨立之文化而最難於同化者厥為蒙、藏族，人數亦較夥，蓋其生活方式與漢族異，漢族與西南各宗族及一部分回族皆從事農業，而蒙、藏兩族則從事游牧，其居處又多在沙漠高原苦寒之地，少與漢族接，故不易同化也。

我國既以民族主義為立國三大要素之一，則對各宗族自必一視同仁，而無歧視之心。其文化落後者，人數較少，則宜施以教育以提高其文化水準，裕其經濟，以提高其生活水準；其人數較多而具有獨特之文化者，則宜許以高度之自治，然同時亦求文化之交流，經濟之互助，以期終能融合為一國族焉。此次六全大會宣布給予外蒙與西藏以高度之自治，誠能貫徹民權主義焉。

蒙古族分居大漠之南北與新疆青海各地，其居於漠南者（即在熱河、察哈爾、綏遠三省者），與漢族較為親近；其在外蒙者，則感情較為疏遠。今外蒙既允其獨立，則對於漠南之蒙族，如何羈縻感召之，是必須有深思遠慮之策。惟有一事尤須特別注意，蓋蒙古草原宜於畜牧，而不宜於農耕，漢族移民每開墾其草萊而獲得巨利，然所墾之區，以雨水不足而烈風甚劇，其表土最易吹失，故肥美之草地每因漢人開墾之不數年即變為沙漠。此為最短視之農業，每成為漢蒙兩族互相仇視之主因。東蒙之攜貳半由於此。故以後蒙古草原之開墾，在所必禁，而宜獎勵畜牧事業，庶肉用乳用毛革用之牧群，日益繁孳，而畜牧業得以工業化，則漢、蒙二族以經濟之提攜，而相依為一體矣。

藏族居西康與前後藏，與之同血統之羌族（現稱為西番），則居於甘肅、青海、四川西北一帶，統為高原之游牧民族。在此廣大區域中，中央政令每不能達，居民多年在喇嘛教神權統治下。大寺中之僧侶雖有甚高之知識，一般居民之知識與生活水準則極為低下。漢族勢力在西康尚不能到達巴安以西，昌都雖在轄境以內，所奉者則為拉薩之政令焉。在此區中，居民皆以畜牧為業，然苟經營高寒農業得宜，兼營毛織業與牛乳業，此區之人口與經濟力皆可增加，

而礦業尤有待於開發。將來交通便利,工礦業繁興,近代文明可輸入,而政教亦將不變,則雖與以高度自治,亦不致有離心之趨向。矧今日中央政令已達拉薩,若保育勞來得策,必可施潛移默化之效焉。

東突厥各宗族居於新疆,而回教勢力則遍及甘、青、寧三省。然所謂熟回者,其生活習慣久與漢人同;其仍保持其舊習者,則為數甚寡。新疆地曠人稀,而居邊防形勝之地,移民實邊乃治理新疆之要策。矧其地為我國惟一之主要石油產區,又為他年日光動力資源之主要產區,故必銳意經營之,以為西北重工業區之中心。此區域數千年來為民族混合之洪爐,他日工業發達,人口增加,少數之突厥民族自不難全部同化於漢族。在今日拓殖之功未竟之時,尤宜教化柔來之使之向化,而無離心之趨勢,則有裨益於國計與國防者,寧可億計耶?

四、外交政策

外交政策關係國家民族興衰者至大,故柄國鈞者必須詳為研究策劃,規定遠大悠久方針,以不變馭萬變,斯能領導群倫而不至仰人之鼻息。中國自鴉片戰役之後,百年間之外交史皆為喪權辱國之國恥史,幾無外交政策之可言。李文忠之聯俄制日,亦徒召列強割據之禍,而為失敗之外交。直至近年始有可以稱道之外交焉。今我國以八年抗日之戰爭,而取得世界強國之地位,今後對於世界各國,必須有明哲之外交政策,殆無疑問。茲特申論之如次:

我國之外交應有二大方針:即與世界一切國家民族合作以保持世界和平,促進大同之治,與扶植亞洲弱小民族而謀東亞民族之繁榮是也。天下一家,素為中華民族之最高政治理想,而我國此次神聖抗戰,又為反抗侵略,且全世界謀戰後復興,皆須捨棄戰前狹隘自私之國家主義,而謀全人類之互助合作,庶能維持世界之永久和平。故我國尤須以國際互助合作為固定不變之外交方針,而求居於世界領導之地位也。此次聯合國憲章告成,實為維持世界和平之最好工具,我國尤宜以全力擁護之焉。復次亞洲民族居世界之半數,而亞洲之獨立國家不過三數,其人民之生活水準類皆低下。此次大戰之後,殖民地政府將一變為扶植小民族政治,庶以根絕第三次大

戰之隱患，而謀全世界之經濟繁榮。我國既代日本而為東亞第一強國，則對於扶植亞洲弱小民族，使之能自立自強，尤屬責無旁貸。此二大基本方針既立，則一切外交國策，必皆為求所以達成此目的者。至於具體之因應方針，則視各國而異，而應分論之焉。

在此次抗戰中，美國為吾最偉大之盟友，事實上亦將為二十世紀下半期之世界領袖。今後此兩大盟邦需要互助合作，較前益切。美國仗我以安定與領導東亞以建立世界和平與繁榮，亦以解決美國戰後經濟復員之困難；我國則仗美國假我以資本與技術，以達成工業化之重要任務。加以兩國過去之友誼素篤，而在將來亦不至有利害衝突，則兩國之國交自必日趨於敦睦，而此東西兩半球兩大強國之友誼，實足以左右世界之政治，殆無疑問，故我國大可以親美為外交主要方針也。

大英帝國與我國國交最久，而過去我國受英國之影響亦最大。中英外交在前百年中雖多不快之事，然時過境遷，在此次並肩作戰中，廢除不平等條約及其他方面，英國與我臂助良多；而在緬甸戰役中，我遠征軍對於英軍亦有光榮之協助。同時我國素無領土野心，英國對我國亦無庸略存猜忌之心，而英國今後在印度與緬甸之政策亦必有根本之改變，則以後中英兩國之友誼自亦必日趨於增加。惟香港為鴉片戰役之結果，此島若不歸還，則中英兩國之友誼不能稱為圓滿。且戰後臺灣既已復歸祖國，而海南島與南方大港皆須開闢，則以後香港九龍之重要性將一落千丈，英國又何必死守此據點而不肯放乎？故為中英兩國之永久友誼計，英國必須歸還香港九龍也。

蘇俄與中國國界接壤者數千里，一若美國之與加拿大然。故中蘇兩國之友誼必須與美加二國等，方為亞洲與全世界之福。蘇俄自十月革命成功以來，其對我之外交即一反過去帝國主義之所為，而抗戰以還有助於我者亦良厚。其立國之主義視我國之三民主義雖有激進緩進之殊，而根本之精神則歸於民生主義，故兩國必須以極親睦之友誼，以建立永久之邦交也。蘇俄以後之發展在東歐西伯利亞與北極，以其地廣人稀與資源之豐富，與中國殆無利益衝突之可言；而中國除在固有之疆土外，亦不至向中亞細亞求發展。今中蘇友好條約既已訂立，其有助於蘇聯之經濟與國防者不可億計，則我國與

蘇俄間尤易建立美好之國交，故在我國親俄之外交，亦與親美親英之外交同等重要也。

歐洲大國法居其一。在此次世界大戰，法雖挫敗，今已復國，且要求恢復大國之一切權力與義務，而以世界五強之一自居。以後必與英美緊密聯繫，以求獲得問鼎歐洲之地位。且其文化素高，經此次挫辱之後，必將發奮圖強，一洗從前萎靡苟安之習，故在二十世紀之下半期，將重睹法國之復興焉。我國今後之外交，必具有世界性，在過去我國與法之國交素篤，故以後再必求與法國建立更積極之外交，以謀文化與經濟上之互助。惟在安南我國與法國之關係必須改善，而滇越鐵路在我國境內之一段，既已沒收，自不能再行歸還；而為其攘奪之西沙群島，亦須歸還；且我國本與泰國接壤，而自南掌為法所掠，我乃與泰隔絕。此一小區域，地關行勝，勢必索還。苟此等小問題解決，則我大可以與法建立親善互利之外交焉。

東歐各國如波蘭、捷克、南斯拉夫，皆屬斯拉夫民族，在目前國勢不振。然在蘇俄提攜之下，則在將來之世紀中，國勢必能蒸蒸日上。即羅馬尼亞與匈牙利亦將恢復其在多瑙河與巴爾幹之地位。我國固不須積極參與東歐之外交，然亦不可視為風馬牛不相及，而絕不過問。在我國工業化之後，未嘗不可與東歐各國發生經濟關係，而文化之聯繫則在此時，正宜著手建立，以期收效於來日焉。至於斯干丁那維亞三邦與荷比，雖壤土偏小，而文化特高，比荷與我過去尤多經濟關係，則尤宜建立積極之親善外交，以求文化經濟之互相合作，不可但以形式上之酬酢為滿足焉。

德國為此次大戰中罪魁禍首，我與盟邦既與之宣戰，今彼雖以潰敗而投降，在我思及其過去之罪惡似尚應有餘憤焉。然自第一次歐戰之後，德與我之友誼即日增進，文化經濟之關係亦密，尤以建軍德大有助於我。今后德雖一時不能恢復國力，然將來必終能以輕工業立國，無論其國土將否剖分，三五十年後在歐洲總必能恢復若干之地位。且經此喪亂之後，德如求經濟更生，勢必極力與我親善，以謀得我國之市場，故我與德應循過去之邦交，以謀文化經濟技術之合作。我與新意大利之關係略與德同，恢復舊交，多建友誼，亦謀國之遠猷也。

我國在美洲除對美國外,殆無任何之外交政策,此大國之羞也。南美各邦巴西、阿根廷為次,秘魯、智利文化亦甚高,其他各國以地瀕熱帶,富源多未開闢,人口異常稀少,而在此次戰爭中,以因應美國之戰時需要,經濟卓有進步,故在二十世紀末二十一世紀初,當能大有發展。日本有見於此,故在南美曾有積極之經營。在我國則除康南海早年曾提倡向南美移民外,至今殆無人措意於此西半球一塊大陸,此愚昧之極則也。故我宜及早與南美諸邦,尤以與巴西、阿根廷建立積極外交,以謀文化經濟之合作,亦應與之訂立移民條約,庶使吾僑民均以在此新大陸謀一立足之地,則有裨於國計民生者多矣。

吾國在近東素無外交,近年始在土耳其建立使館,然與伊朗、阿拉伯、埃及、阿富汗尚未建立外交關係也。然近東為回教民族之轄境,回教民族有三萬萬人,近東之居民亦八千萬人,而我國西北境之居民十九為回教徒,新疆且與阿富汗接壤。漢唐立國固以親西域為國策而收莫大之效,而我國且與波斯大食共操印度洋與波斯灣之航權與商業權,我之文化經濟受近東交通之影響滋大。今乃一切割絕,寧非大背立國之道乎?近世以來,近東諸邦國勢誠不振,然在土耳其自基馬爾主政,東亞病夫已一躍而成現代化之回教國領袖;伊朗阿拉伯亦皆有革新之政。二十世紀末行見回教諸邦之改革,而躋於現代國家之林,泛阿拉伯運動已見其端矣。日本之外交高掌遠跖,對於近東夙有遠謨。今我代日而興,且為回教大國,則寧不建立近東積極外交政策乎?矧利用日光為動力資源,將為二十世紀末葉之大事,則沙漠國皆將有立國之憑藉。五十年後之國勢,或將有驚人之變遷。未雨綢繆,我國固不可落人之後也。故允宜與伊朗阿拉伯重溫舊好,與土耳其更建立積極性之文化、經濟關係。他日西北鐵路告成,可自新疆南部建一支線經阿富汗而達波斯灣,庶可不經俄屬土耳其斯坦而與巴克達鐵路接軌。則我國與西亞、東歐之關係,將有劃時代之變遷。

在東亞方面,我國在中南半島與荷屬東印度群島,數百年來有密不可分之關係。謂此廣大區域之開闢,食我僑民之賜,殆非誇言。今後殖民地政策將成陳跡,為世界之永久和平計,列強必須努力提

高此區域中一萬萬人民之知識與生活水準，使之共享富強康樂之福。
此正與我扶持弱小民族之民族主義相合。而我與中南半島三邦，以
交通便利而益發生親密之政治經濟文化關係，則於提攜領導此區之
弱小民族，亦責無旁貸也。在中南半島方面，我既有滇越鐵路以通
安南，復將建滇緬鐵路以通緬甸，則尤須建滇泰鐵路與滇緬鐵路相
接成直角，南貫車裏，經上暹羅以與泰國鐵路線接軌。如是則我與
中南半島三邦，以交通便利而益發親密之政治經濟文化關係，則於
提挈此區之人民，使之得文化與經濟之發展益易收效矣。

　　至於在馬來群島方面，我國之僑民久居重要地位。然荷印群島
最發達者只有爪哇，麻六甲、婆羅洲、蘇門答臘諸島，皆遠不逮，
至若新基尼亞等則尤落後矣。日後我國僑民在此區將日見增加，若
有遠識之外交，佐以經濟之開發，則有裨於此區經濟與文化之發展
者，殆不可億計。謀國者自應以此為主要之國策焉。

　　印度在古昔與我本有極深厚之文化經濟關係，清代不知外交為
何物，故印度與我疏闊達百年。今後印度與我之關係，以國際形勢
之變遷，必日趨於密切。而自中印公路告成，兩國之邦交當更有劃
時代之進展。中印兩國之人口占全世界人口半數有弱，此兩國之親
善提攜，殆可以左右世界之命運。故今後我必以與印度互助合作為
無上之國策，而以我戰後在國際之地位，亦易達到此目的。是在吾
人之有賢明靈活之外交矣。

　　日本為吾五十年來之世仇，而此次尤備受其軍閥殘酷之蹂躪，
敵我之形勢有若德法之在歐洲。論理我與日在最近之將來，殆無提
攜之可能。雖然日本此次已遭覆國之敗衄，其軍閥與軍備皆已被劃
除罄盡，而我且負有監督之指導之之責任，此後彼將無復有窮兵黷
武之可能，且將賴吾國之提挈以重新廁身於文明國家之列。日本朝
鮮之文化，皆出於我，今後朝鮮獨立，日本復興，在在皆須為我之
馬首是瞻，而三國之文化與經濟將復有親密之關係，若更獎勵大規
模之通婚，則尤不難使之同化於我。以我愛好和平之心，消彼悍驁
褊隘之性，東亞之文明將日趨於進步而為世界之光矣。

　　我國過去素不知外交為何物，尤無論於外交之方針，故雖不乏
有天才之外交家，而以無國策可以遵循，故亦僅能因應時局，而難

收卓效。要而言之，近百年來我國無獨立之外交，純處於被動之地位。今後政府當博延賢俊，縝密研究，以定永久之外交政策。政策一定，萬變不離其宗，政府可以代與，國策不能更改，不可但求目前之應付而忘久遠之鴻圖，則庶幾足以左右世局，而收效於五十年至百年之後也。

政策既定，則須大規模作育外交人才，以充壇坫之選。然環顧今日各最高學府，有外交繫者僅一中央政治學校，外交人才至多也僅通英、法、德、日四種文字，以我與俄國關係如此之密切，而通俄語者尤稀于麟鳳。西班牙語為南美洲各國與墨西哥所通用，其重要性可以想見，而全國乃無一學府設有西班牙文一科者。至若東歐各國語文，以及斯干丁維亞諸國語文，尤無論矣。印度與我國關係將日漸親密，而有志之士無修習印文之機緣。今雖有東方語文學校之設立，然在各大學尚無選習東方語文之可能，其他語文皆若是矣。至若更進而研究各國之歷史、社會風俗人情，則尤無足以語此者。十年前蘇俄研究我國之著作不下五千種，我國之重要期刊報紙，靡不搜羅備具。日本之研究我國情尤詳，而我則如何？靜言思之，寧不愧死！故今日要策，莫如在各大學廣設外交系，及各種語言學系，教授西史亦不可僅限於大邦。此等學生必須與以保障，學成之後，必盡先錄用，以充使領館之職。並且須廣派領事官於全世界各地，而對於其職守豫為規定，嚴為考核，必使之對於國交國策卻有裨益，而不徒伴食尸位；復須廣派人員至各國遊歷調查，以收觀察與酬酢之效。要而言之，過去外交部顢頇因循之積習，必須徹底劇除，以謀更始，則方有高掌遠蹠之外交可言。此等改革之重要性，殆不在工業建國或地方自治之下也。

五、國防政策

聯合國憲章成立，世界和平或可長保。然在人類尚未完全進化，戰爭尚恐不能完全避免，武器已進至原子彈火箭炮之時，則一國必須有遠大精密之國防政策，以保持可以抵抗侵略之力量。近百年來，我國於此毫無準備，直至十餘年前，我政府始有積極之整軍計劃，為組織新軍與空軍、改組兵工廠、修治道路等等。然以短短數年之準備，竟克建樹此次抗戰大業，強敵竟已覆滅，而我以積弱之餘，

一躍而為世界五強之一，此在世界史中不得不稱為稀有之奇蹟，無怪為舉世所驚歎欽佩也。雖然這個之成功與其在軍事方面，無寧謂在外交方面；就作戰而言，雖有千百可歌可泣可頌可贊之戰役，然終以準備不充，疊告失敗，最後之勝利尚賴盟友之友好協助，否則將無幸勝之理。故今日雖已獲得勝利，我舉國上下之朝乾夕惕，尤宜十百倍於前日，而尤以軍人為甚。若乘勝而驕，以為義師可使制梃以撻秦楚之堅甲利兵，甚或輕於言戰，則亡國滅種之禍潛伏於茲矣。可不戒哉！可不懼哉！

兵凶戰危，自經此次世界大戰而益信。今日之戰，全民族之戰也。戰爭之結果非一役之勝敗，而為一民族之存亡，故雙方必須作全國之人力物力動員，而務求對方之徹底敗衄，而不能再振。此次戰役雙方動員之人數與物資與其殺傷破壞之劇，豈第一次歐戰所能夢想？因其勞費之空前，故於對方遂毫無寬恕，必徹底擊敗之，使無條件投降，以後不能再整軍備，以作復仇之計而後已。蓋自茲以後，苟有戰事則必較此次更為劇烈，破壞之程度更廣更大，勞費益不可億計。此次戰役美國消耗物資之巨，至有人以謂美國將自有的國家，變為無的國家。倘有第三次世界大戰發生，則不但戰敗國陷入萬劫不復，即戰勝國亦將罷敝艱於復振。今幸英、美試驗原子能製造原子炸彈已成功，即利用原子能以供一切其他軍用亦指顧間事。苟不能保持永久之世界和平，則以後新式武器之殘殺破壞之力量，甚或足以毀滅人類之文明而有餘。故以後全世界在一方面必盡力以謀維持世界和平，而在另一面則戰術之精研，武器之探究，亦將日進不已，以求自衛自保之道。我國既為東亞之強國，而負有維持世界和平之責任，則亦必須建立國防之遠謨，與養成進可以保和平，退可以圖自衛之武器；而決不可泄沓苟安，以召萬一被侵之患焉。

今後我國之國防政策，仍以審哲之外交為第一義。蓋必以全力謀得勝利之外交，以獲世界各國之多助，斯能立於不敗之地；否則雖以德日武力之強，敵愾精神之勇，終必取覆滅之禍也。外交既能立於不敗之地，則安全之策已籌得其過半。然同時仍必須假想橫遭強暴之可能，而一切之政治經濟之設施，皆必與自衛之國防政策合符節。蔣百里有言：「生活條件與戰鬥條件一致則強，相離則弱，相

反則亡。」則今後立國之道，即將求生活條件與戰鬥條件一致也。其方法維何？即政治上之設備（包括教育與社會活動）必求可以養成應付今後戰爭之人力與意志，而經濟設施必求可以養成應付今後戰爭之物力。不但此也，所需要之人力物力與意志，即在日常生活中充分準備之，斯在自衛之戰爭中，可以造成不可勝之條件，則黷武之民族，對我必將有所戒懼，而不敢輕於一發矣。

養成戰鬥意志之目標，在使人人皆愛其宗邦，而樂為之效死。國家苟有急難，則舉國人民不問男女老幼，皆不惜犧牲其一切以救之。此種忠誠，我國民族本富有之。故五千年來用能勝三苗、攘匈奴、覆蒙古東夷，屢次掙脫外族之束縛，而恢復國土。且我國人之從事戰爭也，有迥與歐西民族者。即歐人力屈而降，不失武士光榮；而我之執干戈以衛社稷者，則戰敗惟有死節。此種視死如歸之精神，遂促成五千年來無量可歌可泣之節。此俄國軍事家柯騰勒夫中校（Anatol M. Kotenev）在其《中國之士兵》書中，極致其景仰之忱，而日寇亦謂中國士兵素質之佳，僅亞於彼而超越德人也。

雖然，中國士兵與將領，非盡有此效死之精神也。綜觀往史，將兵者認賊作父、為虎作倀者，屢見不鮮。喪敗之餘，全軍瓦解，若鳥獸散者，亦數有之矣。且每當徵兵制敗壞之後，民不知兵，則一般人民，多無為國效死之精神與訓練，每不以靦顏事仇為恥辱。士大夫且不惜為異族效忠，以博取富貴；又或士兵惟主帥之命是從，主帥叛國，則士兵亦盲從之，而不惜自相殘殺，此真民族之羞也。反而觀此次之歐戰，英人素以愛好和平為職志，而此次抗戰之意志，遠在法國之上，老弱婦孺，靡不同心戮力以自衛其祖國。此則其人民之教育程度與愛國之精神，有為他民族所不逮者矣。以我民族教育程度之低，此次抗戰，已表現偉大之意志，以後尤宜施以軍國民之教育，使人人有愛國心與戰鬥之習慣，則隨時可以從事自衛之戰矣。欲達成此目的，首須使全民皆兵役，庶使人人皆知服兵役以衛國家乃國民之義務。然以吾國人口之眾，訓練國民軍之費用必極龐大，是否為國民經濟所許，尚有疑問。然不妨將兵役期間定為一年，分為數期，在農隙時舉行，甚或以軍事訓練普遍施於三民主義青年團以及中等學校及工廠鐵路等工人集團中。惟訓練必須認真，必須

人人能使用各種之輕武器及騎馬、乘摩托車，此為基本之國民軍。此外則訓練五十萬至一百萬之志願軍，為期二至三年（甚或五年），此項志願軍可在高中學生中募集挑選之，以充機械化部隊或海空軍之用。優與薪餉與就業之鼓勵，或擇其優者退伍後，授以後備軍官官職，以為儲材之用。如此則可獲得充分之戰鬥人力矣。在訓練期中，無論為國民軍或志願軍皆須儘量養成其使用機械之習慣，而在工業建立生活水準提高之後，尤宜儘量提倡一般人民使用自行車、摩托車、汽車、汽艇、甚或私人用之飛機，將來如有原子能之汽車發明，一般人民亦須在政府管制之下，學習駕馭此項機車之技術。婦女之欲就業者，工廠亦兼收用之。在北方則提倡乘馬，在墾荒之區域集體農場則提倡以曳引機耕田，使之易於學習行駛坦克車等武器。茍如是，則不難建立現代之軍隊矣。

在建軍之前，尤須積極改良軍事教育。我國設立軍事學校已逾四十年，而軍事學校之程度，以視文學校則相去頗遠。丁此新武器日有發明，戰術戰略日有改進之時，只受有舊式軍事教育之軍官，實不足以適應此新環境。而在軍中官階之陞轉，以資格與戰功為轉移，而不以其學術為標準，此實至危之道。雖有新武器新訓練之下級軍官與士兵，而上級軍官學術不足而負指揮之責，則必多所僨事矣。軍事之程度既低，練兵之效果自劣，且軍官之薪餉過薄，不足以仰事俯畜，遂使有志之士裹足，而軍風紀之壞，有令人腐心者。故以後必須另建新軍，一面盡力提高軍官學校之教育水準，並給與以與文官相等之待遇，同時養成其絕對自尊心與責任心，使之決不有侵吞餉項、魚肉人民、舞弊營私、干預政治種種之惡習，則軍政其有豸乎？

國防之物力方面，包括人力以外之一切物質條件。參謀本部之職責，即在如何調查研究充實存儲利用之，以供作攻勢或守勢國防之用。而政府與人民之一切努力，則皆須與參謀本部所擬定之國防政策相配合、相呼應，以求能達成此國防之目的者也。此項調查研究，不可僅限於本國，且須遍及於全世界，庶能知己知彼，以為交友應敵之參考。德國薈萃其全國之各種專門人才，以創一政治地理研究所，其研究之所得，乃為參謀本部戰略之所取資。在此次戰爭

之初期，頗收著效；然究以研究英、美、俄三國之民族性與民治國家之民族性未見瑩澈，卒招此次之挫敗。日人對於此種調查研究，以及間諜聯絡之工作，幾於無孔不入。如其在新疆回教徒中之策劃，與派陸軍大將微服旅居緬甸十二年，以聯絡僧徒，與擬定在印緬野人山熱帶雨林中作戰之方略，用能以森林滲透戰術，越野人山而拊仰光之背，以告一時之成功。其殘虐黷武，固為其致敗之主因，其平時策劃之精詳，亦其克敵致果之所取資，而可以為謀國者之冰鑒者也。我國深知研求地利以謀國者，在清初有顧亭林、顧祖禹兩大儒。亭林之著《天下郡國利病書》，蓋以研求地理以謀施政；祖禹則研求山川形勢，關塞險阻，及歷代行軍之往跡，以為兵家之參考者也。今時移勢易，地利與戰略之關係，因武器與交通之改進而驟變遷，顧書已失去若干價值，然亦宜師其意而更研求地理之新關係，以定國防之設施焉。

國防之設施，常設數個假想敵，以定軍事之方略，固不必對於某某國家真有敵意也。換而言之，軍事方略，將以我國之地理形勢為斷，以為苟有敵焉，其襲我自大陸或自海疆，則我將如何如何以應之，其襲我自南北或東西，則我將如何如何以應之。我國戰後建國之方，自以建國大綱為軌範，第其設施之次第，則必首須適合於國防之需要耳，其詳固有待於專家之研討。然有二義則特為重要，不得不於此標舉之：一則欲固吾圉，第一必須鞏固北疆。英國某地學家以為蘇俄之所以立於不敗之地位者，以其據有歐亞之中心形勝地。他日開闢北冰洋沿岸，則北方之熊更可以安坐而應敵，而無後顧之憂。吾雖無此形勝，而我之北疆緊與俄之中心形勝地接壤，東自三邊橫越外蒙古而西達帕米爾之墟，綿亘萬里。西有玉門新疆之油礦，東有撫順、鞍山之煤礦，國防之重要資源，咸度藏於茲，可稱為我國之生命線。且萬里荒漠，今日視為不毛者，不半世紀將為日光動力資源之無上寶藏。而嚴酷之氣候，適為強兵之所資。故在漢、唐德據此以與北狄爭衡，其形勝視蘇俄抑其次也。用是宜優先築成自三邊橫貫外蒙古以達新疆之鐵路幹線，肆全力以移民實邊，而首闢東北、西北兩大工業中心。然後訓練精銳之機械化之雄獅以固吾圉，一面修睦鄰之外交，則國防之要義已得過半矣。第二則為

應付假想敵之攻擊起見，全國不可僅建少數之工業區，而必盡可能分散各工業區於全國。一方面可免敵人之集中攻擊，即使三數區遭破壞而國力尚能支持；一方面可使廣漠之省區，各得平均分散之工業，而減少大都市工業集中之弊害。此二義苟能見諸實施，則所成就者已不尟矣。

自經此次戰爭，戰略戰術之變更，不但非抗戰前我國所能夢見，抑亦非抗戰之初德、日軍閥所能夢見也。我國主持軍政者，今殆已喻其端倪，無庸門外漢為之借箸。然願舉以告國人曰：今後之作戰，不可徒恃血氣之勇與犧牲之精神，而必儘量以求充溢之物力是也。據報章所載，今日一士兵之配備，需要六噸之物資，其補充者且不計，作戰時士兵所需之營養約三倍於平時。故欲言國防，則必須預籌雄厚無倫之工業儲力，必也可以供給此龐大之消耗，方足言戰。且欲守必須能攻，方不致以我之疆土作為戰場，而蒙莫大之損失。則國防力量尤須倍增，故必須以三數十年，埋頭從事工業建設，求以裕民生，亦即以固吾圉，庶能達成軍事家所謂準戰時體制之國防焉。第二則須極力提倡科學研究。此次東亞戰爭之決勝至有賴於原子炸彈，則以後兵工科學之研究，尤宜急起直追。不但各國已發明之新武器如原子彈、飛彈等，我國必須自能製造，且須能不斷發明攻擊用與防禦用之新武器。故以後國家必須全力擴大兵工學院與兵工研究院，造就相當大量之兵工人才與超等兵工研究人員，在平時作戰時之準備。平時固不必耗費大量金錢與製造日新月異之新武器，但亦必在原來設計設備上有充分之準備，務使隨時可以製造此類武器，以應萬一之急需。而尤宜積極擴充各大學各研究機關，使之能有充分之人力物力以完成一切建國與國防之研究。對於科學家尤宜予以各種物資與精神之鼓勵，庶幾我國之國防與應用科學，可以急起直追，媲美歐美，則亦不畏強圍，而東亞之永久和平亦可奠定。蔣主席有言曰：「無科學即無國防，無國防即無國家」，所望朝野上下，深切體識斯語，以全力提倡科學研究，則國防斯不託之空言。此次戰役，雙方利用科學名家以製器，互為攻守，其變幻奇特，有如幻師之鬥法。然我國之真能重視科學者有幾人？蘇俄可稱科學家為英雄。一名園藝學家死，而斯太林為之執紼。而我國科學家在此

國難期間，幾難於存活。研究事業十九不能進行，尤無論矣。戰後若不幡然改圖，則我國科學研究將無由進步，欲求拾人牙慧，瞻人馬首，而圖建立國防，則其害且將過於緣木求魚而有後災矣！執政者其深念之哉！

述國防政策之理論竟，請更略言今日兵役制度之癥結。有清一代至於民國，建軍皆以募兵為原則。蓋自唐府兵制廢壞之後，一千年來國民皆不知兵役為人人必服之義務（只有王荊公當國之數年中，曾訓練義勇保甲及民兵七百餘萬人為例外。他如明清兩代之民兵，仍非普遍之兵役制度，而為募兵式之志願軍也）。驟行之既無經驗，又無機構，必至全國騷然，引起不良之影響。直至抗戰軍興，國民敵愾之心至強，實行普遍之兵役，始為全國所贊許。依理言之，此乃實行普遍之兵役制千載一時之機會。然以實行之不善，百弊叢生，強制執行，有如捕虜。飢餓疾病，死者重疊。訓練不足，等於不教之民戰。我敵強弱異勢，傷亡極巨。加以軍餉既薄，統兵者復肆行剋扣，遂使士兵生同豬狗（某參政員在報章公開之指謫語），死同蟻虱。故人人視從軍為畏途，而以逃役為能事。不然者以我國燕、冀、河、洛北方之強，配以滇、桂、湘、粵南方之強，勁旅千萬，寧難計日而訓練完成之乎？尤有巨大影響者，則士大夫階級概待緩役，因之士卒之苦痛，乃為知識階級所漠視。九天遼漠，呼籲無門，而兵役乃不可問矣。故日後之訓練國民軍，此等弊端，必須視同蛇蠍，除之務盡。必也使達官貴人之子，人人服役，而服役亦幾等於學校中之軍訓。生命體力，不致輕遭傷害，則士氣必可丕變。以吾國民刻苦犧牲之精神，寧不能訓練成超越德、日之勁旅耶？

在國防政策中，與兵役有相類之重要者，厥為力役。在古昔人民一面既須服兵役，一面復須服力役。苟不違農時，則每人每年為國家服役若干日，實為輕而易舉之事，而可為國家省巨額之費用。然自秦以來，其弊皆在政府之不恤民力而濫用之，遂使力役為猛如虎之苛政。至王荊公以雇役代差役，遂成九百年來不祧之制，而吾民之受賜乃不知紀極。然在今日德國，乃首創人民義務勞動之制。此次世界大戰發生，英、美亦採取戰時服勞役之制度。美國且申言戰後仍須保存此制，蓋此制有俾於國家社會者甚大，而並不至擾民，

故可以立為永制也。西哲詹姆斯教授（William James）曾主張廢除兵役而以勞役代之。其他哲人亦以為凡過於勞苦或不愉快之工作，宜以服義務勞動之青年在短期內任之。此種遠大明哲之主張，實可詳密計劃之，使能實現。我國在此次抗戰中，義務勞動之實施，如以十七萬人開建滇緬公路，五十萬人開建川西之大飛機場等，皆已收卓著之效。戰後可大規模推行，尤以修築道路農田水利等。與鄉民有直接關係之工作，皆可以義務勞動方式以完成與維持之，則可節省國家社會之財力不少，同時亦可教育人民為國家服務。惟最要者乃在使民以時，嚴禁苛虐，則不至有大害；而有裨於國防者，當非淺鮮也。

六、法律

理想之法律，蓋以最前進之社會理想，訂定條文與制度，以供國民遵守，而又不背戾人類之天性，與當時此地之社會實況者也。世人僉推崇羅馬法，然韋爾斯則殊輕視之，蓋以其並不能達到此崇高之標準也。中國之成文法肇始於唐虞，完備於周代，而戰國之時魏李悝著《法經》，是為刑法之祖籍。而《周官》一書，姑不論其是否果為周公所著，實行政法之星宿海，而為《唐六典》與後世各會典所導源也。李悝之法，經歷秦、漢、唐、宋，下逮明、清，二千年來蛻嬗不絕，中國法律所以能占世界四大法系之一，而為世所稱者，即以其源遠流長而又公正也。

我國法律最可稱道者，厥為行政與刑法之美備。其缺點則為無憲法、民法與商法。且成文法固定性太過，閉門造車，無論條文如何精密，皆不能與社會需要適應。故《大清律例》與《大清會典》，至道咸以後，已難適應；而至光宣之世，則非徹底改造不可矣。民國以還，治法學者乃剿襲日本法律而成民國初年通行之法律。日本法又承襲歐洲之大陸法系，我國之司法於焉成立。然我國社會情形，與歐陸及日本相異之處極多，立法者閉門造車，不能合轍，自在意中。故流弊甚多，而不得稱為良法也。至於民國政府成立後，立法院所修訂之法律，一方面固具有革命精神，而距社會之實際狀況愈遠，故猶不及北政府時代所訂之法律焉。

中國之社會正在蛻變之中，都市與農村，其社會情況，歧異甚

大，至若邊疆則尤鄙野。欲求訂立法律條文適合於所有不同之社會情況，殆不可能，顧此必失彼。亦尤莫斯科工廠所製造之高跟女鞋，而欲適於西伯利亞農婦之用，殆無望矣。編纂法典，一面求適合最前進之時代精神，一面又求適合落後或宗法社會之農村，欲求其不矛盾相戾，殆不可能。姑舉一例以明之。現在之繼承法，取男女平等主義，故女子與外孫可以繼承父母與外祖父母之屋宇與田產。然在農村則十九為同姓聚族而居，族之大者可至一二萬戶。照其習慣法，不但屋宇田產之繼承必限於同姓之男子，即出嫁之女，亦不能在村中住家。此種家族主義之社會組織，乃與現行繼承法以個人主義為出發點者之精神，根本相戾，而無法調和者。若必強制執行，男女平等繼承之現行法，則必至徹底破壞聚族而居之農村社會，而引起不可解決之糾紛。反之在近代化之都市中，則男女平等之繼承，適又為最適宜之制度。如何依照兩種不同之社會之習慣，分別訂定條文以求切合社會之實況，實屬當務之急。故現行法律有全部加以檢討之必要，以求適合於三民主義之精神，同時不與社會之實況相違戾，則立法者之責也。

我國法律既由日本以剿襲歐洲大陸法系，則其精神與英美之不成文法國家大異。然法令時時窒格不通，則引判例以為衡，是又與英美相類似者。因之法官推論援引之伸縮頗大，或因此而為他國所譏議。然視蘇俄之法律則伸縮又嫌不足亦。如蘇俄政府初年之法律，規定結婚離婚絕對自由，男女兩方皆可片面解除婚約。然漁色之徒，乃利用此法律在一年中，結婚離婚十七八次之多。最後一次法官乃責以漁色，而判以強姦之罪。法官此舉，在此條文上雖為違法，而在公理上實能保持法律之公平精神。我國古代援經斷獄，即同此意。以此相比，則現在我國法官判案之伸縮，尚嫌不足，而良民每不免為舞文弄法之奸民所欺，此又改訂法律時所宜注意者也。

我國現行法律最大之弊端，為手續之繁複，至訴訟當事人身受無窮之損害。在都市中，訴訟手續不繁複或判決不能持平。在地方及鄉村中，則法律手續愈簡愈佳。如在村治最佳之地如山西，則通常民間之爭訟，皆可由鄉官調處批判而不至成訟，此實為最佳之事，否則必須組織巡迴法庭，深入鄉村為之判決。如此不但可以保障人

民之權利，亦可消弭人民自動之鬥爭如械鬥等事。而訴訟程序若能簡化，亦所以減輕人民之負擔也。

至於刑法，現行法律較我舊日刑法為寬大。其意不徒在懲惡而著重感化，尤以廢止體罰，為進步之象徵。然監獄制度不良，感化不得其道，甚難收得預期之效，而體罰之完全廢止，反無以儆凶頑。美國法律無體罰，故盜匪眾多，窮於治理。加拿大法律有體罰而盜匪絕跡，蓋凶徒閱不畏死，尤無論於監禁，而體罰之痛楚，可使其心理條件化（Condition），而終身知懼，於此而幡然改行者，不乏其人。故今日心理學家對於稔惡之盜匪，咸主加以痛笞，再施以治療。故昔日認為野蠻之法，今日則認為最合於科學原理，此立法者所不可不知也。又有先天犯罪性之匪徒，非感化所能影響，此等凶人以及曾犯殺人罪之瘋人，皆宜以最簡便仁慈之法以殺之，而不可慕寬仁之名，徒增社會之擔負。舊法尚有流配之法，今亦宜量為採用。一面可為地方除稔惡，一面使罪犯遷至一嶄新之環境，或能獲得自新之機會。大都市之流氓地痞，若流配至邊區，其舊日之憑藉既失，以其機巧變詐，或能在新環境中有所創造。英人昔日以罪犯移殖澳洲而收著效，亦吾人所宜效法者也。

要之社會變動不居，文明愈進，則社會變遷愈速。法律與社會不期然而然有一鴻溝，如何填實此鴻溝，則立法者之責也。憲法經若干年尚須修改，民刑法亦然。若過於固定，則易於僵化，其弊非導人民以弁髦法令，即事奸人有舞文弄法之資，此豈立法之本意耶？

以上所陳，不過政治改造之犖犖大端，若改造有方，則可啟國家之新運。新近舉行之國民黨第六次全國代表大會，所宣布之國民黨政綱，甚有卓識，允為將來政府行政之南針。若能採及芻蕘，奠定百世不祧之政治方略，則尤國家之福也。

8月25日，《教育之改造》文章在《龍鳳月刊》雜誌（第3期，第10～34頁）發表。這篇文章，應該是最長一篇，內容最豐富，建議最具體，說得最透徹，影響最廣泛，是一篇不可多得的好文章。全文分為七大部分。一、教育之目的。二、生活教育之長成及其變質。三、近代我國教育剿襲歐美之流弊。四、確定我國之教育目標。五、教育改造之內容。六、改造教育制度之具體方案。

七、結論。摘錄如下：

（一）教育之目的

教育之目的在教人如何增進其知能，修養其德性，以適應一切生活之環境，能達成此目的者為優良教育，不能達成此目的者，為惡劣教育。美儒威廉氏云：「社會問題以生存為重心」，孫總理云：「民生是社會進化的重心」，是人生一切努力皆有益於生存與民生，民生與生存即人民之生活，故教育必須求能改進人民之生活也。

人民之生活，非僅包括狹義之衣食住行物質生活而已也，若僅限於物質生活，則人類異於禽獸幾希。所謂生活乃包括人生之一切活動，包括謀生之知能，物質之需要，身體之發達，保健之方法，求偶生殖之本能，求知之欲望，情感之發洩，道德感與美感之滿足，宗教倫理之信仰，德性之修養，政治社會之活動等等，此多方面之活動若能平均發展，則為美滿之人生。教育之目的，即在如何指導與訓練個人，使人人皆能在生活之各方面儘量發展其潛能，以達到盡善盡美之域，如中庸所謂能盡其性與盡人之性者。且須使之深切了知若何之生活方式於個人於民族有不可避免之惡影響，於是方能正人心風俗，庶幾熙攘大同之郅治，能實現於今後之世界，以此為衡，則今日吾國之教育制度遠不能勝此巨任明矣。

（二）生活教育之長成及其變質

我國古代之教育即著眼於人生之全面，周官云：「大司徒以三物教萬民而實興之，一曰六德，知仁聖義忠和，二曰六行，孝友睦姻任恤，三曰六藝，禮樂射御書數」，孔子曰：「弟子入則孝，出則弟，謹而信，泛愛眾，而親仁，行有餘力，則以學文」。古代在小學則教灑掃應對進退，在大學則教修身齊家治國平天下，蓋吾國之教育傳統即為廣義之生活教育也，灑掃應對進退，生活所需也，修齊治平，亦生活所需也。六德六行，生活所需也，六藝亦生活所需也，孝悌謹信，泛愛親仁，生活所需也，學文亦生活所需也，後世則惟知重視知識教育與文字教育，六德六行久已不講，即以六藝論，禮樂射御亦非所習，即書數亦非所兼習，而盡驅一切束髮就傅之生徒於學文之一途，即就六藝論，亦只可稱為一藝教育而已，此我國教育所以與人生脫節，而流弊至於無窮也。

　　我國教育之弊，始於漢武帝之世，武帝宏獎學術，大興學校，「立五經博士，開弟子員，設科射策，勸以官祿，迄於元始，百有餘年，傳業者浸盛，支葉蕃滋，一經說至百餘萬言，大師眾至千餘人，蓋利祿之路然也」。自茲以降，無論入仕之途為選舉，為學校，或為科舉，一般人皆為利祿而求學，學校之制乃大壞。宋唐以還，以詞賦或制義取士，教育不但與生活脫節，且與政治脫節矣。孔子使漆雕開仕，對曰：「吾斯之未能信」，子悅。對後世干祿者紛紛，十九不明治術，而孰有「斯未能信」之自訟精神乎？清季雖廢科舉與學校，然科舉之遺毒，直至今日麗未泯，生徒之入學校，但為博得一資格而已，所學與生活截然為兩事，以之立身應世治事，無在而不感不足，國家與家庭年糜億萬資財，個人耗費平生三分之一最可寶貴之光陰，而所獲只此，豈不哀哉！

（三）近代我國教育剿襲歐美之流弊

　　近代我國之學制導源於歐西，歐西之教育與我國淵源大異，歐西之文明導源於希伯來之教義，與希臘之愛智精神，前者究天，後者究物，獨於人事，則鮮探討，故其教育與政治脫節，其個人之修養與宗教信仰合而為一，著眼在出世而不在入世，其流弊與印度相彷彿，其聖哲之修持，非一般民眾所能企及，故至近世乃發生極大之反動，宗教之信仰日衰，而群倫遂陷溺於物慾。近代科學，導源於希臘，而成長於文藝復興時代，自伽里略將物之可測量與不可測量之性質區分，物質科學，固日進千里，工藝文明於茲產生；然人生乃為物質所奴役而不能自拔，故今日歐美之教育僅囿於求知，當學習工農醫藥等實用之技術，以言個人之修養，則非所計及矣。我國現行之教育制度，仿自歐西，在低級學校所學之學科，僅為升入專門以上學校之預備，而與日常之廣義生活無關也，苟不能升學，則所學幾全無用。苟能升入高級學校矣，生徒亦僅知修養其所專治之學科，對於個人德性之修養或處世接物之道，從不知注意也，對於本國及世界之文化，素無所容心也，身受高等教育，而對於立國之政治經濟原理，或本國現行之政制與法令，茫無所知也，蓋除其所專門之學科外，幾一無所知，一無所能，一無所好。燕居之暇，無精神上之寄託，則飲酒賭博，或放僻邪侈，言不及義而已，此等

未受教育之專家，實非國家社會之福，使此等人物參預政治，支配經濟，主持建設，教育青年，欲求有良好結果，寧不等於緣木求魚耶？其所以致此者，則教育之不善故也。

（四）確定我國之教育目標

欲挽救上述之流弊，首須確定教育之目標，次須檢討教育之內容，不可徒囿於歐美教育之陳述，務求創立我國獨立之教育制度，以求如何藉教育之陶冶，以充實提高個人全部之生活。宜將各級學校之全部課程全部從新檢討，何種科目應設，何種科目應去，應有幾分之幾分時間，研究修身之道；幾分之幾分時間，研究應世接物治事之方；幾分之幾分時間，研求如何作一國家之世界之公民；幾分之幾分時間，研求專科之學問。以言師範教育，則在研究如何講授，如何訓導，以達成此目的，而不徒尚空言。允宜自小學至大學，皆編製一種「生活學」課程，包括一切切要之講習與訓練，庶幾生徒在每一級學校畢業後，即對於全部生活有關之知識技能，已瞭解與熟習至某一程度，個人之修養曾收若干之成效，而使俊秀之士，得無限之發展其潛能，則國家民族咸受其益矣。

我國古代教育之目標在「己立立人」，「己達達人」，在「正心誠意修身齊家治國平天下」，在「明明德止於至善」，在六德六行六藝「教萬民而實興之」此即文武合一，德術兼備之教育宗旨，自小學至於大學，小而庸德之行，庸言之謹，大而贊天地之化育，為天地立心，為生民立命，皆不能違此宗旨。小學中學之生徒，蓋有志於此而未逮者也，大學生徒，修此習此以期為民者也。今日學校中一般課程乃術也，四維八德乃德也，有術而無德，不得為君子之儒，有德而無術，尚不失篤行之士焉。今日物質科學之發達，日新而月異，此術驚人之發展也，然人與人之關係，則數千年來並無變更與進步。天下之達道古猶今也，充類至盡，至於民胞物與，所謂盡人之性，盡物之性，可與天地參，此古昔聖賢之大志，在今日亦應為吾人所企望也。范文正公為秀才時，即以天下為己任，在今日至少每一大學生，於入大學時，即當立任天下之志，存以先知覺後知之心，斯之謂立德，至於術則次要之事耳。故在今日而言教育，首須揭明此旨，俾生徒認清教育之目標，則南針既存，自不至迷方不返矣。

（五）教育改造之要旨

以言教育之內容，則至為複雜，而有若干要旨，不可不知。

（子）教育不可過於標準化

在一方面教育須求普及，一方面教育須培植特殊之天才，且人類賦性不齊，才能各異。……一面固須各科具備，以求廣開探討之門，然同時亦必須有甚大伸縮性，以求生徒能各盡其性，此一義也。

（丑）適應學生個性

人類之智力不同，其智商之差別，不可以道里計，通常城市居民較鄉村居民之智力為高，同在城市之中，其智力亦相去甚遠，通常社會之階層，實為智力差別之自然結果，然以人類遺傳性之極端複雜，在同一之社會與家庭環境中，個人之智力差別亦極巨大。……

（寅）培養高尚人格

人之德性之不齊，亦如其智力之殊異，有天生聖哲，稟性即先天下之憂而憂，後天下之樂而樂者，六德六行，在他人出於勉強，在彼則為本能，亦有生而暴戾恣睢，陰賊險狠，刻薄寡恩，知有己不知有人者，是為不可移之上智下愚兩等。……

（卯）建立宗教信仰

宗教信仰之發生，由於感覺自然之偉大，宇宙之秘奧，自身之渺小，生命之無常，因而引起追求究竟真理之欲望，與體驗此項真理之需求，此乃人類與生俱來之一種本能，亦即人類之得以稱為萬物之靈之原因。……

（辰）發展勞作教育

……宜多辦完善之職業學校，設備必須充分，師資必求上選，務使學生於畢業之後，即可獨立謀生，不必求為公務員，亦不必為遊食之惰民，社會之惡蠹。即在普通男女中學，亦必使學生學習一種職業，為機械工程，建築工程，農藝園藝，畜牧等，務使生徒習於勞苦，以能自食其力為榮，斯能矯正其數千年來錯誤之人生觀矣。抑尤有進者，動物之體力，亦如其智力，必須藉運用而增長發達，從事教育者亦知此旨，皆知看重體育，然藉學校中競技式之體育以謀增進個人之體力，並非最佳之方法，必也在日常生活中，有經常運用其體力之習慣者，其體力方能永久維持而不衰退，提倡勞作，

亦即所以發達體育，此又一義也。

（巳）國民教育職業化

盡人皆知掃除文盲與國民教育之重要，然吾國一般民眾尚不悅學，國民教育之推行所以至為困難者，一方面固由於愚民之無知，一方面現行國民教育，對於一般民眾之生活，少所裨益也。……以增加民眾之交通便利，且一方面以求健身，一方面又為國防之準備，此又一義也。

（午）政治經濟知識之培養

……故在今世，政教合一，乃無上要義，以言國民教育，除教授人民以增進生活之知識外，如何教授大多數人民以最低度之政治，經濟，法律，社會，與國際情形之知識，乃今日之迫切問題，必如是主義始能貫徹，憲政始能期成，地方自治與民權始能樹立，社會始能改進，而全國人民始能瞭解國際之情勢，以協助政府施行其國策，而充實人民之政治、經濟與社會生活，至於在中等或高等教育機關，咸宜養成生徒之政治知識與政治興味，必須使每一生徒，皆認識國民之政治責任，無論其專精之學業如何，盡人皆須有充分之政治常識，盡人皆不放棄其政治權利，則真正之民主政治，方能實現，而不至變成腐敗與專斷式之官僚政治，此又一義也。

（未）發展健康教育

健康與醫藥知識，尤與生活有關，而影響民權與國家之盛衰常至大。羅馬之衰亡，由於瘧疾之猖獗，東漢與元末我國之崩潰，則由於世界兩次之鼠疫，近世蒙古人之減少，則由於花柳病之蔓延，今日我國瘧疾與梅毒威脅民族生存者至大，其他傳染病亦然。……

（申）求偶生殖與育兒知識之傳授

求偶生殖與育兒，為人類生存之最重要事件，與家族國族之興衰，有密切之關係。……為青年人之心理健康及達成民族保育起見，性知識與結婚學必須在高級中學及專門以上學校之男女公開講授，而在女學校與鄉村學校中，傳播育兒之知識，尤為要圖，雖國民學校兒童年齡過小，不足以語此，然必須在成人班，設法講授此等知識，此又一義也。

（酉）女子教育之改進

女子與男子在種族上所負之責任迥不相同，男子所負之主要責任為生存，女子所負之主要責任在生殖，以其在種族所負之責任不同，故男女兩性之生理心理迥別，男女雖共同生活，然必須分工合作，生活方能美滿，教育之目的既為盡人之性，則必須求能盡女子之性，庶能充分發展其女性之潛能。……再則以女子在家庭與社會中之地位，德育視智育尤為重要，尤以女子富於情感，弱於理智，而在今日又取得政權，若無優良道德訓練，則其影響之惡，有不可勝言者，近年來女子在政治經濟各界，頗有偉大之力量，而每每貽誤家國，令人蹙額，挽救之道，端在施以嚴格之德育，此又一義也。

（戌）重視美育

美育為生活之一重要因素，人人皆有程度不同之美感，是為人類之重要精神活動，即在野蠻民族，其美感亦相當發達。美感如能充分發達與滿足，則其人心身愉快而樂於上進，其品性與生活習慣，皆受莫大之影響，墨子非樂，莊子譏之為「其道太觳」，即因其不知美育之重要也。……吾國教育尤宜注重美育，以期人民能儘量發達其美感之本能，而獲得豐富美滿之生活，此又一義也。

（亥）師範教育之改進

師範教育為教育之基本，我國教育之不發達，良好師資之缺乏，實為主因。在理想教育制度，小學教員亦當以專治小學教育之師範大學畢業生充任之，今日之中等師範學校，實為暫時過渡制，簡易師範學校或類似之師範班，則尤為過渡之過渡矣。……最後則尤宜在師範學校施以適當之廣義美育，蓋美育能使人改變其人生觀，對於實現世界有與庸俗之人不同之估價，而養成高尚優美中正和平之人格，其變化氣質之功效有非言語所能形容者，美育實為宗教與倫理教育之中介，欲一般人民美育發達，必須有富於美育之師資，此與心理建設倫理教育有莫大之關係焉。總之，今後中國之教育既須徹底改造，則師範教育並宜徹底改造，以適應迫切之需要，此又一義也。

以上十二義，為今後改造我國教育之基本要義，一切教育計劃，皆須以此十二義為依據。至於教育之實施，尤有一事特為重要，第

一為教育經費。……然在抗戰期中，尚有可說，戰事結束之後，既昌言建國，則必須儘量從寬籌措教育經費，教育始能漸返正軌而不至仍蹈粗製濫造之覆轍，須知今日為達成實業計劃，養成各級幹部人才，及普及國民教育，養成所必需之各級學校之教師及地方自治人員計，學校之增加，必須百倍於今日，而經費尤須千萬倍於今日，政府當局必須深切認明於今後建國之過程中，擴充教育之重要決不在完成實業計劃之下，而欲擴充教育，則必儘量增加教育經費也。我國俗諺有云：「教子不留田半畝」具見國人早知教育之重要，政府亦須了知欲達成各種國策，對於擴充教育及寬籌教育經費，必須有類似之決心也。

（六）改造教育制度之具體方案

教育改造之要旨，略如上述，今請更言教育制度之具體方案如下：

（甲）國民教育之改造

首言國民教育，五五憲草擬定義務教育期間為六年，在目前固無不可，然為達成建國目的，則義務教育之年限，尚為不足。英國教育當局主張人民受義務教育須至十五歲，法國則主張義務教育之期間須延長至十八歲，而德國威瑪憲法且明白規定義務教育期間為六歲至十八歲，且文化發達之國家，皆主張全國人民皆須受中等教育，而我國決不可在憲法規定義務教育只有六年也。我國之義務教育，應以十二年為目標，而在抗戰結束建國開始時，即應暫時規定義務教育為九年，以徐圖達到十二年之目標，蓋六年小學所受之智育與德育，實不足以養成今後強國之公民也。新目標既定，則宜措置經費，擴充學校，作育師資，以適應需要，而最切要之問題，則在如何寬籌經費，與執行義務教育之法令也。

……

義務教育之內容，既須較現行者，遠為豐富，則教科書必須重行編製，抗戰後國立編譯館所編之統一課本，內容較戰前各書局所編者，較有宗旨，然一部分課程，全為適應抗戰而作，戰後自應重編。且程度殊嫌太淺，尤以在美國訓練士兵而對於教育法大有改進，吾國國民教育，亦宜儘量仿傚，以節省生徒之目力。則在同一之學

齡期間，課程之內容大可加寬與加深，且宜殫心研究，借鑒他邦，
庶能規定各種課程之適當質量，而一般之鄉村學校，既以農業教育
為主，則所用之課本，必須會同農業專家編纂，方能合用也。再則
我國土地廣袤，天時地利，物產土宜，各地迴別，尤不宜一種課本，
強全國使用，允宜編輯多種課本，以供不同之農業工業區域之用。
尤宜儘量利用鄉土教材，庶幾使教育能切合實際之環境。故編纂國
民教育之課本，至少必須以現之行省為單位，必使每一行省皆有其
適用之國民學校教科書，則學問不致脫離實際之生活，而益親切有
味矣，此事關係極大，必須以全力赴之也。

（乙）中等教育之改造

國民教育既定為九年，則中等教育只有三年高級中學一階段，
中等教育仍須以多元為原則，而著重職業學校。職業學校與普通中
學之比例，應以能升入專科以上學校與不能繼續升學之學生人數之
比例為準，換言之即職業學校之數，須遠較普通高級中學為多，職
業學校之規模宜相當宏大；設備充足，師資上選，課程務切實際需
要，庶幾學生畢業之後，即能就業營生，成為農工商各界有用之中
級幹部，而不至徒為升入大學之預備生，則有裨於一般民眾者之生
活多矣。……

高級中學之學生正在青春期，在此年齡，男女學生之生理與心
理有顯著不同之發展，女學生以有經常之生理週期，與男生一同授
業、尤有種種之不利，故男女宜分校教育。其課程之內容及分量亦
宜有別，蓋在女子中學，特宜重視生徒之生理與心理健康，及德性
之修養，智育反居次要，課程決不可過重，為知識犧牲未來人母之
健康也。在普通高級女子中學中，宜加授若干家政課程，如育兒學，
營養學，看護學，兒童心理學，烹飪學，裁縫學，在各縣中，則尤
宜提倡規模宏大，內容完備之家政學校。家政學校與普通高級女子
中學之比例，亦猶男子教育中之職業學校與普通高級中學之比例也。
在大都市中，則除家政學校外，可酌辦若干規模宏大之女子職業學
校，但宜慎擇與女子相宜之職業而傳授之，不可使與男子強同，庶
能適應女子之需要焉。

（丙）高等教育之改造

大學教育在養成一國之領袖人才，故倍宜提高其標準，與充實其內容，抗戰時期之粗製濫造政策，亟須絕對放棄，庶以免畫虎類犬之誚。……戰時大學教授之冗濫，其貽害之大，令人痛心，戰後必須大為淘汰，方能救一時之弊政，而同時政府與社會對於大學教授則宜崇敬宏獎之，優其禮遇，豐其俸給，使得專心於作育英才潛心學問之盛業，而不為外物所誘，此影響於國家民族之前途者，至深且巨，執政者萬不可忽視也。

大學教育，既貴專精，尤貴宏通，必使諸生多有自由講習研求之機會，而不可過於專業化、今日大學課程之弊，即在課程限度太嚴，必修課程太多，使生徒太少選習專業以外之課程，而在學生一方面，其弊亦在但知專精，而不博涉。大學教育在過渡專業化積習之下，遂造成無數未受宏通教育之專家，其專門學問，或尚有可觀，而高等常識，一般學術上之修養，則太嫌不足，尤以學應用科學如農工醫商者為甚，以此等專家領導國家社會，其害有不可勝言者，歐美大學重視「自由教育」即以此也。挽救之道，在將專業課程之修習時間大為減少，而將自由選課之時間加多，同時規定學生捨專業課程外，必須選習相當數量之政治經濟社會歷史哲學科學美術等課程，以收「自由教育」之效。尤宜養成不求速成之風氣，勿以為在大學求學，只限於四年，有願修習二三門以上之專業課程者，不但不宜阻止，且宜鼓勵之，尤以高材生為然，蓋現今學問之範圍極廣，而淹貫宏通之人士，為國家社會所急需，故為求養成偉大之社會領袖人才計，必須鼓勵積年劬學之士也。美國偉大之生理學家加勒爾博士，在其「未了知之人類」一書中，主張由國家遴選卓越之天才，以二十五年之長期間繼續不斷研究解剖學，生理學，生物學、心理學、玄學、病理學、醫學，遺傳學，營養學，教育學，美學，倫理學，宗教學，社會學與經濟學，此等學者至五十歲時，以其淹貫宏通之學識，必能根據人類之真性，以指導人類及其文明之建立，此等學者由國家培成之，以充政府之顧問，一切國策由彼等擬具指導批評，以為政府施政之方針，則不至於盲目的、自以為是的，妄為舉措，則國家有南針矣。此種教育程度，並非不可實行，西藏大

寺中,即有潛修二十年之「智者」學位,中國古昔之學者,素有皓首窮經之志,苟政府獎勵之,必有有志之士,願獻身數十年潛修學問,以謀國利民福者,是在政府有此遠識與否耳。英國牛津劍橋等大學皆有研究員之制度,卓越之學生,被舉為研究員後,學校即優與稟餼,任其潛修,無時間之限制,苟不婚不宦,雖終其身治學亦可,如大文學家裴脫即其一例,大哲學家懷特里德教授亦多年為劍橋大學之研究員,所不同者彼為專精,此須博學,彼為自由研究,比為有計劃而求宏通之研究。除少數遴選之學者,須長期研究外,尚須鼓勵自由之長期博涉,故在大學,學生願做以餘年博習多種學問者,政府宜多方鼓勵之,今日各大學之助教,略有此項之精神,然必須在各大學多設助教研究員之名額,以鼓勵其潛修,如某大學規定助教之任期限為兩年,任滿即須離校,此固欲使其他學生多得為助教之機會,然非作育人才之道也。

復次,關於大學教育尚有三種辦法,必須普遍推行,(一)大學學生一般應分為普通生與高材生,同一課程,若有高材生願意深造者,必須由教授與以特別之指導,在英美大學除普通大學生外,尚有一部分選「名譽」課程者,其閱讀研究內容,及其評定分數之標準,皆遠較一般普通生為高,其學業文憑上特標出「名譽」,以資鼓勵,此沖制度,收效極宏,我國大學亟須仿行之,若遇異常卓越之天才,且須由國家施行特殊之教育,而不泛泛視之。(二)在歐美大學除普通大學生外,尚有自由選課一種,凡在合格之中學畢業,或年齡過大,不須學位之人,皆可入大學自由選課,蓋大學教育之目的,在傳播教育,而不在墨守功令也。(三)大學應辦函授或挂廣教育,以備因故不能入大學或不願入大學者選習,並可斟酌情形、給予函授學生以畢業證書,以為其就業之助,亦良好制度,我國大學亦宜做做也。

各大學宜有充分之經費設備與人才,以設立研究院與研究所,宜給與此項研究機關以較大之自由,惟必須鼓勵綜合性之研究,而不宜鼓肋過於專精或過於狹小缺乏意義之研究,德美兩國大學研究論文之為人所譏議,即以此也,此不可視研究為一種功令,大學生歪畢業時能作一有價值之畢業論文,自是佳事,但大學本為最高等

之普通教育，大學生不一定能為有價值有創造之研究論文，其不能作有創造性之研究者，仍不失為良好之大學畢業生，與實際有用之人才，且一般之二三流大學教授，亦每每無指導學生以作有價值畢業論文之能力，與其強學生以寫作無價值之畢業論文，壓不如使之多選讀一二門功課之更為有益，故寫作研究論文，宜視為選課而不宜視為必須之功課也，至如研究院學生之研究，則必須嚴格指導，尤不可視為功令，宏通之研究，宜較專精之研究更為重視，美國哈佛大學得碩士並不需研究論文，此又值得深思者也。

專科學院與專科學校其目的為造就專門人材，與大學性質自又相同，專科學校之程度，視大學決不可及，而每每過之，如法國師範學院及瑞典德國之各種專科學院即其著例，吾國專科學院自宜倣倣之，惟此類專科學院亦宜少設為是，蓋其重要缺點，在使學生無自由選習專業外之文哲科學等之機會，而每易養成狹隘而不宏通之專家，而貽惡影響於國家社會，在此類專科學院亦宜規定學生必修若干之文哲政治課程，以擴展其心靈境界，而在醫學院尤宜著重綜合之研究，今日醫學界之專業化，實為人類之災難，我國協和醫院，即繼承美國醫學界之惡習而亟宜及時糾正者也。至於專科學校，則以作育實用技術人才為目的，在現階段，自有多設之必要，以應付戰後建國之急需，但此項學校亦須有少量政治課程，使之能有一般受有高等教育之公民所不可缺少之政治常識，同時亦須有一種彈性制度，使此項畢業生，有補習大學課程之機會也。

（丁）僑民教育之改造

我國在外國僑居之人民，約近千萬，大多數在亞洲之中南部半島及馬來群島一帶，此廣大富庶之區域，皆為我國自秦漢以來之殖民地而為我僑民所開闢者，此項僑民在近代與祖國之政治經濟有極密切之關係，在此次戰後將較前為甚，然以缺乏良好教育，其思想甚為落後與紛歧；其土化者則數典忘祖，既未接受歐美之文化，亦已忘卻本國固有之文化，其歐化者則生活習慣皆與歐人同，亦不自認為華人，其未被同化而有愛國心者，亦未受近代改育，思想極為陳舊，對於祖國固有之文化，固屬淺嘗，對於近數十年來國內之改革演進，亦不能追蹤並進，故其思想習慣，均甚落後，雖其中不乏

有志之士，熱心興學，頗收著效，然以教學時受當地政府之抑制，復無統一教育機構為之領導，故成績亦不能如所預期；挽救之道，必須創立南洋群島統一之教育文化機構，確定其教育制度與方針，方能領導此成千萬之僑民共進於近代文明，而為祖國之光也。

我國僑民寄居異域，雖受中央黨部海外部與僑務委員會之監督指導，究不能在域外設立吾國所設立之正式政治機構，故宜在我政府領導之下設立一統一之自治式之教育文化機構，以為僑民教育行政機構，可稱南洋華僑教育總會，其下設某某地域華僑教育分會，先成立各地區教育分會，由華僑選出理事若干人，執行各該地教育文化事務，再由各分會選出代表以為總會之理事，總會任務為制定南洋各地之教育制度與方針，及一切社會教育與文化事業之實施方法，總會職權等於教育部，分會約等於教育廳，皆秉承海外部與僑委會之意旨與接受其指導，庶僑民教育有共同之目標與統一之制度，而無紛歧凌亂之弊也。

各級學校應為五種，（一）僑民學校，九年制，等於初小高小初中，（二）高級中學三年制，（三）職業學校，三年制，等於高中，（四）師範學校，三年制，等於高中，（五）大學，另有成人補習班設僑民學校內。前四種學校，廣設於凡我僑民足跡所到之處。大學則宜在安南新加坡爪哇各設一所，新加坡之華僑大學規模尤須宏大，蓋新都為南洋之中心，而南洋華僑教育總會宜設立該埠也。各大學中尤須重視文法師範三學院，以養成思想上之領袖。除學校教育外，尚須廣辦社會教育事業，以補學校之缺，而求改進華僑之社會與家庭生活。宜由教育總會擬定方案，籌撥鉅款，任用專員以司其事，尤須大規模編纂適用於僑民學校之教科書，參考書與參考讀物，庶能建立豐富而適合於環境之南洋僑民文化焉。

（七）結論

總而論之，我國現行之教育制度，乃完全剿襲歐美而僅得其形式者，歐美教育，以及歐美近代文明，已久為睿哲思想家所詬病，而我尚只得其皮毛，則不足適應我民族復興與改進，已彰彰明甚，其主要之缺點，在不知重視人格之修養，不適應近代世界公民之生活需要，與不能養成偉大之領袖，用宜一洗依傍歐美教育制度之積

習，而徹底檢討，以遠大之眼光，顧及民族復興之需要，重新改造，以全力赴之，則民族斯有改造復興之望也。〔註 1840〕

8 月，胡先驌聘為特聘教授。

　　被該校聘為農學院特聘教授，聘期從 1945 年 8 月 1 日到 1946 年 7 月 31 日止，為期 1 年，薪俸每月國幣 600 元，授課時數、課程由胡自行酌定。〔註 1841〕

8 月，四川木材試驗館的變遷。

　　抗日戰爭勝利後，中央工業試驗所遷上海。唐燿不願拋棄多年經營起來的木材試驗館，仍留在樂山，繼續其研究。……1949 年 11 月，試驗館被當地政府接管，1950 年 7 月經中央人民政府財經委員會批准，改由中央林墾部接管，並改名為中央林墾部西南木材試驗館；1950 年 12 月該館遷入北京，改隸於林業部，與林業科學研究所合併，唐燿也隨館調至北京，任林業科學研究所副所長。〔註 1842〕

8 月，抗戰勝利。12 月底，中正大學遷至南昌新建縣西郊的望城崗，1946 年 1 月 7 日復課。

9 月 4 日，俞德濬致龔自知信函。

　　俞德濬致龔自知函。教育廳劃撥 30 畝公產田，供農林植物所進行農林生產，以此獲得一些補貼。但是年夏季昆明遭受暴雨，農林植物所房屋多處倒塌，俞德濬只有向教育廳尋求救援，其函云：「本年自入夏以來，淫雨連綿，山洪暴發，為十數年來所僅見。敝所所址以臨近黑龍潭山坡，院內現有泉水湧出，房舍內外，積水為患。因之房舍圍牆，均有損失，計現已倒塌圍牆二段，約四丈餘尺，工房兼儲藏室三間全部倒塌，職員宿舍牆壁倒塌一段約六七尺，廚房

〔註 1840〕張大為、胡德熙、胡德焜合編《胡先驌文存》上卷，江西高校出版社，1995 年 8 月版，第 406～428 頁。

〔註 1841〕《國立中正大學關於胡先驌為教授的聘書》，江西省檔案館藏，檔號：J037-1-00034-0039。高志軍著《政治與教育的互動：國立中正大學研究》，2021 年 12 月華中師範大學博士學位論文，第 208 頁。

〔註 1842〕胡宗剛著《靜生生物調查所史稿》，山東教育出版社，2005 年 10 月版，第 171～172 頁。

山牆一段約五尺，又辦公室及標本室屋頂多處漏水，急需修補。值茲物價工價昂貴之際，修復整理所費不貲。敝所以經費支絀，實感無力擔負，為此函請貴廳准予派員視察並酌撥臨時費若干，以資修繕，實為公感」。〔註1843〕

9月5日，胡先驌致任鴻雋信函。

叔永吾兄惠鑒：

頃奉七月卅一日手書，至以為快。大作蒼勁，駿快似東坡，至佩。匯款五十六萬已收到，但電報只收一二通普通電，局電全未收到，可憤也。農山兄仍在滬，請直接匯寄康腦脫路安樂村七號，可也。聞政府擬於雙十節前返都，故擬屆期往寧晤朱部長，而不赴渝，能在寧把晤否？現戰事結束，亟待赴北平接收靜所，請電匯二百萬元，作為接收平所追加經費，由吉安李專員曉青轉，至以為要。靜所經費現在總應有辦法，乞示知。弟意仍以附屬於某國立機關，如國立博物館或北大，而由教育部出經常費維持，另營生產事業，以謀發展，方是正辦。請與翁詠霓、朱騮先、蔣夢麟、周寄梅、范旭東、江翊雲諸先生商之為要。弟到寧後，如悉吾兄亦來寧，即將約農山兄偕來，面商一切也。如仍須赴渝，亦請盡速以妥善方法通知，以便覓機前往。戰後吾兄想即攜眷返北平，弟之渴望亦在此，一俟靜所經費有著，即圖積極發展。目下靜所已接收，即將向日政府索回靜所財產也。廬山植物園仍擬與江西省農業院合辦，將由陳封懷主持。並聞。

專此敬頌

近祉

弟 先驌 拜啟

九月五日（1945年）〔註1844〕

9月5日，張春霖致任鴻雋信函。

敬請者：久疏音問，時深弛念。茲者桂先生北來，知關念靜所，

〔註1843〕 俞德濬致龔自知函，1945年9月4日，雲南省檔案館藏教育廳檔案，1012-004-01821-001。胡宗剛著《雲南植物研究史略》，上海交通大學出版社2018年7月版，第178頁。

〔註1844〕 胡宗剛撰《胡先驌先生年譜長編》，江西教育出版社，2008年2月版，第363～364頁。

囑隨時留意，當即調查各項情況，曾由順人轉達，不知見到否。今戰事停止，正同桂君設法接收，俟辦理妥當，再為奉告，並請胡師北來主持。同時為江西胡師函，不知能否郵達。平所房屋如舊，內部圖書標本家具均有損失，詳情將來奉聞。

　　先此函達，並祝

時安

　　　　　　　　　　　　　　　　　　　張春霖　謹啟

　　　　　　　　　　　　　　　　　　　九月五日〔註1845〕

9月29日，胡先驌致朱家驊信函。

　　驊公部長勳鑒：

　　日前接奉八月三日手教，至感厚誼。前得任叔永兄來書，云中央研究院評議會將於十一月在渝召集，不知已定日期否？抑以政府還都在邇，將改在京開會。如開會地點日期已定，盼及早通知，並盼設法代謀飛機票位，或使能從容由九江乘輪船赴渝。現在交通尚未便利，如通知過晚，則恐不能趕到，而飛機座位尤為難得。今春弟未能出席三民主義青年團評議會，即以得通知過晚也。弟於上月中旬遷居吉安，十月二十左右將往南昌，二十五日左右可達。如早函電可由吉安第六行政區李專員曉青轉；如在十月二十以後，函電請由南昌教育廳程廳長柏廬轉。秉農山兄現居上海康腦脫路膠州路口安樂村七號，如有函電，可寄該處也。

　　弟近草《教育之改造》一文，頗為詳贍，主張將我國教育自國民教育至大學研究院為徹底之改造，以求樹立中國本位之教育。全稿由福建黃萍蓀所辦之《龍鳳》月刊第三期刊布，可在九月底出版，曾囑黃君寄呈，以備採擇。竊謂此文關係吾國教育前途甚大，希望公能詳閱，以備明年全國會議討論，以便施行。其中最要一點，即將義務教育年限由限定之六年改為九年，希望載入憲法（包括初中三年在內，先俄國國民學校八年，英主張為九年，德法皆主張義務教育為十二年）。復主張以義務教育與職業教育合而為一，庶使教育

〔註1845〕張春霖致任鴻雋，1945.9.5，南京：中國第二歷史檔案館，484（981）。胡宗剛著《靜生生物調查所史稿》，山東教育出版社，2005年10月版，第188頁。

得與生活密切扣合，而職業學校之數量，以人民之職業為比例，此皆具革命性之教育改造計劃，盼能見諸實行也。此文曾另繕一份，以不能付空郵，擬俟機面呈也。

專此敬頌

勳綏

弟 胡先驌 拜啟

九月廿九日（1945年）〔註1846〕

9月，《〈陳寒光詩集〉序》文章在《龍鳳月刊》（第3期，第90頁）發表，陳寒光為印度尼西亞爪哇一華僑小學校長。

嘗讀《唐書·歐陽詹傳》云：「閩越地肥衍，有山泉禽魚。雖能通文書吏事，不肯北宦。及常袞罷宰相為觀察使，始擇縣鄉秀民能文辭者與為賓主鈞禮，觀遊饗集，必與里人矜耀，故其俗稍相觀仕。」陸宣公知貢舉，詹舉進士，與韓愈、李觀、李絳、崔群、王涯、馮宿、庾承宣聯第，皆天下選，時稱龍虎榜。閩人第進士自詹始。詹集載詩二卷，有答韓十八鶩驥吟二首，豪宕感激，筆力矯健，亦幾摩昌黎之壘。閩人以詩鳴者，殆亦自詹始也。有宋之世，中原文化南漸，閩士益多有聲。南渡以後，劉後村竟以詩為海內所宗仰。逮及清季，閩士工詩者，風起雲湧，號為「閩派」。石遺翁以說詩為海內之北辰，影響尤為深切。閩詩清新砭刻，工於琢句。至光宣間，已與江右派抗手矣。陳子寒光為廈門望族，久居爪哇，酷嗜吟詠。其為詩也，元氣淋漓，不事雕飾。雖時從鄉先輩問業，顧所好乃在汪洋排蕩，天骨開張之什。故其所作，亦波瀾壯闊，泥沙俱下。其取境乃與人境廬為近似焉。予嘗謂作詩之法，行氣與琢句並重。盛唐諸賢氣盛言宜，不拘拘於格律之末。然杜工部尚有老去詩律漸細之句。時至中晚，則不得不以琢句相尚矣。宋人懲於五代浮豔冗靡之弊，於盛唐又不取刻鵠類鶩如明七子者，乃鎔經鑄史，求以義理意境取勝，遂以詩功彪炳一代，雖唐人莫能相尚也。自此以還，詩家輩出，或尊唐黜宋，或宗宋祧唐。雖風會時有變遷，而矩矱莫能外此二者之間也。清咸同詩家，鑒於嘉道朝詩格陳腐卑下，祁文端

〔註1846〕《胡先驌全集》（初稿）第十七卷下中文書信卷，第421～422頁。

首以力追杜韓為號召，曾文正復標舉涪翁而詩格丕變。七十年來，捨湖湘派模擬漢魏別樹一幟外，莫不以宋賢為鵠的。蓋不僅風氣使然，窮則變，變則通，亦有其不得不然者也。其時人境廬以橫絕之筆力，灑灑千言，自成一家。然繩之詩律，或時有憾焉。寒光富於年而造詣已若是。苟能斂才就範，深味宋人鎔經鑄史之旨，更求張廣雅所謂以宋意入唐格者，則他日必能遠邁人境廬而上之。羌謂太白之精英，杜韓之骨力，黃陳之句法，不能鎔冶於一爐以光大寒光之詩耶。〔註1847〕

　　9月，雲南農林植物研究所朱浩然研究植物，獲中華文化教育基金會科學研究甲種補助金六萬元。

　　　　中華教育文化基金董事會前開會，議決給予科學研究補助金三十七名，計甲種二十七名，乙種十名。甲種係給予大學或研究所教授，每名金額六萬元；乙種給予大學或研究所助理員，每名金額四萬元。茲將各研究員之姓名、學科及研究地點志次：（一）甲種：何琦，醫學，中央衛生實驗院；潘銘紫，醫學，中央大學醫學院；朱壬葆，生理學，同上；吳襄，生理學，同上；李瑞軒，生理學，同上；鄭集，生物化學，同上；陳朝玉，生物化學，四川大學；王仁葆，化學，浙江大學；高濟宇，化學，中央大學；吳大猷，物理學，西南聯合大學；錢臨照，物理學，北平研究院；鍾盛標，物理學，同上；華羅庚，數學，西南聯合大學；李仲珩，數學，復旦大學；孫澤瀛，數學，重慶大學；朱浩然，植物學，雲南農林植物研究所；吳燕生，地質學，地質物理研究所；朱炳海，氣象學，中央大學；鄒鍾琳，農學，同上；歐世璜，農學，中央農業試驗所；徐冠仁，農學，中央大學；盛彤笙，獸醫學，同上；戴代智，鋼鐵冶金學，重慶大學；艾偉，教育心理學，中央大學；敦福堂，心理學，西南聯合大學。（二）乙種：陳德明，生理學，清華大學研究所……又聞該會設立之科學研究補助金，原分國內、國外兩種，自太平洋戰事發生後，因交通不便，國外研究補助金即就已在國外之研究院選補，目下戰事結束，俟交通恢復，即有選派出洋研究之可能。（《中華教育

〔註1847〕《胡先驌全集》（初稿）第十五卷人文科學文章，第407頁。

基金會提倡科學研究給予各研究員以補助金甲乙兩種共計三十七名》,《大公報》1945 年 9 月 25 日第 3 版)〔註 1848〕

10 月 1 日,任鴻雋致胡先驌信函。

步曾吾兄左右:

敵人投降,郵遞復通,弟於八月二十日、九月十三日各寄一緘(交永豐常縣長轉),不知皆已達覽否?此間所得兄之來緘則大半為去年冬間及本年三月七日所發,停戰後尚無信到,不知吾兄近來計劃如何,極以為念。

北平文化機關已由部派沈兼士前往接收,靜所聞房屋尚好(據張春霖由平來講),設備則頗有損失。以靜所為私立機關,接收後須有人保管,故弟已緘沈先生,託李良慶或張春霖暫為負責(聞壽振黃與偽學校或組織有關,故不可派)。近據平方來電,知李良慶亦曾任偽北京大學院長,則亦難於負責。總之,北平收復後,靜所如無人照料,少數剩餘之物品亦可損失殆盡,故甚盼吾兄能迅速設法來渝一商,或即由尊處指示所中留平人員速作善後處置,是為至要。

此間各機關大約須在開年會以後方能遷返原地,本會辦事處亦暫留重慶,惟下年各有關機關之計劃須在十一月以前備妥,以便提交十一月之董事大會討論。靜所復員時所需經費如何,或明年計劃如何,務請兄來緘示知,以便董事開會時作討論根據。又如靜所設備喪失,一時無法恢復,鄙意欲提議與科學社生物研究所暫時合辦,以備兩便,尊意以為如何,亦請示知為盼。

專此即頌

秋雅

弟 任鴻雋 拜

十月一日(1945 年)〔註 1849〕

10 月 13 日,任鴻雋致胡先驌信函。

〔註 1848〕 胡雲安、吉順平、陳貴仁、趙西玲、丁鵬宇等編著《盛彤笙資料長編》,上海交通大學出版社,2021 年 7 月版,第 87 頁。

〔註 1849〕 胡宗剛撰《胡先驌先生年譜長編》,江西教育出版社,2008 年 2 月版,第 373～374 頁。

（電報）寧都中正大學王修寀先生轉胡步曾：

平所由李良慶暫管，盼即前往接收，需款可撥三十萬。盼復

鴻雋

（1945 年 10 月 13 日）〔註1850〕

10 月 17 日，靜生生物調查所接收受阻情況。

在任鴻雋與胡先驌函商如何續辦靜生所之時，並令在北平的李良慶、張春霖負責接受靜生所。其時敵佔區所有的文化教育機構已由政府在主持辦理接收手續，平津地區由教育部特派員沈兼士負責。1945 年秋，沈兼士一面致函胡先驌，請其北上辦理靜生所一切事宜；一面認為李良慶、張春霖曾任偽職，不宜負責，而改派靜生所在平舊人夏緯琨負責接受。10 月 17 日辦理了文津街 3 號靜生所所部接收工作，《夏緯琨日誌》對此記載甚詳：「十月十五日下午奉教育部平津區特派員沈兼士先生命令，派琨與唐懷寶君接收靜生所，指導接收委員為張百齡先生，臨時助理員有朱繼斌君一人。指定接收時間為十七日上午十時。十六日往訪唐君懷寶，擬與商洽明日辦理接收進行步驟，不料唐君以他事忙迫，聲言不能兼顧，經琨敦勸，仍堅辭不就，而沈特派員亦未改派他人，致負責接收只琨一人而已。當時本所舊有人員之在平者對於接收均十分關切，相約皆來幫忙。又找舊有工人杜英祥等數人俾便喚。即購國旗一面，預備明日進行，第一步先舉行升旗禮也。呂烈英小姐聞得接收消息之下，與高采烈，自備標語多種，預備明日張帖，以助興致而張聲勢，同仁相約明日十時在所中相會。十七日晨，赴教育部特派員辦事處，邀同張指導委員百齡、朱助理員繼斌，乘汽車來，至靜所正已上午十時，本所舊日同仁亦先後來到，但見院庭荒涼，雜草橫生，而草地間掘挖塊塊大坎，深者盈丈，淺亦逾尺，其中焚燒之灰燼尚存焉。我原栽培之庭園花木枯死甚多，太平花、七葉樹、牡丹等佳種皆已不見，因想樓房中一切設備不知被敵破壞至何程度也。進入樓門略一查視，則客廳中敵兵被服縱橫，炊具狼籍，蓋蠻兵以裝璜雅致之客廳，竟

〔註1850〕 胡宗剛撰《胡先驌先生年譜長編》，江西教育出版社，2008 年 2 月版，第 375～376 頁。

吃飯睡覺其間矣。再看各室門窗戶壁鎖鍵玻璃等甚少完整者，水管電線燈頭水門率不能用，破壞之慘，同來接收人員莫不歎惜。是時，呂烈英小姐已率同工友將標語張貼各處，旋升旗如儀。有敵一八五五部隊一五一兵站醫院負責人齋藤誠出面招待，態度馴順，惟恭惟敬，首先聲稱「日人已大大反省」。回憶三十年十二月八日，本所被敵強佔，敵兵蠻橫舉動，不勝今昔之慨。齋藤誠來此未久，一切情形皆不明了，其責任只率兵役數人在此看守，並為清掃房舍，因令其明白找正式負責人來辦理交代，最好能使篠田統來。今日我方來辦理接收人員如下：張百齡、夏緯琨、朱繼斌、壽理初、李良慶、張震東、呂烈英、夏武幻、馮建閣、董元、常麟春、杜英祥、趙慶餘、包春霆、包英壽、趙海山。」〔註1851〕

10月18日，日軍破壞靜生生物調查所的資料及書籍等。

　　文津街 3 號被日軍佔領之後，供其北支派遣甲第 1855 部隊使用。日軍借助該所的房舍、標本、圖書和儀器，從事生物武器的研製。日軍投降後，為推諉責任，減少罪證，將其檔案全部銷毀或帶走，故確情至今不明。對外卻名之為「151 兵站醫院」，不過是招牌而已。日軍撤離前，對靜生所設施肆意破壞，衛生、電話、供電、供暖等設備全毀，家具散失也甚多，損失慘重。10 月 18 日，夏緯琨等又接收了石駙馬大街 83 號靜生所所屬之通俗博物館。接收後，發現有大量的圖書和標本流失，此時 1855 部隊長篠田不敢露面，致使一些珍貴物品不知去向。夏緯琨幾次向政府請示，要求逮捕戰犯篠田，審問情況。經政府施壓，篠田不得不露面，最終於 1946 年 1 月 25 日才辦理完交代手續，繳來以下清冊：《靜生所現有物品清冊》1 本、《靜生所圖書標本分散清冊》7 本、《151 兵站醫院聲明靜生所原有財產目錄被毀公函》1 件。至此查明大部分圖書、標本的下落，係由日偽機構所挪用，其中地質學書籍在北京大學理學院文元模處，生物學書籍在北京大學理學院張春霖處，土壤學書籍在產業研究所

〔註1851〕 夏緯琨，《夏緯琨日誌》，（稿本），1946，南京：中國第二歷史檔案館，609（41）。胡宗剛著《靜生生物調查所史稿》，山東教育出版社，2005 年 10 月版，第 185～186 頁。

秋元真次郎處,古生物學及人類學書籍在北京大學蔣丙然及貴島處。所幸這些都被追回。日軍明悉靜生所圖書資料的價值,在 1944 年時,篠田對此使用曾做規定,云「我們部隊和協和醫學學校的圖書放在北京,這是為了華中、華北和東北各地的研究者,根據總軍的指示,從廬山和靜生整理的圖書,不能外借,尤其是管外。」日人竟無恥地將靜生所的圖書稱為「我們部隊的圖書」,當其戰敗之後,更無恥地將一批最為珍貴的圖書,偷運回國,只是在途中船沉而佚。後胡先驌知此,欲親往日本,向日人按價索賠,遺憾的是未得到政府支持,終未成行。〔註1852〕

10 月 19 日,壽振黃致孫洪芬信函。

洪芬吾師函丈:

敬肅者:自違教言,倏將十載,河山阻隔,思念為勞。

黃自靜生所停頓以來,株守故都,忍苦受辱,苟全性命。三十一年六月九日北平成立華北綜合調查所,次年七月下旬,黃受市黨部秘密委託加入該所,調查內情,並未擔任重要職務,諸希諒譽。

靜生原有標本、書籍分散破壞損失甚巨,其中有一部分因張春霖、李良慶先後任偽北大理學院院長,受文化漢奸文逆元模指使與篠田統(佔領靜生所者)合作,將此項標本書籍存放該院;另有一部分珍貴資料,聞已運往日本內地;又有若干器物文件於八月中旬在房頂焚燒三晝夜,火光燭天,遠近震驚;此外又有書籍四車由偽北大文學院長錢稻孫接收而去。多年之辛苦付諸流水,撫今思昔,能不悲傷。

聞日前叔永先生來電,令李、張二君負責接收,教育部特派員沈先生(兼士)以二君前後任偽理學院院長,與部令不合,乃派張懷(輔仁文學院院長)、夏玉峰(靜所舊人),等三人於十七日代為接收,黃亦前往幫忙,已將若干房間查封。事前黃與美軍方面取得聯絡,當由美國新聞社(USIS)派員前來視察,當場筆記,並照相數張,以備將來交涉時有所依據。日本軍人見有美國官員到所,甚

〔註1852〕 篠田致濱田,1944,南京:中國第二歷史檔案館,609(41)。胡宗剛著《靜生生物調查所史稿》,山東教育出版社,2005 年 10 月版,第 189～190 頁。

為惶恐。報告該軍官當日運來士兵及工人一大汽車,到所從事清理工作,並修補房屋,大約一星期內可以完工。惟標本、書籍分散各處,亟待索回,所內資料器物亦應早日查清,以便敵人賠償,工作繁重,責任巨大,乞即面請秉先生電約胡先生即請北上,到平主持。在二先生未到之前,一切善後事宜,應如何處理,亦希來電指示,以便有所遵循,整理及清查期內,臨時費用亦乞酌匯若干,借供開支。

　　專此奉懇,敬請

鐸安

　　　　　　　　　　　　　　　　　生　壽振黃　叩上

　　　　　　　　　　　　　卅四年十月十九日晨〔註1853〕

10月22日,任鴻雋致胡先驌信函。

步曾吾兄:

　　抗戰結束後,各方皆有信來,獨未得兄一字,甚以為念。昨晤蕭叔玉兄,知兄曾赴遂川講學,或彼此來往緘件,途中皆有遺失耶。此再以本月一日一函附抄呈閱。

　　靜所明年如何進行,亟待解決此層,須兄來一計劃,同時在平之所址須有人前往接收察看方好。定下年計劃,弟意為便利計,兄似可逕行赴滬,由滬飛平。弟在本月下旬或亦須往滬,吾等在滬謀一晤面機會,或可較兄來渝為便也。又昨得秦子農兄來緘云,盧山美國學校中所存公私各物須有人前往察看有無損失,若能由尊處派陳封懷兄前往較為便捷,尊意若何,請卓奪進行為要。此間曾代靜所向教育部領有補助費三拾貳萬元,可供調度,得示即可匯上也。范旭東兄突於本月四日因膽病逝世,在學術及工業上皆為不可彌補之損失,在此戰事甫畢建國開始時期,尤可痛惜也。餘不備及。

　　即頌

時祺

〔註1853〕　壽振黃致孫洪芬,1945.10.19,南京:中國第二歷史檔案館,484(981)。胡宗剛著《靜生生物調查所史稿》,山東教育出版社,2005年10月版,第187～188頁。

弟 任鴻雋 拜
卅四年十月二十二日〔註1854〕

10月28日，正大校友籌備慶祝校慶。

　　【本報訊】國立中正大學南昌校友分會，以母校校慶日轉呈即電各方校友會集省垣者。□□□人以上，特於昨（二十五）日下午七時，假青年會交誼室召開理監事聯席會議。決定於校慶日（三十一日）下午六時，假同盟餐廳開會慶祝，並即□□□告抵省全體校友一同參加，會後即行就餐。共享久別重逢之歡愉，聞該會亦已函請蕭校長，三處處長出席指導，又該校前校長胡先驌博士，日內即可抵省，故歡迎會可能與校慶會共同舉行。〔註1855〕

10月30日，董事會會議，討論總社及生物研究所經費諸多事項。

　　理事會第153次會議記錄（1945年10月30日），上海社所理事會，出席及列席者：任鴻雋、顧毓琇、楊孝述、方子衛、秉志、沈璿、竺可楨、於詩鳶。主席：任叔永，記錄：於詩鳶。

　　報告事項：

　　一、楊允中君報告：本社總社自卅一年三月內遷，上海社所由照料委員會照料，並留職工三人看守。是年九月以種種需要，由上海社友會協同照料委員會，將明復圖書館重行開放，另成立社友交誼會，利用原有演講室，為社友聚會之用，圖書館部分由曹梁廈、胡卓、潘德孚三社友主持，熱忱可感。三年來賴各社友精神團結、合作維持，得以勉度風濤。而社所因未嘗空閒，雖屢被覬覦，均經婉拒，遂得無恙，誠可慶幸。現在山河重奠，自應復員。惟總辦事一職，因兄弟專任中國科學公司職務，必須另聘賢能擔任。《科學》雜誌內遷後由張孟聞君主持，成績彌佳，此後既回上海出版，則仍以藉重張君熟手為宜。所成問題者，即總社、生物研究所及圖書館

〔註1854〕　胡宗剛撰《胡先驌先生年譜長編》，江西教育出版社，2008年2月版，第376頁。

〔註1855〕　梁洪生主編《杏嶺春秋──〈江西民國日報〉有關國立中正大學的報導全匯（1938～1949）》，2010年12月內部印刷。中華民國三十四年十月二十八日週四第三版。

經費迄未有著落，則諸事均難著手也。

二、任叔永君報告：本社內遷後，理事名額業已增至二十七人，董事改為監事，《科學》雜誌繼續出版。生物研究所遷渝，所有圖書因賴竺藕舫君轉輾冒險代搬入川，得以照常工作，勉渡困難，現在急待東歸，而南京社所已為國犧牲，復員無地，只好移滬，最難者即為房屋問題。

討論事項：

一、總社及生物研究所經費，暫定每月四千萬元為目標進行籌募。

二、明復圖書館書籍亟應充實，可向教育部文化資料委員會申請「圖書縮影軟片」，所缺國外舊雜誌及新圖書，設法向國外徵求贈送。

三、回滬生物研究所辦事室，暫用明復圖書館頂層各室，再向敵產接收委員會請撥適當房屋。

四、竺藕舫君提議：現在抗戰勝利，國際地位增進，本社為對外便利起見，英文社名應改為 Chinese Association for the Advancement of Science，仍括原名（formerly Science Society of China）。秉農山君贊成，並謂此名稱北大教授葛拉布主張最力，若縮寫為 C.A.A.S.，可與美之 A.A.A.S 即美國科學促進會及英之 B.A.A.S. 即英國科學促進會並之為 A.B.C.，對於國際科學事業實甚便利有益。

議決：通過，即由理事會函請各地社友會開會徵求意見，如得全國各地社友會一致議決通過，即可使用，再提下屆年會追認。

五、本社南京社所被毀，應向當局報告損失，請求索賠。

附錄理事名單：

原有理事十四人：任鴻雋（前任理事長）、楊孝述（總幹事，現由盧於道代）、錢崇澍（前任會計理事）、竺可楨、葉企孫、周仁、秉志、孫洪芬、劉咸、胡剛復、吳有訓、胡先驌、李四光、嚴濟慈。

二十三年度新增理事十三人：盧於道（現代總幹事）、顧毓琇、王家楫、薩本棟、茅以昇、鄒秉文、張洪沅、沈宗翰、蔡翹、郭任遠、王璡、歐陽翥、李春昱。〔註1856〕

〔註1856〕何品、王良鐳編注中國科學社檔案資料整理與研究《中國科學社董理事會會議記錄》，上海科學技術出版社 2017 年版，第 271～272 頁。

10月30日，國立中正大學南昌校友分會緊急通告。

　　本月三十一日為總裁五九萬壽，又為母校成立五週年紀念日，茲定是日午後六時假同盟餐廳舉行慶祝會，並歡迎最近抵省母校前校長胡先驌博士。會後舉行聚餐，凡我校友屆時務希準時出席。師生共聚一堂。同飲勝利之杯。聚餐費暫定國幣五百元，請於三十日以前向市府傳□費□根民國□由歐陽□建設廳黃尚仁蕭校友處繳納。除分別通知外，特此通告。〔註1857〕

10月30日，正大校長胡先驌抵省。

　　【本報訊】正大前校長胡先驌博士，自由泰和避居永豐後，即開戶研究，從事著述，頃以南昌光復，特送眷返省，於昨（二十九）日午後抵達、正大校友聞訊，極為欣慰，定於明三十一）日該校校慶日假中正路同盟餐廳舉行盛大歡宴云。〔註1858〕

10月，程時旭夜訪胡先驌校長。

　　10月，我被委任為天津市直接稅局秘書，10日，我偕稅局局長由重慶直飛北平。天津稅局局長羅靜遠，他原是江西省高級商業職業學校校長，是我的老師，到達北平後，得知胡先驌校長在北平任靜生生物調查所所長。羅局長和胡校長同是江西教育界有名人士，又是多年的老朋友，他們交情很深。我雖是胡校長的學生，在校時平常少接觸。但我是新建人，和校長是同鄉，又多了一份同鄉的關係。

　　接收天津稅局後，我同羅局長因公來北平，一天晚上，我們特驅車前往調查所。這是一幢老式的大房子，門口兩根朱紅的大柱子。我們通報會胡所長，馬上胡所長即來會客室，見面握手分賓主坐下。我說：「我是正大行專一屆的學生。」羅局長馬上說：「他原是我的學生，正大畢業那年，參加高等考試財政金融人員考試以全國第二名及格。」胡校長連說：很好！很好！要為國出力，為校爭光。兩

〔註1857〕梁洪生主編《杏嶺春秋──〈江西民國日報〉有關國立中正大學的報導全匯（1938～1949）》，2010年12月內部印刷。中華民國三十四年十月三十日週二第一版。
〔註1858〕梁洪生主編《杏嶺春秋──〈江西民國日報〉有關國立中正大學的報導全匯（1938～1949）》，2010年12月內部印刷。中華民國三十四年十月三十日週二第三版。

位老校長談得很投機，我注視著胡校長，他還是老樣子，個子瘦小，大概只有 1.60 米左右，戴著一付寬邊的黑邊眼鏡，鼻子下一小撮鬍子特別顯眼，身穿一套中式長袍，讓人覺得他有一種特別威嚴感，大教授風度。寒喧過後又覺得他待人親切毫無架子。他說話聲音宏亮，稍帶點口吃，令人聽起來有味。當胡校長得知羅局長剛上任，手下缺人時，馬上想到正大有些經濟系、財稅科的畢業生很有才華，即向羅局長推薦，羅局長也當即拍板：「胡校長介紹給我的學生，我全要。」可見校長關心、愛護學生的心情。校長又講到他最近得到一個美國基金會的一筆錢，主要是資助我國經濟植物的調查和開發。

接著胡校長又帶我們參觀他的標本室，他不厭其煩地給我們介紹了很多珍貴的經濟植物標本，讓我們這些不懂植物的人聽起來也津津有味。他的標本一架架整整齊齊，排列有序，從這些陳列標本就可看出校長嚴謹的治學精神和紮實的植物學功底。走到一排標本架的盡頭，胡校長停了下來，拿出一份樹葉像羽毛狀的標本給我們介紹說：「這就是震驚中外的活化石——水杉的標本。」接著他又給我們介紹水杉的發現經過。〔註1859〕

10月，胡先驌致教育部信函，並對靜生生物調查所作介紹。

抗日戰爭期間，靜生所人員疏散至內地，依託多個相關機構等待戰爭勝利後復員。1945 年初，當勝利顯現曙光，靜生所所長胡先驌即與在重慶之中基會幹事長任鴻雋聯繫，商討復員之事。由於中基會此時收入已遠不如戰前，對靜生所資助力度將大幅度減少，乃商定提請教育部予以支持。當十月間靜生所自日軍手中接收之後不久，胡先驌即向教育部呈函，申請經費，以便復員。此類呈請，一般是紹介本機構之歷史及所取得之成就，以便引起當政者之注意，值得關注與出資。筆者將胡先驌呈函看作《簡史》，且看摘錄：本所為尚志學會與中華教育文化基金董事會紀念范靜生先生而創設，成立於民國十七年，其工作為調查中國全國之動植物，研究其分類及其應用。十八年來，曾在東北、華北、西南、內蒙、青海、海南各區

〔註1859〕 程時旭著《難忘的會見——夜訪胡先驌校長》，江西師範大學校慶辦秘書處編《穿過歷史的煙雲——紀念江西師範大學建校六十週年》，江西高校出版社，2000 年 10 月版，第 16～17 頁。

域為大規模之動植物採集與研究，久為世界學術界所推重，尤以在雲南先後採集至十四年之久，歷採川邊、康邊、高黎貢山，滇緬、滇越邊境，採集之富，甲於世界。曾在滇南發現綿互千餘里之硬木森林，採集員窮探瘴癘冰雪人跡不到之區，完成其艱巨探險之工作，久為國外所推重。在學術之貢獻甚巨，故多年來獲得美國哈佛大學阿諾德森林植物園、英國皇家園藝學會及愛丁堡皇家植物園之資助與合作。十餘年來發表之刊物有英文之《靜生生物調查所彙報》《中國植物圖譜》《中國蕨類植物圖譜》《中國動物誌》《河北習見樹木誌》《河北習見魚類誌》等。

至民國二十一年本所與江西省農業院合辦廬山森林植物園，沃壤四千餘畝，不數年即已搜集世界珍貴樹木花卉品種以千計，栽植樹苗數十萬株，曾與世界所有各大植物園交換種子，馳名於世。本所又曾大規模研究中國木材，計已經搜集切片，研究者有中國南北各省所產軟硬木材四百餘種，著有《中國木材學》行世。中央工業試驗所有名之木材試驗館之成立，即以本所之木材研究為基礎。自中日戰起，在二十八年廬山為日軍佔領，廬山森林植物園乃遷至雲南麗江，園中房屋全被拆毀，圖書標本運至北平，木器全部損失，至三十年底，太平洋戰事發生，北平本所之房屋，圖書、標本皆為日軍所接收，本所職員逃至泰和中正大學，暫設臨時所址，繼續工作。

日軍投降以後，本所房屋交還，發現木器損失過半，圖書損失一部分，動物標本損失甚多，今本所籌備復員，奈本年度中華教育文化基金董事會所核發給本所之經常費為數甚少，不但不能進行研究，即原有之員工薪給亦難維持。廬山森林植物園之經費尤無著落，用敢陳述本所過去工作情形及在世界之地位，優與補助每年之經常費，俾能全部復員，積極參加科學建國之大業。

胡先驌沒有虛高浮誇自己之研究所，而是客觀準確記述其十幾年之歷史。文字簡潔，轉呈自然，若行雲流水，一氣呵成。除寫到靜生所之外；還寫到靜生所下屬機構廬山森林植物園、木材試驗館、中正大學辦事處等。〔註1860〕

〔註1860〕胡宗剛著《胡先驌撰〈靜生生物調查所簡史〉》，公眾號註冊名稱「近世植物學史」，2022 年 03 月 22 日。

10 月底，遷家屬從永豐縣回南昌，在江西南昌鴨子塘 17 號居住。

11 月 8 日，唐世鳳致朱家驊信函。

騮師鈞座：

敬肅者：生此次返閩，以前在吉安曾遇前中正大學胡校長先驌老師，自永避難出，全家十餘口，流落窮鄉僻壤者一年餘。聞經過生活極其窮苦，相見之下，感慨甚多，但精神健旺，著述工作未嘗間斷，令人欽敬。胡師對於戰後科學事業具有熱忱，擬有計劃，並願在師座領導之下，如中央博物館、臺北大學或其他研究機關擔任一部分工作，藉報知遇之情，急欲一見，面陳衷曲，意思懇切，至誠且敬。胡師人品學識，早在師座洞察之中，不知師座可約期召見否？胡師通訊處可由南昌江西教育廳程時煃廳長轉。

冒昧瀆陳，敬祈鈞察，虔請

崇安

生唐世鳳謹肅長汀廈門大學

三十四年十一月八日〔註 1861〕

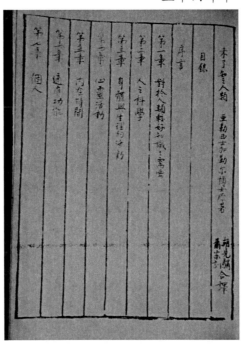

胡先驌、蕭宗訓合譯《未了知之人類》手稿

〔註 1861〕 《胡先驌全集》（初稿）第十七卷下中文書信卷，第 422 頁。

11 月 10 日，與蕭宗訓合譯的《未了知之人類》，書稿約十六七萬字，譯書的時間是在抗戰勝利的前夕，譯者序寫於抗戰勝利後 11 月 10 日於南昌。

　　加雷爾是研究生理學的，在他的《未了知之人類》書中，強調歐美現代民主政治的缺點，主張由國家選數十個極優秀的天才青年，研究各種科學二十五年，使其學問淵博，見識卓越，用這些人做政府的智囊團，一切政治、經濟、文化的興革，都由這些人擬定方案，由政府執行，結果必比現在的代議制為好。我服膺這種學說，而且還把這種思想發揮在我的政論中。這種只看見少數統治階級的智慧，極端輕視群眾的思想，不是法西斯思想是什麼？我拿這種思想毒害青年，作為反動統治階級理論上的支柱，其遺毒之大，實難計算。〔註1862〕

11 月 13 日，《教育之新目標——教育生活化》文章在江西南昌《中國新報》（第 1 版）發表。摘錄如下：

　　國父在《民生主義》第一講曾云：近來美國有一位馬克思的信徒威廉氏，深究馬克思的主義，見得自己同胞互相紛爭，一定是馬克思的學說還有不充分的地方，所以他便發表意見說：馬克思的物質為歷史的重心是不對的，社會問題才是歷史的重心，而社會問題中又以生存為重心，那才是合理。民生問題，就是生存問題。這位美國學者的最近發明，恰恰和本黨的主義若合符節。這種發明就是說：「民生是社會進化的重心，社會進化又是歷史的重心，歸結到歷史的重心是民生，不是物質。」此段講辭乃吾人所熟知者。威廉氏所謂「生存即是生活。」蓋人類必須生存，而與生存有關之事物，不僅限於物質也。生存或生活既為社會問題之重心，則人類一切之努力，皆必須有益於生活。教育之目的，本在教人如何增進其知能以適應一切環境，故必以改進生活為目標也。蔣百里先生有言曰：「生活條件與戰鬥條件一致則強，相離則弱，相反則亡。」餘則曰：「教育制度與生活條件一致則強，相離則弱，相反則亡。」然我國之教育，自秦漢以來，即漸失去其目標，自清末廢科舉創立學校直至今日，教育亦僅知外襲歐西之皮毛，而並未認清教育之使命，所

〔註1862〕 胡先驌著《對於我的舊思想的第三次檢討》，1952 年 9 月 4 日。《胡先驌全集》（初稿）第十五卷人文科學文章，第 647～654 頁。

定之課程與教育之方法，未必盡皆有益於生活，而與生活一切之有
關之事物，多不能在學校中獲得教育與訓練。故為建國與復興民族
計，則現行之教育制度，必須有徹底之改革。而在改革之先，首須
認定一正確之目標，此目標為何？即教育生活化是也。

所謂生活，非狹義之物質生活，僅包括人生所需之衣食住行而
已也。亦非僅限於求得謀生之知識與技能也。所謂生活，乃人生之
一切活動，包括謀生之知能，物質之需要，健身之方法，求知之欲
望，感情之發洩，道德感與美感之滿足，宗教之信仰，求偶生殖之
本能，政治社會之參預等等，蓋生活有精神與物質兩方面，二者缺
一，不能成為美滿之人生也。教育之目的，即在如何指導與訓練個
人，使每人皆能在個人之生活之各方面儘量發展其潛能，以上達於
最崇高最美滿之境界；且須使之了知若何之生活方式於個人，於民
族有不可避免之惡影響，於是方能正人心一更風俗，使人人咸成為
頂天立地之人，而國家成為富強康樂之國，苟以此為目標，為尺度，
則知今日之教育制度遠不能勝此巨任明矣。

《周官》云：「大司徒以鄉三物教萬民而賓興之，一曰六德，知
仁聖義忠和，二曰六行，孝友睦姻任恤，三曰六藝，禮樂射御書數。」
又云：「遂大夫掌其遂之領令，以教稼穡。」而《小學》則教灑掃應
對進退。孔子曰：「弟子入則孝，出則弟，謹而信，泛愛眾而親仁，
行有餘力，則以學文」。古代教育之方針與方法，具見於此，蓋古代
之教育，實為廣義之生活教育，六德六行，生活所必需也，六藝亦
生活所需也，稼穡亦生活所需也，孝悌謹信，泛愛親仁，生活所需
也，學文亦生活所需也，灑掃應對進退亦生活所需也，而後世則惟
知重知識教育與文學教育，此教育之所以幾與生活脫節也。就六藝
而論，禮樂為德育，書數為智育，二者為精神教育，智慧教育，射
御為體育，為實用教育。今日之教育僅可比之於六藝中之書數，只
可謂二藝教育，可見其只顧及生活之一偏，而未能顧及其全體也。
總裁鑒於近日教育之弊，乃提倡古昔之六藝教育，而標其宗旨曰：
「文武合一，術德兼修」，此即所以達成完美之生活之教育宗旨也。
禮樂書數文也，射御武也，書數射御術也，禮樂德也，今日之言教
育者，雖亦云三育並重，六藝兼修，然觀之實際，則今日之學校教

育，仍只是知識之傳授，而至多只可稱之為二藝教育耳。

今試評論所列舉人生之各種活動之未為現行教育制度所顧及者，以見其缺點。盡人皆知掃除文盲與國民教育之重要矣，然一般民眾至今尚不悅學。國民教育之推行所以至為困難者，一方面固由於愚民之無知，一方面亦因現行之國民教育，不能裨益於一般民眾之生活也。吾國百分八十之民眾為農民，此外尚當有百分之十五以上之工人商人或其他服勞役之人，士大夫階級至多不過百分之五耳。在此百分之九十以上之人，識字與否，皆與其求生之道無多大之關係，則安能使之對教育發生興趣耶？故欲推行國民教育，必須使此項教育有裨於彼謀生之知能，非徒識書算而已也。而欲達成此目的，殊不易矣。第一須灌輸農民以農業之新知識，則必須有良好之初級農業學校，不但教師須有優良之農業知識與技能，且須有相當規模之示範農場，以為農民借鑒之資，並能助農民以解決農業上種種困難問題，且能供給農民以優良之作物園藝畜牧之品種，故鄉村教育必須與農業推廣與農業金融等機關密切合作方能收效，而冬季業務講習班則為推廣鄉村成人教育之好機構。對於工人子弟之教育或工人補習教育，則當在工廠中施行，必須使之能增加其對於本業之實際技能，方為有用。江西省曾辦所謂百業教育，其用意甚佳，惜辦理不善，久同具文，今已棄置矣。國民教育即須儘量包括此種教材，方能使農工階級樂於送子弟入學也。今日一般之學校，猶承昔日科舉之遺風，認為學校為入仕之捷徑，而學問為作官之敲門磚，此等精神，亟宜糾正，故以後中等教育宜以多辦良好職業學校為職志，設備必須充分，師資必須上選，務使學生畢業之後，即可獨立營生，而不必為公務員。即在普通中學亦必使學生學成一種職業，所謂職業，以機械工程，建築工程，農藝、園藝、畜牧為宜。務使人人認識勞作之神聖，而皆有謀生之技能，此種風氣一立則整個國民性更改矣。

在高等教育方面，除正式之大學或專門學校外，尤須著重推廣教育，對於農業工業等各種專門知識，皆須使正式生徒以外之人有學習之機會。關於此點蘇俄可以效法，宜研究其制度以期於實施。波蘭亦曾辦一種成人大學，專收不識字之農民，不以文字但口語講

授，收效頗著。惟此種講授方法至為不易，須精心研究之耳。

除專門謀生之知能外，與人類生活有關之物質方面之知識與技能尚眾，各級教育皆須顧及之。例如機械之使用，即其一端。吾國之農民，雖有相當精良之農業知識與技能，而全不知用機械。他日我國之農業，必須全部或局部機械化，故至少必須能運用簡單工俱如老虎鉗搖輪鑽沙輪杆錐等，再進則須能使用簡單之內燃發動機，若能運用複雜之農業機械則尤佳矣，且民眾運用與修理機械之技能，處今日機械戰爭之世，與國防大有關係。此外則尤宜極力提倡與教授用自行車與摩托車，一方面可以增加民眾交通之便利，一方面可以健身，一方面可為國防之準備。我國在隋唐時代，一般士大夫與民眾皆習於騎馬，自金人入汴後，將馬匹搜索罄盡，故南宋士大夫皆改乘轎，此與強身衛國，皆大有害，吾人不可不矯正之也。今日德美俄諸國之軍隊之所以易於機械化，蓋由於國民習於使用機械與摩托車之故，故我國之教育，必須極力注重運用機械也。

至於烹飪裁縫，乃家庭生活所必須之工作，通常皆女子任之。在歐美各國，雖在中等社會之家庭中，主婦未有不自任烹飪裁縫之工作者。此種生活技能在女子學校中，必須認真學習。然在中國今日男女共學或為女子專設之中小學對於此項課程皆不重視，乃重大錯誤而亟宜糾正者也。

健康與醫藥之知識，尤與生活有關，而影響民族與國家之興衰者至大。羅馬之衰亡，由於瘧疾之猖獗。蒙古人口之減少，則由於花柳病之蔓延。我國在東漢末年與元末社會組織之解體，皆由於先後兩次鼠疫所致。今日瘧疾與梅毒威脅民族生存者，極為重大，其他傳染病亦然。而一般民眾大都昧於衛生醫藥之知識，故在各級學校所重視者不宜僅為數理文史等課程，而必須認真教授生理衛生學，在女學校則尤宜視看護學為一重要課程也。求偶生殖與育兒尤為生活之重要事件，與家族與國族之興衰有密切之關係。匹偶不得其道，影響個人之終生幸福，使有用之人，變為無用。歐西各國咸重視優生之道，今日在德國已實行多種優生之法令；在美國有甚多之中大學校，皆教授關於性之知識，亦有教結婚學者。在我國僅有一二教會設立之大學，在近年始試開結婚課程，而在普通國立之各級學校

中，則無此項課程，亦未有授育兒之課程者。此兩項重要知識，乃不在學校中講授，可謂怪事。為青年人之心理健康起見，性知識必須講授。而在一般女學校中，尤以在農村學校中，傳播育兒之知識，更屬要圖。雖國民學校之兒童，年齡過小，不足以語此，然必須在成人班，設法講授之也。

古昔之教育以立身為本，今日之教育，則僅傳授知識，此乃模仿歐西制之結果。清末張文襄倡「中學為體，西學為用」之說，可謂一言抉要。蓋歐西之物質科學固在所必修，而我國自昔相傳誠意正心修身齊家之學，仍不可棄。而數十年來，此語乃為人所詬病，至有全盤西化，拋棄線裝書之譏言激論。直至近年，政府始知提倡四維八德，然學校尚視之為具文，學生亦皆視學校為販賣知識博取資格之地，殊不知不能正心修身，則無論在家庭在社會，皆必失敗，個人與後嗣，皆受不可挽救之損害。此種損害遠在物質缺乏之上，對於國家整個之政治經濟社會設施，處處皆受其惡影響。在今日政令之所以無效，無論若何之良法美意，皆為貪官猾吏舞文弄法之資，即由於人民心術之壞也。故以後各級教育，皆須加重倫理學課程，而視操行重於學業，而不可視此種課程與訓練為具文也。

美育亦為生活之一要素。人人皆有程度不等之美感，是為人類一種重要精神活動，唱歌觀劇跳舞皆是也。美感如能充分發達與滿足，則心身愉快人而樂於上進。今日之鄉民以物價關係，生活較戰前為裕，而乃嗜賭若渴，士大夫階級亦然。此等現象乃由於缺乏高尚之娛樂，不足以滿足其精神上之需要也。高尚之音樂與戲劇，實為美育之要素，儒家自昔重視樂教，即以其有益於身心也。今日政府雖然知提倡音樂，然距迫切之需要，相去尚甚遠。在鄉村之國民學校中，樂教尤等於零。在其他各級學校中，亦未獲得其應有之重視。至於戲劇，尤視為課外之活動，可有可無。圖畫手工等課程，亦只等於具文。凡此種種雖非如水火菽粟之不可須臾離，然為達成完美之生活起見，亦應盡力以提倡之也。

人為政治經濟與社會動物，此三者，乃生活不可或缺之要素。尤以民主政治，人人可以參政，則人人必須對於政治經濟社會，有相當之認識，對於現行之法令，有不可少之瞭解。又處今日天下一

家之局,九洲萬國,休戚相關,則人人對於國際政治,時代思潮,亦須有最低限度之知識。此種公民知識,範圍頗廣,不僅限於三民主義而已也。如何教授大多數人民以最低限度之政治、經濟、法律、社會,與國際情況之知識,乃今日國民教育之迫切問題。必如是主義方能貫徹,憲政方能期成,民權方能樹立,社會方能改進,而全國人方能瞭解國際之情勢,以協助政府施行其國策。指導人民以充實其政治經濟生活,乃教育之使命,而今日之教育制度,殊不能完成此種使命也。

總觀中國二千來以迄于今日之教育,其目標有二大錯誤。一為認教育為干祿之工具,一為認教育為求知之工具,而不知教育之目標乃為增進人類全部之生活。目標既誤,害即隨焉。夫學優則仕,古有明訓,人人固有參加政治之權利,人人亦有參加政治之義務,然不必人人皆科仕也,而人人皆不可不受教育。上古之人,為改進其生活而受教育,不必人人皆求仕也。子張學干祿,已為孔子所訶。孔子使漆雕開仕,對曰:「吾斯之未能信也。」子悅。蓋孔子並不獎勵其門徒入仕也。至漢武帝宏獎學術,大興學校,「立五經博士,開弟子員,設科射策,勸以官祿,迄於元始,百有餘年,傳業者寖盛,支葉蕃滋,一經說至百餘萬言,大師眾至千餘人,蓋祿利之路然也。」自茲以降,無論入仕之途為選舉、為學校、為科舉,一般人皆為干祿而求學,甚至如在清代,邑庠郡庠徒有其名,國子監亦同虛設。而自唐以後,以詞賦或制義取士,教育尤與生活脫節。庚子以還雖廢科舉,興辦歐美式學校,而科舉精神,直至今日而未泯,生徒之入學校但為博一資格而已,故所學太半與生活截然為二事,以之立身應世治事,無在而不感不足。國家家庭年糜億萬資財,個人虛費至平生三分之一之光陰而所獲止此,豈不哀哉!

其較高者,至多亦只知為知識而求學。在低級學校,所學之學科,僅為升入專門以上學校之預備,而與日常生活無關也。苟一旦不能升學,則所學幾全無用,苟能升入專科學校或大學矣,則亦僅知修治其所專門之學科,對於個人品格之修養或處世接物之道,從不知注意也,對於本國或世界之文化,素無所容心也,身受高等教育,而對於立國之政治經濟原理,或本國現行之政制與法令,茫然

無所悉也。以言常識，則四體不勤，五穀不分也，以言技能，則上馬不能殺賊，下馬不能草露布也。蓋除專精之本業外，幾於一無所知，一無所能，一無所好。燕居之暇，無精神上之安慰，則飲酒賭博，或放僻邪侈，言不及義而已。此等未受教育之專家，未必便為國家社會之福，而每每貽害無窮焉。貪贓枉法，縱慾敗度，多此輩為之也。以此等人物參預政治，支配經濟，教育青年，代表民意，欲求有良好結果，寧不等於緣木求魚耶？其所以致此者，則教育之不善故也。

欲挽救以上之流弊，首須確定教育目標，而不囿於已往之陳跡。次則研求如何藉教育之力以充實提高個人全部之生活，宜將各級學校之全部課程從新檢討。何種科目應設，何種科目應去，應以幾分之幾之時間，研求修身之道，幾分之幾之時間，研求應世接物治事之道，幾分之幾之時間，研求如何作一國家或世界之公民，幾分之幾之時間，研求專科之學問，如何講授，如何訓導，務使能收實效，不尚空言。允宜自小學至大學，皆編制一種「生活學」課程，包括一切切要之講習與訓練，庶幾生徒在每一級學校畢業後，即對於與全部生活有關之知識與技能，已瞭解熟練至某程度，個人之修養會收若干之成效。必如斯則凡受教育之人，皆為有用而無害，完美而無缺之人，而國家民族感受其益矣。主持教育之當局與國內之教育家請對於此提議加以研討，期諸實行，則國家幸甚，民族幸甚。〔註1863〕

11月17日，江西吉安《大眾日報》載：國立中正大學南昌校友分會，定今日上午九時，假國貨路江西大舞臺，舉行學術講演教讀，胡步曾博士主講「中國政治之改造」。

（陳露先生提供）

11月19日，任鴻雋致胡先驌信函。

步曾吾兄左右：

弟上月二十日由渝飛滬，晤農山兄，得悉吾兄近址，返途過南京，曾上一緘（南京吉安間電報尚未通），不知得達左右否？十日由京返渝後，得讀兄九月五日來示，乃年餘來第一次得兄近信，快慰

〔註1863〕《胡先驌全集》（初稿）第十五卷人文科學文章，第446～450頁。

何似。當於十一日奉上一電，並於十三日由中央銀行電匯款項二十八萬元，請兄即來渝一商。此信到時希望兄已收到此款，並已作計來渝。弟在滬知靜所在平高級職員如壽振黃、李良慶、張春霖等皆與偽組織曾發生關係，將來改組上必有一番大周折，故與農山等商量之結果，以為兄不可貿然前往，必須先商定一妥當辦法，此弟所以主張兄從速來渝一行也。聞此時由吉安到南昌、南昌到九江，路皆可通，若能由九江到漢口，則由漢飛渝，自易之耳。廬山植物園最好請陳封懷兄就近前往接收整理。一切面談。

　　此頌

近祉

弟 任鴻雋

卅四、十一、十九〔註 1864〕

11 月，在中正大學演講《中華民族之改造》的內容。

　　勝利後我回到南昌，便在中正大學演講我的《中華民族之改造》，宣傳我的改良主義的社會改革方案。在當時還是有不少青年到現場上來，聽我的演講。……還對我的改良主義沾沾自喜。自深刻研究斯大林與威爾斯談話一文件以後，才認識到我的錯誤。這些時候仔細學習了列寧、恩格斯幾本偉大的著作，更加強了我這種認識。〔註 1865〕

12 月 6 日，胡先驌致任鴻雋信函。

叔永吾兄惠鑒：

　　十月十二日手書，前日始得讀，當由青年團發一電，此信到時諒早已收到。近始悉吾兄已到滬，再返渝，未獲一晤為悵。靜所已由沈兼士交桂洵與夏緯琨接收，得桂君來函云損失甚巨，現已設法查追。弟亦電請朱部長派赴東京調查索取所損失之圖書儀器。植物園已經蕭純錦看過，房屋已全無，圖書標本一百六十箱皆被日人運走，已飭軍司令員負責收回。只要來年靜所預算決定，經費寄到，

〔註 1864〕 胡宗剛撰《胡先驌先生年譜長編》，江西教育出版社，2008 年 2 月版，第 378～379 頁。

〔註 1865〕 胡先驌著《對於我的舊思想的檢討》，1952 年 8 月 13 日。《胡先驌全集》（初稿）第十五卷人文科學文章，第 629～640 頁。

即可派陳封懷前往恢復。至於靜所經費，弟為求得永久保障，主張由教育部撥給，曾作一方案，交辛樹幟君請朱部長擇一決定。如中基會能如前充分供給經費，自亦不必改歸部辦也。

現在戰事結束，一切應漸復常態，靜所經費（連同植物園）至少應與地質調查所或中央研究院一二大所經費相若，所中人員薪津米貼亦應與地所等學術機關相同。明年總預算究竟能核給若干，加成等費能隨時按公教人員比例增加否？請詳示。經費一定，即可派周宗璜與唐進回平，不必黃野蘿前往也。弟不主張與生物研究所合併，以人事上無法調整，研究所自有其歷史與幹部，且在北碚有房屋、有圖書，而在南京之房屋已炸毀，則以暫不離川為宜也。復員費非二百萬元不辦。

弟現任教育部武漢區教育復員委員會委員，負責有若干重要工作，一時難以啟程，且赴渝亦頗不易。現靜所既有人用，弟亦胸有成竹，只要經費確定，明年即可回平工作。且政府還都在即，不必跋涉赴渝也，吾兄以為如何？

專此敬頌

冬安

弟　胡先驌

十二月六日（1945 年）

范旭東兄病逝，在公誼與私交均為莫大之損失，弟聞訊後，為之腹痛累日。又及。〔註1866〕

12 月 7 日，胡先驌致受義、玉峰（夏緯琨）等信函。

受義、玉峰惠鑒：

日前所寄之函，意早收到。任叔永先生已來滬一次，云明年所中經費不成問題，一俟交通恢復，驌即返平，亦許先命周宗璜先生先返，亦許命黃野蘿先生先返平視察。現在惟有率同杜英祥諸人看守所中，各物可堆入數間屋內封鎖，不許外人擅自移動及拿取書籍，一面會同平津區教育復員輔導委員會人員，索取篠田統取去之所中各物清冊，

〔註1866〕胡宗剛撰《胡先驌先生年譜長編》，江西教育出版社，2008 年 2 月版，第 379 ～380 頁。

將已遺失者詳細錄一清冊，以一份由輔導委員會呈教育部，一份寄重慶李子壩正街特三號中華教育文化基金董事會任叔永先生，一份留與驌自用。蓋驌正請教部派往日本調查索取科學機關之圖書設備也。杜英祥輩可酌量給與工資伙食，俟正式人員到達後，再行歸墊也。驌與周宗璜先生及他人之私人損失亦請清查告知，以便與之交涉也。

　　專此

冬祺

　　　　　　　　　　　　　　　　　　　　驌拜　啟

　　　　　　　　　　　　　　　十二月七日（1945年）

　　受義：我如往日本，姑婆與小兒或須先回平，居住一切須汝照料，汝往東北之計劃能變更否？請告示為荷，又及。〔註1867〕

12月9日，胡先驌致任鴻雋信函。

叔永吾兄惠鑒：

　　日昨寄奉一長函，想已入覽。昨接農山兄來函，對於靜所種種建議皆過於矜慎，非弟所敢苟同，特與吾兄一長言之。靜所負國內外重望，現在建國大業開始，正宜謀積極發展，弟有種種方案亟待逐漸實施。農山兄所云停辦二年或縮小範圍，決非弟所苟同。若中基會不能予以充分之經濟，弟亦將另謀發展。至於壽理初諸人，則已犯漢奸嫌疑，自在擯棄之列，何當畏其囉啐。農山如畏其糾纏，弟自足以當之。不但此也，即王宗清亦決不再用。職員與中下級幹部亦當大為沙汰，重要人員亦大有增減，以後當嚴核名實，務求一人得一人之用，則用人雖多，而不得謂為靡費，將一反過去過於寬厚之弊，想吾兄亦贊成此意也。總之，以後如何發展靜所，弟胸有成竹，請兄絕對信任，全力支持，不可掣肘，則在短期內必有卓然之成績相報。現在急需者厥為一充裕之預算。抗戰伊始時，靜所經費年達九萬，今雖不敢即恢復此巨額（按物價則至少九千萬），但亦必等於地質調查所或中央研究院最大之研究所之預算，究能核給若干，尚乞明示為要。

〔註1867〕胡宗剛撰《胡先驌先生年譜長編》，江西教育出版社，2008年2月版，第381～382頁。

專此敬頌

冬安

弟 胡先驌 敬啟

十二月九日（1945 年）

靜所無論如何決不可與生物研究所合併，否則弟將無法應付主

次。又及。〔註 1868〕

12 月 9 日，《教育經費》文章在《申報》雜誌（第 2 版）發表。摘錄如下：

任何良好之教育計劃，無經費不能使之實現。在此抗戰之八年

中，政府深知教育之重要，而又困於經費之缺乏，遂師巧婦之故智，

而為無米之炊。以通貨膨脹之故，今日各學校之經費，不及戰前原

有經費百分之一。且抱定粗製濫造之宗旨，著手增設大量之新學校，

從不計及此種粗製濫造之教育之貽害至若何程度，名為給與青年以

教育機會，實則貽誤青年不知紀極，此舉辦教育而不能籌措充分之

經費之弊害也。

然在抗戰期中，尚有可說。戰事結束以後，既倡言建國，則必

須儘量寬籌教育經費，教育始能漸返正軌，而不至仍蹈粗製濫造之

覆轍。須知今日為達成實業計劃，養成各級幹部人才，及普及國民

教育，與養成所必需之各級學校之教師與地方自治人員計，學校之

增加，必須百倍於今日，而經費尤須千萬倍於今日。

政府當局必須深切認明，在今後建國之過程中，擴充教育之重

要決不在完成實業計劃之下。而欲擴充教育，則必須儘量增加教育

經費也。我國俗諺有云：「教子不留田半畝」，具見國人了知教育之

重要。政府亦須了知為達成各種國策計，對於擴充教育，及寬籌教

育之經費，必須有類似之決心也。〔註 1869〕

12 月 13 日，俞德濬致雲南省教育廳信函。

俞德濬致雲南省教育廳函。轉眼即到年末，又是一年政府預算

之時，俞德濬認為抗日戰爭已經勝利，國家經濟應有所好轉，故希

〔註 1868〕胡宗剛撰《胡先驌先生年譜長編》，江西教育出版社，2008 年 2 月版，第 382
～383 頁。

〔註 1869〕《胡先驌全集》（初稿）第十五卷人文科學文章，第 451 頁。

望教育廳對農林植物所下撥經費有所增加，以期諸項研究工作得以開展：「近年以來，昆明物價較之四年前，遠為增高，至少當在百倍以上。敝所以現有月入僅萬元之經費，實感杯水車薪，不敷甚巨。第念抗戰時代各機關全感艱苦，惟有力事緊縮，勉為支持，各種設施，因陋就簡，研究工作之進行至感困難。茲值大戰結束，準備復員之際，今後敝所一切野外調查及室內研究工作急需展開，以期對於本省農林資源之開發，以及吾國學術之研究有所建樹，用特請貴廳將明年補助敝所費用，寬為增加」。〔註1870〕

12月15日，任鴻雋致胡先驌信函。

步曾先生左右：

　　五日前得兄由南昌致內人緘，因係是十一月五日後發，為兄最近消息，極為喜慰。昨又得來示，知兄曾得弟十月十二日去信，漸有直接通訊之可能，喜愈可知矣。惟尊緘所言，託青年團發來一電，則未收到。弟於本月十一日去上一緘，不知收到否？茲抄一副本奉呈，以往情形可於該緘中具悉，不復述也。

　　靜所經費下年度已經決定為三百六十萬元，此在本會已盡最大之努力，但在目下情形自屬為數無幾。就此經費情形，將來作何辦理，此亟待與兄商討之一問題也。至於北平方面房屋、標本等之收復整理等事，尤為兄職責所在，急須著手進行。兄如以為所務宜先到北平清理一切後，再與弟會商將來辦法，即照此進行亦無不可。至復員款項，前已由守和帶去三十萬元，聞尚不敷用。此項用費本會可勉為擔任一二百萬元，但須有一定計劃及預算，不然恐經費用罄，事務仍未辦了，兄與弟皆不好交帳，尊意以為然否？總之，靜所復員一須明瞭平所近況，二須兄速即出而主持。若照現在情形，弟恐不但已損失者無法索回，即眼前所有者尚有不保之虞。兄如決定繼續負責，似應擺脫一切，速行到平。至滬時如弟尚未到滬，即用航空信商量一切，亦較眼前容易百倍也。書不盡意。

〔註1870〕俞德濬致雲南省教育廳函，1945年12月13日，雲南省檔案館檔案，1012-004-01821-009。胡宗剛著《雲南植物研究史略》，上海交通大學出版社2018年7月版，第179頁。

即頌

時綏

弟　任鴻雋

十二月十五日（1945 年）〔註1871〕

12 月 15 日，胡先驌致羅香林信函。

香林先生史席：

重慶一別，倏忽數年，惟與居多吉，動止咸宜，為慰為頌。驌
自今年一月底自泰和避地永豐，至十月底始來南昌，現寓鴨子塘十
七號，一時尚不他往也。茲有一事奉問，即左之氏族與月氏究是何
種族，其血統究與羌蠻苗瑤胡鮮卑等何者為近。臺從研究我國民族
有素，想有以詔我也。

專此敬頌

冬遂

胡先驌　拜啟

十二月十五日（1945 年）

通訊：江西南昌鴨子塘十七號。〔註1872〕

12 月 17 日，省聞簡訊胡先驌博士演講。

青年團南昌分團，特邀請前中正大學校長胡先驌博士，於昨日
（星期日）假公廟分團分團部講演。〔註1873〕

12 月 22 日，中華教育文化基金董事會致胡先驌信函。

步曾先生左右：

本會於十二月一日在渝舉行董事大會，通過聘請執事為本會三
十五年度植物學研究教授，在北平靜生生物調查所施行研究，任期
一年，至三十五年十二月底屆滿，每月致送月薪六百元，研究費一
萬元，生活補助費照政府規定，基本數二萬四千元，加成七十倍四

〔註1871〕《胡先驌全集》（初稿）第十七卷下中文書信卷，第 352～353 頁。
〔註1872〕馬楚堅主編《羅香林論學書札》，廣東人民出版社 2009 年版。
〔註1873〕梁洪生主編《杏嶺春秋——〈江西民國日報〉有關國立中正大學的報導全匯
（1938～1949）》，2010 年 12 月內部印刷。中華民國三十四年十二月十七日
週一第三版。

萬二千元，合計每月七萬六千六百元正。隨緘寄奉《設立科學研究教授席辦法》一份，供參閱。

　　研祺

　　　　　　　　　　　　　　　　　　　　　　中基會

　　　　　　　　　　　　十二月二十二日（1945 年）〔註 1874〕

12 月 26 日，胡先驌致任鴻雋信函。

（電報）中組部余（井塘）副部長，請譯轉中央社教育文化任叔永兄鑒：

　　弟來南昌，寓鴨子塘十二號。本社復員計劃如何，明年經費如何籌備，需弟來渝面商，請予補助並電匯旅費十五萬元。佇候電覆。

　　　　　　　　　　　　　　　　　　　胡先驌　戊歌

　　　　　　　　　　　　（1945 年 12 月 26 日）〔註 1875〕

12 月 26 日，胡先驌致任鴻雋信函。

叔永吾兄惠鑒：

　　今日接到十二月十五日手書，敬悉一是，當即發一急電，奉告弟定於一月十日左右啟程，由滬赴平，偕周宗璜、傅書遐同行。得夏緯琨函，約知靜生所損失甚大，但並不如袁守和所傳之甚；亦得沈兼士函，靜待弟前往辦理一切，所損失之圖書均在向負責日人篠田統追索中。弟到平後，將一面清查各物，一面設法修理。據夏緯琨函云，家具散失甚多，衛生設備、電燈電話損失殆盡，故隨便修理購置恐二百萬元尚不敷用。茲擬先在滬取一百萬元應用，其餘之款俟到平後，擬具計劃預算，呈會再領取（其他費用）也。經常費每月二十、卅萬元（尚包括植物園經費在內），實屬微末之至。會中給予北平圖書館之費是否照此比例？經費如此窘迫，弟當向教育部另謀補助，已在進行中，且看結果如何。靜所過去有極光榮之歷史，

〔註 1874〕胡宗剛撰《胡先驌先生年譜長編》，江西教育出版社，2008 年 2 月版，第 383 頁。

〔註 1875〕胡宗剛撰《胡先驌先生年譜長編》，江西教育出版社，2008 年 2 月版，第 383 頁。

戰後自宜發揚光大，暫時停辦之說，決不可行。惟經費如此之少，如何復員、如何支持，大有巧婦無米為炊之歎，如何如何。

此函發後，即不再自南昌來函，如弟到滬時，兄猶未到，則將於抵達北平後，再函滬報告一切。接此函後，尊函請寄北平文津街靜所夏緯琨轉。

研究教授薪津幾何？一至三月份者，請寄南昌，現在匯水高昂，如匯水須在薪額內扣除，則太吃虧矣。弟定於三月底南旋，如交通便利，或專來滬謀與兄一晤。至七月則攜全家北返，以後乃在平工作。楊宜之屆期亦將返平也。得蔣英來函，知陳煥鏞兄在廣州安好，特此附聞。

　　專此敬頌

年禧

　　　　　　　　　　　　　　　　　　弟　胡先驌　啟

　　　　　　　　　　　　　　　　十二月二十六（1945 年）

莎菲夫人統此問候。〔註1876〕

19日，胡先驌致程時煃信函。

柏廬姻長惠鑒：

　　多日不見為念。前者李君景賢建議邀請熊十力先生往廬山講習會講學，公意云何？熊先生為當代最偉大之佛學家，曾在北大主講多年，其所著之《新唯識論》可與魏晉六朝佛家聖哲之著作，共垂不朽。明清七百年來無可頡頏者。其所著之《十力語要》及《讀經示要》融通儒佛，語尤精闢，其論學宗旨約與李證剛先生同，而著作之精深或有過之。驌覺平生可師事者，當推此公。蔣主席贈百萬金為講學之資，亦可見其敬事之意。講習會如能邀之來山講演，使教育界同人得睹哲人之顏色，亦一盛世。第熊先生能否蒞臨，尚未可知耳。驌恐公知熊先生不深，特為申言，諸祈察知為幸。

　　　　此頌

道安

〔註1876〕胡宗剛撰《胡先驌先生年譜長編》，江西教育出版社，2008 年 2 月版，第 384 頁。

胡先驌

十九日（1945 年）〔註 1877〕

12月，《教育之改造》單行本為江西南昌大眾日報叢書發行，全文 16000
餘字。

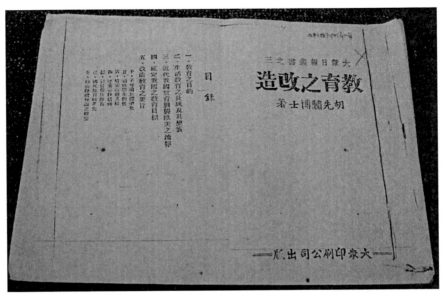

《教育之改造》單行本

12月，江西南昌大眾日報叢書《教育之改造》刊印單行本。

　　　我《教育之改造》一文中，雖有些進步思想，但也有資產階級
的……思想。我講過：「人類之智力不同，其智商之差別，不可以道
里計，通常城市居民較鄉村居民之智力為高，同在城市之中，上等
社會之人，其智力較無產階級亦相去甚遠，通常之社會階層，實為
智力差別之自然結果。」這全是統治階級的……思想。解放後在報
紙上看到無數的工業和農業勞動模範驚人的成就，反使我受過洋化
教育的知識分子感到萬分慚愧，同時體會到勞動人民的智力，決不
在知識分子之下，而社會階層並不是智力差別的自然結果，而是環
境的結果。在這次三反五反及思想改造運動，我深切認識到資產階
級與知識分子的思想是如何腐朽而黑暗，而工人階級思想是如何的
前進而光明，使我認識到了無產階級人格遠高於資產階級與知識分

〔註 1877〕《胡先驌全集》（初稿）第十七卷下中文書信卷，第 477 頁。

子的。我強調宗教信仰在教育中之重要性，是因為我的思想是唯心的，故未認識到宗教是統治階級用以麻痹被剝削者，使之相信命運，減少其抵抗與革命的思想的工具。我主張不干涉教會學校宣揚基督教教義，是因為我是受了洋化教育的影響，使我不能認識教會學校根本是帝國主義文化侵略的機構。我稱讚德國已實現多種優生法令，這是我站在統治階級立場的反動思想，不知道所謂優生學，便是統治階級用作藉口，以壓迫人民的假科學。我強調做嚴母良妻為女子的最高標準，還是我的封建主義歧視女子的腐朽思想。在今日看見女航空員與火車上的女司機的驚人的表現，使我體認到那種思想的錯誤。我反對增加大量的新學校與粗製濫造的教育，這是我的資產階級的思想，不知道人民對於教育與政府對於各種幹部大量的需要，故有這種不切實際的主張。三年來可見教育的驚人的進步與工農中學、業餘學校、成人教育、夜校以及各種幹部學校與訓練班的大量出現，使我知道我的教育主張是如何不切實際了。我主張雙軌制的教育與天才教育，也是由於我是站在統治階級的立場，以為勞動人民只配受職業教育，而正規的大學只有統治階級才能進的。自我主講了兩年速成訓練班，我才知道工農幹部如何渴求知識，與他們的進度是如何之速，我才體認到我的天才教育主張是如何的錯誤。〔註1878〕

1945 年 12 月～1947 年初，馬歇爾奉美國總統杜魯門之命出使中國，調解國共軍事衝突。

及至馬歇爾來調處國共兩方，希望成立政協，我又感興奮，我極盼政協能夠成立，國共可以合作，共謀國是。後來馬歇爾在八上廬山之後，絕望而去，內戰開始，我是異常失望的。我那時所聽到的消息是蔣介石是贊成成立政協的，而二陳與戴季陶等頑固分子堅持反對政協。我意味到他們反對政協是懼怕共產黨的組織能力與艱苦樸素作風，他們怕共產黨參加政府之後，以共產黨做事的刻苦與國民黨的腐敗相對照，不久人心便要歸到共產黨去。共產黨既有大量嚴密組織的黨員，一經公開活動，勢力必將迅速發展，使國民黨

〔註1878〕 胡先驌著《對於我的舊思想的檢討》，1952 年 8 月 13 日。《胡先驌全集》（初稿）第十五卷人文科學文章，第 629～640 頁。

無法與之競爭，所以國民黨反動派的核心人物，無論如何不肯與共產黨成立政協。〔註1879〕

是年底，《與吾曾老先生八旬大慶壽序》文章收錄江西省金溪縣琉璃鄉東源村《東源曾氏宗譜》，轉載吳定安著《蓴草集：金溪歷史文化研究》，江西人民出版社 2012 年 3 月版，第 92～93 頁。摘錄如下：

嘗讀《史記·天官書》有言曰：老人星見則天下太平。蓋耆老為國之希瑞，國富民安，人遂其生，則民多老壽。老人星見，斯為天下太平之兆也。老人之繫於天下者如此，其於鄉邑不尤重哉！

金溪曾與吾先生碩德耆年，久為鄉里所欽敬。農曆十一月二十八日為先生八十高齡誕辰，其哲嗣伯培、仲魯、叔廉、季熙兄弟，以今年抗日聖戰勝利結束，適值先生重遊泮水之慶，乃謀為稱觴，且徵言於戚友也。是固先驌積年之大願，乃陳述其所習聞之關於先生潛德高行者，以為先生壽。

先生幼而岐嶷，長而好學，嘗日夕攻讀，累年月不親枕席。家固素封，夙營紙業於閩之光澤，貿遷遠居滬漢。歲甲午中日戰作，貨運阻滯，營業不振，其勢甚危。封翁以遠大期先生，不欲以世務縈其心。既而為先生所悉，乃暫輟讀以分父勞，而仍披誦至於午夜，日則家務以理。而先生亦於丁酉秋登賢書。其後十年，不輕出庭，以純孝事其祖父母、父母，為鄉里所矜式。至強仕之年，始出服官。由內閣中書改銓廣東知縣，甫從政即以廉能為長吏所褒美。已而國家改步，乃潔然返初服，寄跡漢上，為鄉人董理昭武書院與萬壽宮，公款歲增數萬金，兼主漢商會，為商界之北辰。其教子有義方，仲為名教授，季以繪事顯。先生之德望亦日以隆崇。平生樂善好施，凡有義舉，捐資必鉅萬，以此頗耗其資，勿恤也。民國二十六年中日戰興，先生傷國難之未艾，凜匹夫之有責，舉凡協助政府安輯閭閻諸務，莫不躬任其勞，視同己事。六載勤劬，卒遘危疾，久而後瘳。將屆八秩，先生以日寇未平，擬不受賀。值今秋受降訊至，始欣然告廟，衷心大慰。其心情略似陸放翁，而德澤過之。

〔註1879〕胡先驌著《對於我的舊思想的再檢討》，1952 年 8 月 18 日。《胡先驌全集》（初稿）第十五卷人文科學文章，第 641～646 頁。

先生體雄偉，鬚眉岸然，聲如洪鐘，步履如飛。諸子咸能自樹立，孫枝滿目。蓋天之錫純嘏於善人者，固有時而特豐，亦適以使吾人得遂其頌禱之情也已。

　　　　　國立靜生生物研究所所長，愚內弟胡先驌鞠躬敬撰〔註1880〕

是年，對《未了知之人類》概要介紹。

　　美國偉大之生物學家加勒爾博士，在其《未了知之人類》一書中，主張由國家遴選卓越之天才，以二十五年之長期間繼續不斷研究解剖學、生理學、生物學、心理學、玄學、病理學、醫學、遺傳學、營養學、教育學、美學、倫理學、宗教學、社會學與經濟學。此等學者到五十歲時，以其淹貫宏遠之學識，必能根據人類之真性，以指導人類及其文明之建立，此等學者由國家培養之，以充政府之顧問，一切國事由彼等擬具指導批評，以為政府施政之方針，則不至於盲目的，自以為是的，妄為舉措，則國家有南針矣。此種教育程度，並非不可實行，西藏大寺中，即有潛修二十年之「智學」學位，中國古昔之學者，素有皓首窮經之志，英國牛津劍橋等大學皆有研究員制度，學校即優與廩餼，任其潛修，無時間之限制，苟不婚不宦，雖終其身治學亦可。此種措施之實行，有賴於政府之遠見卓識，實施過程應不受政局變化之影響，其適應應受到政治家之尊重成為國策，如能局部實施，對國家民族之前途有良好的影響也。

　　胡先驌與蕭宗訓合譯的《未了知之人類》。書稿用鋼筆書寫，是謄清稿，約十六七萬字。譯者序寫於 1945 年 11 月 10 日抗戰勝利後之南昌，說明譯書的時間是在抗戰勝利的前夕。1944 年 3 月胡先驌辭去中正大學校長職務，無官一身輕，有了更多的寫作和思考時間。1945 年初的江西又是黎明前的黑暗，日寇打通從廣州北上到南昌的通道，中正大學從泰和倉皇逃難到寧都，胡先驌一家則逃難到永豐縣，直到抗戰勝利。這段時間他就用來寫作了。可能以前作了部分搜集材料、協作分工等準備或已開始寫作，但是《中華民族之改造》和《未了知之人類》的完稿則是這一年末的成果。抗戰勝利後並無出版條件，《中華民族之改造》只能拆零發表，《未了知之人類》就

〔註1880〕《胡先驌全集》（初稿）第十五卷人文科學文章，第 452 頁。

不得不放下了。

《未了知之人類》(《Man, The Unknown》) 作者亞勒西士・加勒爾 (或譯作阿歷克西斯・卡雷爾),是一位外科醫生和生物學家,法國人,曾在洛克菲勒研究院工作。他發明了縫合血管的方法;他開始實驗從雞胚胎的心臟取出組織經過保存可以存活和生長他在1912年因血管縫合和器官移植獲得諾貝爾生理醫學獎。第一次世界大戰期間,他和達金共同研製了一種用來治療傷口的溶液,現在還在使用。1935年他和林德伯格合作製作了一個用於醫學研究的泵,這個泵可以使體內器官在體外存活一段時間。同年他出版了《未了知之人類》,我們沒有查到這書的中文譯本,因為它的書名有不同的譯名,例如已知有《人的奧秘》《人尚未瞭解的東西》等,它在海內外另有譯本的可能性還是存在的。

雖無中文譯本,但是對它的評價,我們見到了中國人民大學歷史系教授孟廣林寫過兩篇論文的題目:《卡雷爾的「反現代化」學說評析,載《世界歷史》2005年第2期》和《試評卡雷爾的「反現代化」學說,載《西學研究》北京大學歷史學系編,商務2006年9月版》。

孟廣林認為:「A.卡雷爾 (1873~1944) 在醫學與生命科學上的突出成就是眾所周知的,但我國學術界對他的《人的奧秘》一著卻頗為陌生。在該著中,卡氏以其獨特的理路對現代西方文明作了激烈批判,進而探討人類社會的合理路向。這一「反現代化」學說從一個側面折射出西方知識界對社會現實的困惑與彷徨,也展露了現代西方社會的陰暗面。由於反映了西方人擺脫「物慾」枷鎖的渴求,該書付梓後大有「洛陽紙貴」的勢頭,成為20世紀三四十年代歐美的暢銷書,僅從1935年付梓後到1946年,就再版了12次,在社會中引起廣泛迴響。在我國現代化建設日益拓展的今天,在新一輪"西潮東漸"持續湧動的情況下,以唯物史觀為理論指南,對《人的奧秘》一書的思想取向與精神底蘊作一解讀,其重要意義是不言而喻的。」以上這些話肯定了這本書的重要價值,應該說明的是「反現代化」不是反對現代化。加勒爾作為一個科學家,他的一生都在努力研究創新發明,為醫學現代化做貢獻。他不可能反對現代化。

在西方,「反現代化」思潮被理解為一種正常而富有價值的文化選擇。在中國,它對全盤西化派的歷史虛無主義開展批評,對現代化思潮起到了促進和互補的作用,但通常被認為是文化保守主義,這是片面的看法。

《未了知之人類》共有八章:第一章對於人類較好知識之需要;第二章人之科學;第三章身體與生理的活動;第四章心靈活動;第五章內在時間;第六章適應功能;第七章個人;第八章人之改造。作者在書中說到:他不是哲學家,只是一個研究科學的人。他花費的大部分時間在實驗室中研究生活之物質,另一部分時間觀察人類社會,他從不討論科學觀察以外的東西。他所說的觀察人類社會屬於社會科學的範疇,所以這本書實際上是自然科學與社會科學的綜合體。第四五六七章就屬於觀察人類社會的結果。他從自然科學家的角度觀察,可能與胡先驌的觀察角度近似,以致胡氏認為有翻譯出來供國人學習之必要。

加勒爾認為人類過於重視物質文明(工藝文明)的研究發展,對精神文明的繼承和發揚不重視,以致社會畸形發展。歷史進程充分證明了這一點,當年加勒爾寫書時,第一次世界大戰的教訓沒有吸取,德意日三國的狼子野心又形成人類的毒瘤,中國的東北和埃塞俄比亞首遭侵略。過了幾年,1939 年演變成第二次世界大戰,戰爭時間更長,地域更廣,傷亡更慘,武器由轟炸機發展到原子彈。在二次大戰以後又形成以美蘇兩個核大國為首的對立集團,冷戰多年,全世界人民長期害怕第三次世界大戰將毀滅地球。直到 1991 年蘇聯解體才逃過了這一劫。如今,新的矛盾和戰爭不斷發生,巴以戰爭,兩次伊拉克戰爭,阿富汗戰爭,911 世貿中心慘案,以及新出現的人肉炸彈,索馬裏海盜,還有金融海嘯,氣候變暖,核擴散,水污染,艾滋病,癌症等難題,都在困擾著這個世界,儘管科學技術也高度發展,可以克服一部分矛盾,但是沒有人的道德因素來制約貪欲,政治家全是急功近利的短視者,世界和平和共同繁榮仍是難以實現的。

如果《未了知之人類》有機會出版,將是人類學的經典文獻,更是胡先驌研究者的珍貴資料。最後,蕭宗訓的簡歷,我們沒有查

到，只查到古舊書店出售他的一本著作《名學要義》，大東書局出版（名學是邏輯學的舊譯名）。希望有知情人能夠告知。

蕭宗訓，江西省永新人。清舉人、禾川中學校長蕭輝錦之子，蕭純錦之侄，幼承庭訓，通經史，能詩文，早年遊學英國，亦通外國文學。原擬聘為研究部教授，因其神經受傷，又不善言辭，故僅聘為研究員。著有《評左傳真偽考及其他》及《亂山口號》《郊外》二詩，均刊於《文史季刊》中。（張大為著）

是年，幫助中正大學教師家屬轉移。

日寇侵犯江西泰和，情況危急，已經被去職的胡先驌到永豐後慮及正大有一部分教師因家眷人多，步行不便，尚疏散在泰和羅家圩一帶，雖然身不在任，仍然託永豐縣縣長派船將農學院教員張肇騫、李靜涵、林英、黃新和等人及他們的家屬接來永豐避難。據李靜涵教授的夫人梁玉冰回憶：「當時正處於進退維谷、焦急萬分之際而又一籌莫展的情況下，如果沒有胡校長的周密安排，後果真不堪設想！」〔註1881〕

抗戰勝利後，社會加快工業化進程。

我在勝利後到解放前，這幾年思想有很多的變化。最初是戰事結束了，抗戰勝利了，中國代替了日本，成為五強之一，已經是東亞第一個強國了，將來利用外貿來工業化，不久便變為一個有近代工業與愛好和平的國家。在聯合國保衛世界和平與人類福利的目標下，與世界各民族共同邁進，以達到大同之治。然而不久，我的不切現實的迷夢是無情被打破了。首先是反動政府派來上海、北京等淪陷區接受時貪污黑暗的行為給我當頭一棒。同時宋子文宣布法幣與偽幣的比例為一比二百，掠奪了收復區人民巨量的財產，這把我對反動政府的信念減了一半。〔註1882〕

〔註1881〕梁玉冰：《憶古道熱腸的胡校長》，《撫今追昔話春秋》，《撫今追昔話春秋》，北京燕山出版社，2011 年，第 272 頁。鄭瑤著《繼往開來責在斯——國立中正大學農學院研究（1940～1949）》，2019 年江西師範大學碩士研究生學位論文，第 63 頁。

〔註1882〕胡先驌著《對於我的舊思想的再檢討》，1952 年 8 月 18 日。《胡先驌全集》

是年，大金元煙草品種試種成功。

　　1945 年 4 月 4 日、6 日、7 日、10 日，雲南農林植物所進行了
15 個煙草品種播種試驗，其中有美煙四號 Y.M.和美煙五號 M.G.（即
大金元 Mammoth Gold），種子公司名稱為「Cokir's Pedigrad Seed
Co.」。1947 年，俞德濬、鄒家才發表《雲南煙草栽培試驗報告》，證
明農林植物所於 1945 年進行了包括烤煙品種「大金元」在內的栽培
試驗研究。〔註1883〕

是年，派中正大學生物系傅書遐在贛南和贛東一帶進行採集。

是年，農林植物研究所胡先驌所長與雲南煙草改進所負責人首次簽訂《特
約煙草育種及研究實驗合約》。負責煙草保育、繁殖、提供種籽等工作。此項
工作一直堅持，持續到 1950 年。

是年，靜生生物調查復員後，人員及經費不如以前。

　　至於中基會方面，自 1939 年起，美國退回庚子賠款停付，致使
其經費無著，「依照章程，又不能動用固定基金，除了能將基金利息
撥充經常費用以外，不得不向政府貸款以資維持」。〔註1884〕如此一
來，經費銳減，再加上漸為上升的物價，就更顯困難，對所資助的
事業力度漸為減小。故而中基會對先前合辦的事業，紛紛交於另一
方單獨辦理，如國立北平圖書館即交由教育部續辦，而只保留中國
科學社、靜生生物調查所等少數幾個成績優異、影響巨大的機構，
做盡可能的支持。靜生所所得少量經費，尚可支付散在各地部分人
員的部分薪金。1945 年列為所中人員有：胡先驌、秉志、秦仁昌、
汪發纘、楊惟義、俞德濬、王啟無、彭鴻綬、傅書遐、胡德貞共 10
人而已。而在戰前所中僅研究人員就達 53 人。靜生所復員當為中基
會應盡的義務，任鴻雋為此事付出了極大的心血。〔註1885〕

　　（初稿）第十五卷人文科學文章，第 641～646 頁。

〔註1883〕　《中國科學院昆明植物所簡史》，昆明植物所，2008 年，第 100 頁。

〔註1884〕　楊翠華，《中基會對科學的贊助》，臺北：中央研究院近代史研究所，1991 年，
　　　　　　第 38 頁。

〔註1885〕　《靜生生物調查所三十三年度工作報告》，1945，南京：中國第二歷史檔案
　　　　　　館，484（1026）。胡宗剛著《靜生生物調查所史稿》，山東教育出版社，2005
　　　　　　年 10 月版，第 183 頁。

是年，為三位老師祝賀壽慶。

秉志、錢崇澍、胡先驌三位先生或六十或五十生辰，其門弟子余沛華、秦仁昌、王家楫、耿以禮、曾省、方文培等發起徵金申祝，惜此次活動未見檔案史料，也不知發起之經過，幸1946年之《科學》雜誌曾以「學者壽慶」為題，發表一則新聞，讓人略知其概。活動先為印發啟事，「（啟事）前有張群、鄧錫侯、任鴻雋題字，並有翁文灝壽詩四首，稱羨有加，謂：桃李成蹊覘化育，沛顛無改見堅貞。年前集有成數，於本社東歸之日，由總幹事盧於道致送三先生，三先生悉數捐贈本社生物研究所，並媵以謝函，師道陵夷，學術無尊，有此嚶鳴，庶幾略見尊師重道之風也。」〔註1886〕

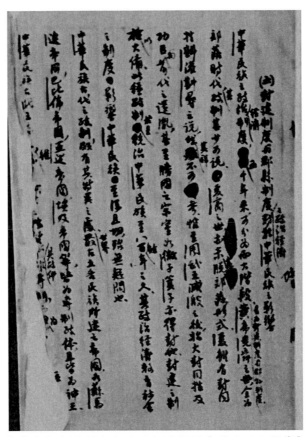

《封建制度與郡縣制度之政治經濟對於中華民族之影響》文章

〔註1886〕 《科學新聞》，《科學》，1946，28（10）。胡宗剛著《靜生生物調查所史稿》，山東教育出版社，2005年10月版，第27頁。

是年，《封建制度與郡縣制度之政治經濟對於中華民族之影響》為《中華民族之改造》之五《封建制度對於中華民族之影響》；之六《郡縣制度對於中華民族之影響》兩部分。收錄徐自豪策劃《胡先驌手稿擷珍》之《中華民族之改造之五，封建制度與郡縣制度之政治經濟對於中華民族之影響》，影印本2019年8月內部印刷。摘錄如下：

一、古代政治制度對於中華民族之影響

中華民族之政治經濟制度，五千年來可分為兩大階段，是為封建制度與郡縣制度。黃帝堯舜之世，全為部落時代，其政制甚少可說，夏商之世，亦未盡脫部落形式。夏雖有對同姓斟灌、斟尋之說，然其詳殊不可考。惟至周武王滅殷之後，始大封同姓及功臣與前代之遺胤，甚至勝國之宗室如微子、箕子亦得封地。封建之制於以大備。此種政制於是統治中華民族至八百餘年之久。其政治經濟教育社會之制度影響中華民族至深且切，殆無疑問也。

（一）封建時代之政治制度

1. 政制

中華民族古代之政制，頗有其特異之處。世界最古之各民族所建之帝國，如蘇馬連帝國、巴比倫帝國、亞述帝國、埃及帝國等，皆為專制政體，且皆為神王。中華民族古代之帝王，雖亦有神王之性質，但其政體非專制，而為富有民主精神之貴族政治。唐虞時代之四嶽，即等於後世之方伯連帥，而為貴族之領袖，共主乃為彼等所推舉。國家大政，亦惟彼是諮。四嶽之下，則有萬姓，是為一般之貴族，即《楚語》所述，觀射父所釋為「王公之子弟之質能言能聽徹其官者，而物賜之姓，以監其官」者。再下則為平民階級之黎民焉。周代之封建，亦為此種之貴族制度。在周室則天王之下，執掌政權者有周氏、臺氏、祭氏、單氏等；在魯國則有孟孫氏、叔孫氏、季孫氏等；在齊國則有高氏、國氏，崔氏，鮑氏，陳氏等；在晉國則有趙氏、韓氏、魏氏、范氏、荀氏等。或為公族，或為功臣之後。無論天子或諸侯皆必與之共持政柄，而貴族之權，每每較其君為大。至有「政由季氏，祭則寡人」之歎。甚或弒君篡國，為田完之篡齊，三家之分晉焉。

中國封建制度之貴族政治所以異於希臘羅馬之貴族共和政治者，在無貴族合議之法定機關。故雖國家大事，亦常集眾討論，然

與議者不過備諮詢，而執行之權固仍在國君與執政也。再則貴族與平民並無絕對之區別。貴族之後，若失政權或得罪，則往往夷為平民，甚或降為皁隸。如晉叔白所稱「欒郤胥原，降為皁隸」是也。且貴族亦不盡執政柄。如管子少時嘗與鮑叔賈，可知其出身於平民，而得為齊相。陳敬仲以羈旅之臣，官僅工正，而其後竟有齊國。至於秦則絕無貴族，屢用客卿，此皆中華民族素具民主精神之例證。而傅說起於版築，膠鬲起於魚鹽，太公起於釣徒，寧戚起於飯牛，尤為人所豔稱焉。

周之政制因襲夏商而更完備。《周官》一書雖或為後人所述記，然必如毛奇齡所言「其為周制當居十七」，而非完全出於烏托邦式之杜撰者。據此書與《王制》，周代〔……〕國家社會組織立法可以概見矣。《周官？大司馬》首定九畿之制：職方千里曰王畿，其外各以五百里相差而稱為侯畿、甸畿、男畿、采畿、衛畿、蠻畿、夷畿、鎮畿、蕃畿。大司徒建邦國，「諸公之地，封疆方五百里，其食者半。諸侯之地，封疆方四百里，其食者三之一。諸伯之地，封疆方三百里，其食者三之一。諸子之地，封疆二百里，其食者四之一。諸男之地，封疆方百里，其食者四之一。」此與《孟子》所說之各邦國之面積不同。然五等封爵之疆域之有差等，當無疑問。所謂食其半，食其三之一，四之一者，則此部分為國君之私邑，亦如卿大夫之有私邑，其租稅為國君或卿大夫所私有，即後世所謂食邑幾千百戶也。然此不過周初之制度，日後諸侯吞併鄰邦與開闢蠻夷之地，提封之廣，有什佰其原有之封地者矣。

2. 封建政治制度之三良法

周代封建制度之良法首稱鄉治。其制一國之地分為鄉遂二種單位。其一則五家為比，五比為閭，四閭為族，五族為黨，五黨為州，五州為鄉。其一則五家為鄰，五鄰為里，四里為酇，五酇為鄙，五鄙為縣。」「其官多由民舉，而受天子之命。其職等於王官，而為地方自治之領袖。」鄉遂官之職掌共有六項。一曰校比，一切調查之事咸屬之。鄉大夫三年大比「考其德行道藝，而興賢者能者。」則且有貢舉人才之責焉。二曰讀法，使人民得以周知法令。三曰教育，小學大學以及鄉祭鄉射鄉飲酒之事皆屬之。四曰聯合「使之相保相

受，刑罰慶賞，相及相共，以受邦職，以役國事，以相葬埋。」五曰作民，「均人掌均地政，均地守，均地職，均人民、牛馬、車輦之力政。」其他鄉官莫不分掌作民（即徵集）之事務。六曰征斂，「待有司之政令，而征斂其財賦。」《管子？主政》篇亦載有鄉治之制，與《周官》所載者略有不同，蓋齊制也。其軍政亦以鄉治為基礎。《管子》曾論鄉軍之效用曰：「是故卒伍政定於里，軍旅政定於郊。內教既成，令不得遷徙。故卒伍之人，人與人相保，家與家相愛。少相居，長相遊。祭祀相移福，死喪相恤，禍福相憂，居樂相和，哭泣相哀。是故夜戰其聲相聞，足以無亂；晝夜其目相見，足以相識；歡欣足以相死。」其論鄉治之效曰：「政既成，鄉不越長，朝不越爵。罷士無伍，罷女無家。士三出妻，逐於境外。女三嫁，入於舂穀。是故民皆勉於為善士。與其為善於鄉，不如為善於里；與其為善於里，不如為善於家。是故士莫敢言一朝之便，……皆有終身之功。……是故匹夫有善可得而舉，有不善可得而誅。政成國安，以守則固，以戰則強。」《公羊傳》宣十五年，漢儒何君注曾詳述井田制度曰：「井田之義，一曰無泄地氣，二曰無費一家，三曰同風俗，四曰合巧拙，五曰通財貨，因井田以為市，故曰市井。……別田之高下美惡，分為三品……肥饒不得獨樂，磽埆不得獨苦。故三年一換土易居……是謂均民力。」「在田曰廬，在邑曰里。一里八十戶，八家共一巷。中里為校室，選其耆老有高德者名曰父老，其有辯護伉健者為里正，皆受倍田，得乘馬。父老比三老孝悌官屬，里正比庶人在官者。」「男年六十女年五十無子者官衣食之。」「十月事訖，父老教於校室。八歲者學小學，十五者學大學。其有秀者移於鄉學。」「三年耕，餘一年之畜。九年耕，餘三年之積。三十年耕，有十年之儲。雖遇水旱，民無近憂四海之內，莫不樂其業。」蓋一切地方政治，皆由鄉官主辦，故能收絕對自治之效。此種精神與制度，乃中華民族卓越之政治天才所創造。故至元魏與後周皆曾仿行之而收著效。宋明亦因之而立保甲制度。而今日之新縣制亦師其遺意也。故孔子與於蠟賓而慨然思慕「大道之行。」又曰：「觀於鄉而知王道之易易也。」老子之無為政治殆亦有感於鄉治之精神。今日歐西之無政府主義，亦與之相類。此則周之封建制度之特色也。

封建制度之另一主要政制厥為井田制。井田之制在周代曾否實行，抑為政論家之託古，頗招聚訟。實則此乃古代極易施行之制。蓋在古代土地皆為宗族所公有。諸夏民族祖居於華北平原，古時地廣人稀，土地未盡開闢。故在已開闢之朧朧平原上，劃為有定制之井田，使人民按丁口領耕，殊非難事也。必也千百年之後，人口繁孳，田畝不足以供丁口之分配，而井田之制始壞耳。夏殷兩代之田制無文獻可徵。僅《孟子》曰：「夏后氏五十而貢，殷人七十而助，周人百畝而徹。」故井田制或在夏殷即有之，今姑不論。但周制則為百畝而徹也，然井田之制亦僅能行之於平衍肥沃之地，在山林藪澤之地則另有別制。《周官？小司徒》曰：「乃經土地而井牧其田野。九夫為井，四井為邑，四邑為丘，四丘為甸，四甸為縣，四縣為都，以任地事而令貢賦。」《正義》引賈逵說曰：「山林之地九夫為度，九度而當一井。藪澤之地，九夫為鳩，八鳩而當一井。京陵之地，九夫為辨，七辨而當一井。淳鹵之地，九夫為表，六表而當一井。強潦之地，九夫為數，五數而當一井。偃瀦之地，九夫為規，四規而當一井；原防之地，九夫為町，三町而當一井；隰臬之地，九夫為牧，二牧而當一井。沃衍之地，畝百為夫，九夫為井。」蓋山林藪澤之地，蟯瘠不盡適於農耕，故一夫所佔土地之面積較廣也。在此制中無公田。此外則為《孟子》所說公田之制：「方里而井，井九百畝，其中有公田，八家皆私百畝。同養公田，公事畢，然後敢治私事。」孟子有「野九一而助，國中什一使自賦」之說。公田之制，即九一而助也。《周官》本文亦載有不同之授田制。《大司徒》：「凡造都鄙，制其地域而封溝之。以其室數制之。不易之地家百畝，一易之地家二百畝，再易之地家三百畝。」《遂人》：「辨其野之土，上地中地下地，以頒田里。上地夫一廛田百畝，萊五十畝，餘夫亦如之。中地夫一廛田百畝，萊百畝，余夫亦如之。下地夫一廛，田百畝，萊二百畝，余夫亦如之。」此蓋在非沃衍之地授田之制也。《公羊傳》宣十五年何君注所述之井田授田之制亦曰：「一夫一婦，受田百畝……五口為一家，公田十畝……廬舍二畝半。八家……共為一井，故曰井田。」蓋此制在漢代知之尚悉，故儒者頻能言之也。至於受田歸田之年，《周官》無明文。孫詒讓《周禮正義》載師疏云：

「受田之年，經無明文。賈據鄭《內則》注義謂三十受田。陳奐云：古者二十受餘夫之田。三十受一夫之田。六十歸田於公。大凡三十取室生子，子年三十，父年必六十，是父歸田，子乃受田矣。按陳說足證鄭義。……」此種受田還田制度，不啻後世之租佃制度，無不能通行之理。況在古昔皆為普天下莫非王土耶？

井田為最佳之土地制度。孔子曰：「不患寡而患不均，不患貧而患不安。」井田制度即所以均之與安之也。何君《公羊注》云：「夫飢寒並至，雖堯舜躬化，不能使野無寇盜。貧富兼併，雖皋陶制法，不能使強不凌弱。是故聖人制井田之法而口分之。」蓋以絕兼併，均貧富也。此制在人口不密之時，可以通行。故在後世，北魏丁大亂之後，地曠人稀，孝文帝乃納李沖之言，行均田之法。其制「諸男夫十五以上受露田四十畝，婦人二十畝。奴婢依良丁。牛一頭，受田三十畝，限四牛。……人年及課則受田，老免及身沒則還田。……諸桑田不在還受之限……初受田者男田一夫，給田二十畝，課廿時餘。……諸桑田皆為代業，身終不還，恒從見口。有盈者無受無還，不足者受種如法。盈者得賣其盈，不足者得買其所不足。」北齊、後周因之，而略變其制。迨至隋唐則田之授否不常，而此制始廢焉。蓋土地制度，不外自由兼併與授田兩種。授田又可採取蘇俄之集體農場，或周代計口授田之制度。然中國古代素無農奴，受田之民皆為自由人。故雖出入相友，守望相助，然各保有其百畝之私田，而不取集體耕作之制。蓋授田則既收均富之效，又能保存個人之自由，故尤為善制也。

在周代與封建制度相輔而行者，是為宗法制度。其制「別子為祖，繼別為宗。繼禰者為小宗。有五世則遷之宗，有百世不遷之宗。」蓋無論其為天王或諸侯或卿大夫，世代承襲者只有嫡子，其別子為祖，後以嫡子世代相傳，是謂百世不遷之大宗。其庶子為禰，復以嫡子相傳，是為小宗，至五世則遷。而每世之庶子又各為禰，各以嫡子相傳為五世則遷之小宗。孳乳無已時。異姓亦有宗。同姓稱伯父叔父，異姓稱伯舅叔舅。以有此明確之宗法制度，故政治事業乃變為家族之公共事業，而更多一層感情之維繫。《白虎通》所謂以「大宗率小宗，小宗率群弟以紀理族人者是也。」封建時代之公私政治，

皆賴此家族主義以輔助之，而尤收效於鄉治。幾無所用於政府，一切政治，皆可由宗族中之長老執行之。此乃中國宗法社會之特色。即在今日其用尚未泯焉。

3. 封建制度之效用

封建制度在周之初，頗收統治之著效。而其最大效用，尤在開化蠻夷而摶合成一偉大之中華民族。蓋各諸侯皆自謀其國之昌大，皆能因其環境以儘量自由發展，而不待天子之督責也。因此而各國之互相兼併，亦為勢之所必然。夏禹時號稱萬國，至商代稱三千國，至周武王時稱千七八百國，至春秋之世則不過一百二十四國，而終於合併為七國，至秦乃統一焉。蓋兼弱攻昧，自古已然，矧為翦滅異族如齊楚燕晉諸雄耶？然諸侯強大，則王室削弱。至春秋之世，五霸之實力，已遠邁宗周。故雖有尊王之名，已同割據之實。至戰國則七雄皆稱王，而周室竟不能保其共主之虛名矣。且不但諸僭越也，各侯國之卿大夫亦莫不然。季氏之專魯，三家之分晉，皆此「萬取千，千取百」之結果，所謂「不奪不饜」者也。此種爭奪之結果，內則篡弒頻仍，外則戰禍屢作。平民不死於戰禍，即死於苛政。且土地多入於公卿世族之手，如晉分祁氏之田以為七縣，分羊舌氏之田以為三縣，土地集中於私家者如此之多，租稅所入自不足以供國用，而勢必須增加。

如晏子曰：「民三其力，二入於公而衣食其一。」此所以樂歲不嘗飽，凶年不免於死亡也。孔子之正名與春秋之譏世祿，皆痛心疾首於此種篡弒爭奪之流弊，然此非口誅筆伐之所能爭，必也天下統一，封建盡廢，而其禍始息焉。

4. 民主精神

中國之封建，雖為貴族政治，而有民主精神。此種精神在《書經》中已屢見之。如皋陶謨曰：「天聰明自我民聰明，天明畏自我民明畏。」《秦誓》曰：「天視自我民視，天聽自我民聽。」「民之所欲，天必從之。」晉師曠曰：「天生民而立之君，使司牧之，勿使失性。……天之愛民甚矣，豈其使一人肆於民上。」皆民主之意也。在古代民意以輿論而傳達，其傳達之方則「史載書。瞽陳詩，工誦箴諫，士傳言，庶人謗。」故雖庶人亦有議論朝政之權。在上者亦不主干涉

之。故如子產為政，鄉人遊於鄉校以議執政。或勸子產毀校。子產曰：「夫人朝夕退而遊焉，以議執政之善否。其所善者吾則行之，其所惡者吾則改之，是吾師也，若之何毀之？」其風度可以想見。在夏商之世，民權本甚重。故《洪範》云：「凡厥庶民，極之敷言。是訓是行，以近天子之光。」「汝則有大疑，謀及乃心，謀及卿士，謀及庶人，謀及卜筮。」既謀及多方面，則以多數取決。故曰：「汝則從，龜從、筮從，卿士逆，庶民逆，吉。」「庶民從，龜從、筮從，汝則逆，卿士逆，吉。」庶民之意，苟卜筮咸吉，則雖天子反對，卿士反對，亦必從之，民權之重者有如此者。盤庚之將遷殷「命眾悉至於庭。」《周書》太誥、多士、多方等篇，皆周公對民眾之演說辭，可知在三代之時，民眾皆能參加重要國政也。《周官？小司寇》：「掌外朝之政，以致萬民而詢焉。一曰詢國危。二曰詢國遷，三曰詢立君。」衛靈公將叛晉，朝國人詢焉。曰：「若叛晉，晉王伐我，病如何矣？」皆曰：「王伐我，我猶可以能戰。」曰：「然則如叛之。」此詢國危之例也。晉惠公為俘於秦，使呂飴甥朝國人……告曰：「孤雖歸，辱社稷矣。其卜貳圉也。」眾皆哭。此詢立君之例也。太王將遷岐，屬其耆老而告之。此詢國遷之例也。此種民主精神，實可與希臘、羅馬之共和政體媲美。由此可知中國之政治之民主精神，蓋遠溯於三代之世。世之輕議封建制度者，殆不察此耳。

5. 封建制度之崩潰

封建制度之崩潰，至戰國已見其端，蓋勢有所不得不然。而秦之滅六國，廢封建，亦因利乘便耳。封建制度之崩潰，有三大原因：即一七國滅國已多，疆域過大，已有郡縣之制；二商業發達，人口繁孳，授田制度已不能行；三民智發達，政權不專操之於貴族之手是也。古之諸侯，其封地至多不過五百里。至七國時，則各國之疆域，皆廣數千里。故不得不劃為郡縣以分治之。卿大夫亦有其私邑，如齊桓公與管仲狐與谷，其縣十七。吳王餘祭予慶封朱方之縣。齊景公令吏致千邑之縣一於晏子。又如孔子之弟子冉有為季氏宰。皆私邑之例證也。郡縣制既為各國所皆有，則秦滅六國，僅需因襲其舊制但不為之立君，即已足矣。何況此七國之郡縣，本亦多為前此為其所吞滅之國之所建立。有先例可循耶？

　　春秋以前各國之疆域既小，人口亦稀，異族亦多未同化。迨後則各國競求徠民以自廣，而蠻夷同化之後，亦加入為齊民。故孔子適衛而有「庶矣哉！」之歎。至戰國則各國之人口益眾而大城市勃興。至臨淄有「連衽成幃，舉袂成幕，揮汗成雨」之盛。而三晉亦號稱地狹人稠焉。其時各國早已呈經界不正之象。《孟子》曰：「夫仁政必自經界始。經界不正，井地不鈞，穀祿不平，是故暴君污吏必慢其經界。經界既正，分田制祿，可坐而定也。」且即令人民能得其應得之田，而亦不足以仰事俯畜。故李悝曰：「今一夫挾五口，治田百畝，歲收畝一石半，為粟百五十石。除十一之稅，十五石，餘百三十五石。食人月一石半，五人終歲為粟九十石，餘有四十五石。石三十，為錢千三百五十。除社閭嘗新春秋之祠，用錢三百，餘千五十。衣人率用錢三百，五人終歲用千五百，不足四百五十。不幸疾病死喪之費，及上賦斂，又未與此。此農夫所以常困，有不勸耕之心。」矧稅且不止十一，甚且三分之二之農產皆入於公乎？農民之生活如此，而商人之生活則甚富裕。「子貢廢著鬻財於曹魯之間」，「億則屢中。」「范蠡治產積居與時逐，……三致千金。」鄭之商人弦高，且出其貨品以紓國難。子產謂韓起曰：「昔我先君桓公與商人皆出自周……世有盟誓以相信也。曰：爾無我叛，我無強賈。恃此質誓，故能相保以至於今。」政府之重視商人有如此者。至戰國則商人益富。《史記・貨殖列傳》曰：「齊俗賤奴虜，而刁閒獨愛貴之。桀黠奴為人之所患也，唯刁閒收取，使之逐魚鹽之利。終得其力，起富數千萬。蓋授田之制，已逐漸破壞，而貧富不均，已不能免。故李悝乃盡地力之教，而商鞅乃廢井田開阡陌焉。春秋以前，貴族平民兩階級，判然有別。不但政治操之貴族，即學術亦為貴族所壟斷。周代「學術官守，合而為一。」教育皆官掌之。而學術亦出於王官。尤以史官為職最眾，而其位亦最重要，且皆以專業世其家。蓋必如是而貴族始能專政柄也。迨春秋以後，貴族平民之界線乃漸泯滅。第一由於宗法之制。小宗五世則遷，之後則為平民，故平民中多公族之胤。再則貴族以罪廢或移居異國者亦多降為平民。有此二因，故平民之智識，乃不在貴族之下。而學術亦不再為貴族所專有。百國寶書，平民頻能得之；其聖哲之士，遂開私家講學之

風,而士君子之階級以立。縱橫之士,抵掌游說,往往以口舌取卿相。而諸侯亦競以禮賢好士為名,畀疏賤之士以國政,而陰奪宗族大臣之權。如楚悼王之相吳起,秦孝公之相商鞅,即其例也。彼疏賤之士,既握政柄,亦必務以削弱貴戚世卿為務,故貴族之勢益弱。且除人君外,貴族大臣亦爭養士。如孟嘗、平原、信陵、春申、呂不韋皆養士至數千人,至令顏斶有「士貴王者不貴」之說,田無擇有「貧賤者驕人」之言。風氣轉變至於此極。於是政治漸入平民之手,而貴族政治因而崩壞矣。

(二) 郡縣制度

秦既滅六國,得成統一之業,乃建立極度中央集權之制。於是建帝號、置郡縣、改官制、一文字、徙富豪、銷兵器、焚書、坑儒、令民以吏為師。蓋志在建立一古所未有之「後王」新制度也。丞相李斯之言曰:「五帝不相復,三代不相襲,各以治。非其相反,時變異也。今陛下創大業,建萬世之功,固非愚儒所知。……古者天下散亂,莫能相一。是以諸侯並作,語皆道古以害今,飾虛言以亂實。人善其所私學,以非上所建立。今陛下並有天下,辨白黑而定一尊。」誠如僕射周青臣所言:「他時,秦地不過千里,賴陛下神靈明聖,平定海內,放逐蠻夷。……以諸侯為郡縣,人人自安樂,無戰爭之患……自上古不及陛下威德。」苟始皇不大建宮室,濫用民力,肆行苛斂,使百姓富豪,得力農工,人人安樂,無戰爭之患;而二世又能繼志,與民休息,則兩漢之盛治,可見於秦,秦亦不至再世而亡矣。然此並非中央集權制之罪也。

秦始皇之廢封建,實鑒於諸侯爭奪之禍。始皇二十六年,丞相綰等言:「諸侯初破,燕、齊、荊地遠,不為置王,毋以填之,請立諸子,唯上幸許。」始皇下其議於群臣,群臣皆以為便。獨廷尉李斯議曰:「周文武所封子弟同姓甚眾,然後屬疏遠,相攻擊如仇讎。諸侯更相誅伐,周天子弗能禁止。今海內賴陛下神靈,一統皆為郡縣。諸子功臣,以公賦稅重賞賜之,甚足易制,天下無異意,則安寧之術也。置諸侯不便。」始皇曰:「天下共苦,戰鬥不休,以有侯王。賴宗廟天下初定,又復立國。是樹兵也。而求其寧息,豈不難哉!廷尉議是。」分天下為三十六郡。自茲以後,郡縣制遂為中國

千古不祧之制。秦末豪傑發難，六國之後紛紛復立，一時郡縣之制破壞，復歸於封建。迨漢高祖即位，復行封建。不立六國之後，而立異姓功臣。然定天下之後，即盡翦滅之，而代之以同姓子弟。至呂后攝政，又削弱宗室，任意誅遷，分王諸呂。然呂后死後，袒劉軍起，遂滅呂氏。文帝繼立，分趙、齊、淮南為十二國，而吳、楚特強，故至景帝時晁錯乃進削藩之謀。於是七國舉兵反，亂事戡定後，乃師賈誼遺意，復小分吳、梁、趙、齊各國。至武帝時，益加削奪。且諸侯王之官吏，皆由中央任命，漢之封建乃有名無實。後世皆效法之，於是封建之制，始真滅絕矣。

1. 官制

秦既改封建為郡縣，於是治郡之長官，經由中央政府任命之。郡守掌治郡，尉佐守典職甲卒，監掌監郡。蓋一掌治民，一掌治軍，一掌監察，其制莫良於此也。且其地方行政，猶有周代鄉治之意。《漢書•百官表》：「縣令長皆秦官，掌治其縣。萬戶以上為令，減萬戶為長，皆有丞尉，是為長吏。有斗食佐史之秩，是為少吏。大率十里一亭，亭有長，十亭一鄉，鄉有三老，有秩、嗇夫、游徼。三老掌教化，嗇夫職聽訟，收賦稅，游徼徼循禁賊盜。縣大率方百里，其民稠則減，稀則曠，鄉、亭亦如之。皆秦制也。」《漢書•高帝紀》：「三年二月，令舉民年五十以上，有修行，能率眾為善，置以為三老。鄉一人。擇鄉三老為縣三老，與縣令丞尉以事相教，復勿縣戍。」三老既為出於選舉之鄉官，且可與縣令承尉以事相教，甚而對於天子王侯，可直接言事，其地方自治之精神，蓋可以追蹤歐美民主國家矣。無怪乎顧亭林稱為三代明王之治，亦不越乎於此也。晉亦有鄉官，北魏孝文帝亦立黨里鄰三長，尚有秦漢遺意。唯至隋文帝始盡罷鄉官，至宋明則僅有保甲制度。鄉官廢而民治精神失矣。

2. 郡縣制度之三流弊

秦漢地方官制為兩級制、故郡守之位崇高，其秩二千石，比於列卿。故良二千石，乃為吏治之本。即縣令之秩亦千石至六百石，比之於中下大夫。可見其重視地方官也。然郡守為文職，兵為都尉所掌，又非世祿，故鮮能稱兵作亂。秦制以御史監郡，漢省監御史，丞相遣史分刺州，不常置。武帝置部刺史，掌奉詔六條察州。秩比

下大夫，六百石，員十三人，歲終得乘傳奏事。秩卑而命之尊，官小而權之重，蓋取小大相制，內外相維之意。成帝末，翟方進何武實《春秋》之義，用貴治賤，不以卑臨尊。刺史位下大夫，而臨二千石，輕重不相準。乃罷刺史，更置州牧，秩真二千石，位次九卿。州牧權重，故至東漢末遂專權裂土矣。至晉，地方官遂成州、郡、縣三級制。州置刺史，郡置太守，縣置令或長。刺史多帶將軍「開府」。任重者為使持節都督，輕者為持節。使持節約秩二千石以下。唐初地方官制為兩級制，以州轄縣，其後各道設使，督察州郡，稱為監司之官。歷久遂侵奪州郡實權，而為三級官制。又時置巡察使、安撫使、觀風俗使、黜陟使等官，以監察地方。「至開元中，朔方、隴右、河東、河西諸鎮皆置節度使。每以數州為一鎮，節度使即統此數州。州刺史盡為其所屬。故節度使多兼有按察使、安撫使、度支使者。既有其土地，又有其人民，又有其甲兵，又有其財賦，於是方鎮之勢日強。……及安史既平，武夫戰將，以功起行陣為侯王者，皆除節度使。大者連州十數，小者猶兼三四。所屬文武官，悉自置署，未嘗請命於朝。力大勢盛。……或父死子握其兵而不肯代，或取捨由於士卒。往往自擇將吏，號為留後，以邀命於朝。天子力不能制。……因而撫之。」是成為藩鎮制度，與東漢末郡牧爭政之情形相同。兩時代分崩之禍，皆起於州牧之擁兵自大，與古代封建制度相似焉。至宋懲於藩鎮之禍，「分命朝臣，出守列郡。號權知軍州事。」「內外所授官，多非本職，惟以差遣為資歷。」「州縣守令，多帶中朝職事官。」地方官初為兩級制，以州統縣，其後設置諸使兼按察之事。於是地方官又成三級制。遼、金地方官皆與宋同為三級制。至元代則地方官亦為三級制。先將地方分為十一行中書省。其監司亦有丞相、平章、左右丞、參知政事等官，另有行御史臺，及宣慰使司。而府與州則有府尹與州尹，縣有縣尹。其行省長官極貴，同列莫敢仰視，跪起稟白如小吏焉。明代地方官亦為三級制。布政使掌一省之政，其下則有府州縣正官。其巡按、總督、巡撫諸官，皆為出使之朝官，非地方長官。至清則以總督巡撫為地方長官矣。於是上級長官疊床架屋，而府縣親民之官之權乃大為削弱。鄉官之制復廢。地方政治乃呈頭重腳輕之病。周、秦以來鄉治之精神

完全消歇矣。顧亭林曰:「故自古及今,小官多者其世盛,大官多者其勢衰。」中央集權制之流弊,在政治集中於中央,地方政治為中央所忽視。故地方不能發達,而人民之疾苦不能上聞。或則藩鎮擅權,而成割據之勢。歷代之亡,不由於此,即由於彼。然皆非秦制之弊,而為改變秦制之弊也。

中央集權之另一流弊,即為政權之旁落。漢承秦制,中央官制以三公為最高。改丞相為大司徒,其職為總理庶政,輔佐君主;改太尉為大司馬,掌全國軍政;改御史大夫為大司空,掌言論及糾察之事。漢制丞相最尊,其權極重。雖天子亦不敢輕拂其意。唐宋亦然。故歷代如得賢相,如姚崇、宋璟、李德裕、韓琦,張居正等,則郅治可期。然逢奸佞如李林甫、盧杞、元載、蔡京、賈似道、嚴嵩、和珅之流,則政治亦可惡化。同時在專制政體下之天子,生於深宮之中,長於婦人之手,若非生而賢哲,則多不能親近賢臣,而為戚黨宦寺所包圍。故外戚宦官乃為後世所習見之禍患。在封建之世,女禍宦官等亦常見之,然其時貴族勢力強盛,女子小人不易恣睢。且國土褊小,所影響者不過一侯封,不至影響整個之國家與民族也。必也中央政府之威權過大,外戚宦官之禍乃不免矣。故漢興,即有外戚之禍。呂后稱制之諸呂,此為最先有者。後則漢武置大司馬位,以尊寵衛青,位在王公之上。其後霍光、王鳳、王莽等皆然。霍光之權可以易君,王莽遂以篡位。在東漢外戚則有竇憲、閻顯、梁冀等。在唐則武后韋后專政而有武承嗣、武三思、安樂公主、武延秀、太平公主等。楊貴妃得寵則有楊國忠。皆所以紊亂朝綱,迭興政變者。惟宋明清三代,鑒於前代外戚之禍,乃防之綦嚴耳。

宦官本刑餘之人,在宮中供人主之使令者。腐刑為古代之惡刑。受此刑者,身被奇辱,心理自發生劇烈之變化。而生殖腺影響於人身心者極大,故曾受腐刑之人,除因受惡刑而引起之心理變化外,且因失去生殖腺而引起身體與心理上之重大變化。故宦官除少數之例外,皆有卑劣貪殘之人格。彼自宮以謀進身者,其人格則尤卑劣矣。此輩出身如此,其無品德與學術,可以想見。然因與人主習近,知所以伺察喜怒以博人主之歡心;故若非睿哲之主,靡不喜聽其言,且授之以權。於是凶狡之輩,乃可作惡無忌憚矣。苟此輩勾結成黨,

或竟典兵則尤不可制。秦始皇親巡天下，任用宦者趙高為中車府，令行符璽事，道病卒。趙高乃與胡亥、李斯謀，矯詔賜公子扶蘇與大將蒙恬死，而立胡亥為帝。又勸胡亥殺丞相李斯及「大臣蒙毅等，公子十二人，殺大臣蒙毅等，公子十二人，僇死咸陽市，十公主矺死於杜，……相連坐者不可勝數。」其後高乃擅作威福，指鹿為馬。秦之亡雖不必盡因趙高，然公子扶蘇頗賢，苟得立為帝，而有蒙氏夾輔之，以行仁政，則秦或可不至二世而亡也。至漢宣帝則任用宦官弘恭、石顯，至殺賢傳蕭望之。至東漢中常侍悉用宦官。和帝與宦官謀誅竇憲，而宦官之權猶大。其後宦官且誅陳蕃、竇武，何進亦為宦官所滅，卒召董卓之禍。至唐亦重用宦官者。玄、肅兩朝常任宦官監軍，每每因而償事。至德宗以左右神策天威等軍，悉委宦者主之，於是政在宦人。立君、弒君、廢君有同兒戲。憲宗、敬宗以弒殂，文宗以憂卒。自穆宗以來八世，而為宦官所立者七君，故卒召亡國之禍。宋懲唐弊，抑制宦官，遂免肆毒。至明則又重用宦官。王振，劉瑾，魏忠賢先後肆虐。而以魏忠賢尤為酷毒。正人朝士，被害者累累。遂使思宗時，朝士媕阿成習，正氣淪亡，國事乃不可救。推原禍始，要在宦官。其餘毒當肆於弘光之殘局，可哀殆莫甚焉。清懲明弊，抑制宦官，尚無大禍。然至末禩，安得海、李蓮英，尚能招權納賄，貽玷官方。直至宣統遜位之後，尚為宮廷之蠹。故宦官者，乃秦統一後二千年最惡之制度。其遺害於國家民族者，殆不可億計也。

封建之世，政治既操之於貴族，則貴族可以與聞政治無疑，然庶民亦可議朝政。而當國有大故，且召集民眾而詢之。政治如此公開，故不必另設監察之官也。統一之後秦制之善，厥為行政官外，另設權力甚大之監察官。秦制為政、軍、監察三權鼎立之制。故三公中以丞相綜庶政，以太尉掌全國軍政，以御史大夫掌言論糾察之事。地方官亦守、尉、監並立。蓋無論內外皆有成一系統之監察制度焉。至漢因之而改三公之名為大司徒、大司馬、大司空。故事雖丞相之位最尊，然如蕭望之為御史大夫，則與丞相鈞禮。惟外郡之監御史至漢乃改為刺史，而成為郡守之長官，遂失去行政權與監察權並立之精神。然中央之監察權，則仍秦制之舊焉。隋唐皆有御史

臺以掌糾察。而唐制門下省，給事中之掌封駁，尤為善制。蓋漢制
丞相與尚書僕射等高級長官，雖可封駁詔書，然尚無專職。而「唐
制凡詔敕皆經門下省，事有不便，得以封還，而給事中駁正違失之
掌，著於《六典》。」《六典》：「給事中侍奉左右，分制省事。凡百官
奏鈔，侍中審定，則先讀而署之，以駁正違失。……凡國之大獄，
三司詳決，若刑名不當，輕重或失，則援法例，退而裁之。凡文武
六品已下授職，所司奏擬，則校其仕歷深淺，功狀殿最，訪其德行，
量其材藝，官若非其人，理失其事，則白侍中而退量焉。凡天下冤
滯未申及官吏刻害者，必聽其訟，與御史及中書舍人同計其事宜而
申理之。」其權可謂至大，而人主聽之如流，尤為勇於納諫之美德。
至宋則臺諫之權益重。蘇東坡上神宗皇帝書云：「歷觀秦漢以及五代，
諫諍而死，蓋數百人。而自建隆以來，未嘗罪一言者。縱有薄責，
旋即超昇。許以風聞，而無官長。風采所繫，不問尊卑。言及乘輿，
則天子改容，事關廊廟，則宰相待罪。故仁宗之世，議者譏宰相但
奉行臺諫風旨而已。」其時臺諫之風骨，可以想見矣。明、清皆有
都察院，而都御史之權，亦與歷代御史大夫相若。故雖至有清末葉，
尚有江春霖彈劾慶親王之盛事。而明代給事中專掌封駁，「旨必下科，
其有不便，給事中駁正到部，謂之科參。六部之官無敢抗科參以自
行者。故給事中之品卑而權特重。」惟至清則給事中之權寖微矣。

　　總之，至秦漢以還，二千餘年，中國政治，雖無民意機關為之
監督，而監察則有秉大權之專官，故苟監察權之威嚴得以保存，則
政治不至過於敗壞。現行之監察制度，猶秉秦漢一貫之精神，此乃
他國政制中所無者。觀此可知中華民族受秦制之賜多矣。

二、古代經濟制度對於中華民族之影響

1. 田制

　　古代之經濟制度隨封建制度而破壞，實為中華民族之大不幸，
然亦大勢所趨。以昔人政治經驗之不足，固無良法以易之也。西周
之初，地廣人稀，故能行授田之制，而民生經濟，乃得均平之樂。
然貪得無厭，乃人之天性。至春秋時，貴家勢族，即已兼併土地不
少。復以民安國阜，人口繁孳。各國又惟恐其民之不增多。而以徠
遠人，增人口為事。如《墨子》主張「丈夫年二十，不敢毋處家。女

子年十五，毋敢不事人。」而越王句踐棲於會稽之後，惟恐國人之不蕃，故令壯者無取老婦，老者無取壯妻。女子十七不嫁，其父母有罪。丈夫二十不取，其父母有罪。……」《吳越春秋》至謂「句踐以寡婦淫泆過犯，皆輸山上。士有憂思者，令遊山上，以喜其意。當其時蓋欲民之多，而不復禁其淫泆。傳至六國之末，而其風猶在。」故至春秋以後，各國人口益多，生活亦日益困難。秦商鞅柄政，「以三晉地狹民貧，秦地廣人寡，故草不盡墾，地利不盡出。於是誘三晉之人，利其田宅。復三代，無知兵事，而務本於內，而使秦人應敵於外。故廢井田，制阡陌，任其所耕，不限多少。」蓋其時之執政者，專求富國強兵之道，而不顧及先王之均富之精意矣。於是國有之土地，遂為民私有以為永業，而不復歸授。「聽民兼併買賣以盡人力。墾闢棄地，悉為田疇，而不使其有尺寸之遺，以盡地利。」如此固能收富國之效，然王制遂滅，僭差亡度。「庶人之富者累鉅萬，而貧者食糟糠。」「除井田，民得買賣。富者田連阡陌，貧者亡立錐之地。又顓川澤之利，管山林之饒。荒淫越制，踰侈以相高。邑有人君之尊，里有公侯之富。小民安得不困？」於是土地私有，貧富不均，乃成為自秦至今之積弊。漢董仲舒雖有限民名田之謀而未見用。王莽王田制度曾見實施而終至告敗。光武撲覆天下，墾田戶土且引起民變。西晉之占田制度亦未成功。惟北魏北周之均田制度確收卓效，沿至唐初，尚有世業口分之制。至天寶以後，土地制度遂完全敗壞。宋代無土地制度，兼併盛行。如朱勉有田竟至三十萬畝，田租有至百萬石者。而賈似道以楮幣購買民田為官田以政府而行兼併，尤為惡政。宋代江浙之官田，元則以賜功臣貴戚，各數萬畝。滿清入關，諸王亦圈佔民田。而自民國以來至於今日，軍閥豪強尚有買田多至數縣者。湖南某豪民有田多至二十五萬畝。此皆秦代土地制度之遺毒也。

由於貧富之懸絕，乃發生奴隸一特殊階級。中國古代雖有奴隸，然多半為罪人或俘虜。臣妾即被俘之奴而可以金贖者也。春秋之時奴隸皆有冊籍，藏於官府。惟君相得免除之使為平民。然似皆為公役，未聞有私家之奴焉。至戰國之末，戶口日增，民生日困。田制破壞，豪強兼併，工商發達，貧富懸隔。於是民間之大地主大商賈，

乃多蓄奴婢，資其勞力以從事於生產與貨殖。權貴蓄奴至萬數千人，富豪亦蓄奴千數百人。如呂不韋家僮萬人，嫪毐褵家僮數千人。「臨邛多富人，卓王孫僮客八百人，程鄭亦數百人。」至漢時奴乃可公開買賣，有如牛馬。奴之來源，或自略賣；或因飢餓自賣或賣子；或為豪家強佔，抑良為賤；或以子女質錢，過期不贖則淪為奴。漢代曾數次免官私奴為庶人。魏晉及唐則有變相之奴婢曰佃客與部曲。另有奴婢，至「律比畜產」。復多販賣異族為奴，如獠奴、突厥奴、吐蕃奴、回鶻奴、新羅奴、崑崙奴等。遼、金、元之以漢人為奴，尤為殘酷。《元史？張雄飛傳》：「前阿爾哈雅行省，荊湖以降民三千八百戶沒為家奴，自置吏治之，歲收其租賦，有司莫敢問。」甚至田戶亦可典賣。其惡制為中國古代所未見。明代亦多蓄奴，直至清康熙間有奴變一役，而二千年養奴之習始革。可謂一種重大之社會革命矣。此種後起之階級制度，乃因授田制廢，兼併日烈之結果。此不得不謂為封建制度廢除後之一種社會退化也。

2. 商業

三代之世，人民之生計以農業為主。工商雖為生活所必需，然只為農桑之附屬耳。至春秋之世，文化日進，交通益繁，人口滋多，故生計不能專限於農業，而工商業漸居優勢。加以田制敗壞，兼併漸作，民生日困，於是「捨本逐末」者多。實則經濟無所謂本末，但視社會之需要而已。文化水準升高至某一程度，則人民之經濟需要自不能僅限於基本之衣食而已。俗儒每謂中國之文化為農業文化，以與歐洲之商業文化對舉，亦若中國無商業者然。實則一觀史績，即知其謬也。夏商時代之商業情況不明。然觀殷墟中乃有彩陶，則此彩陶，必來自異國，而必須商人為之懋遷矣。其時之貨幣用貝，貝為南海之濱所產，亦必藉商人始能齎之於千里之外也。古傳紂用象箸。商周之世，中原或雖有象，然殆不多，則此類珍異之品，亦必為商人所轉致於南楚者也。殷周用銅製器與貨幣為量極多，其他金屬，亦不在少。此各種金屬除各侯國所貢者外，亦必藉私人之鼓鑄而商賈為之運輸也。第其工商業不及春秋以降之盛耳。至春秋之世，群雄並立，競以富國強兵為務。齊居海濱，自太公建國時，即擅魚鹽之利。至桓公任管仲為相，則「官山府海，利用天產，通魚

鹽材木之饒。勸女紅，獎製器，務盡人巧，使齊衣帶冠履天下。」
可以想見其工商業之盛。《管子》且載有操縱國際經濟之策，其言雖
未可盡信，然亦不能謂為完全無稽焉。在他國想亦有同然者。故至
春秋之世，商業都市勃興。臨淄之肩摩轂擊，連袵成帷，揮汗成雨
無論矣。關中區則有長安、巴蜀、天水、隴西、北地、上郡；三河區
則有楊、平陽、溫、軹、洛陽、潁川、宛；燕趙區則有邯鄲、燕；梁
宋區則有陶、睢陽；楚越區則有江陵、陳、吳、壽春、合肥、番禺；
皆為交通四達，商賈輻輳之大都會也。其時商人之有聞者如子貢、
范蠡、弦高，皆以經商而致巨富。此等人固不能使之孜孜從事於躬
耕田畝之「本」業也。以財富之集中，故至漢時「關中之地於天下
三分之一，而人眾不過什三，然量其富什居五六。」其豪富之狀可
以想見。蓋自戰國至秦漢之際，商賈之富者可以敵國，而呂不韋竟
以大賈移嬴氏之統而為相矣。

　　漢晉以還，國外之商業尤甚。西漢時與印度之交通，以廣州灣
為出發地。東漢與羅馬之商業以絲為主，取途則經廣州，而番禺遂
為海上商業之都會，為「珠璣、犀、玳瑁、果布之湊」。其時羅馬人
競用中國之絲「絲至羅馬，價等黃金，然用之者眾，故金銀乃如水
東流。」「每歲約當夏至節邊，一百二十艘商船自邁奧霍穆出發，是
乃紅海旁埃及之一港也。因信風之助，四十日可渡大洋。馬拉巴海
岸或錫蘭島，乃其尋常停泊之處。亞洲遠邦商賈多集其地而待之。」
漢代海外商業之盛，可以想見。隋唐以還，則交趾之河內，與廣州、
廈門、揚州皆為夷商集會之都市。宋、元、明、清沿海之商埠益多。
蕃商皆豪富，而市舶司所收之稅，尤為前世所稀見。蓋自唐至今，
千有餘年中國之文化已半商業化矣。此又封建廢後經濟發展之途徑
也。

　　世每謂工業革命（Industrial Revolution）與機械革命乃近世之產
物，而並為一談，實則不然。韋爾斯在《世界史綱》中已辨之。其
言曰：「通常稱為工業革命者，其起因與機械革命迥然不同。……世
界雖無煤無蒸汽無機器亦將有一種工業革命之出現；唯將與羅馬共
和國末造之社會及財政之發達相似。若解放後之自由農民，若隊工，
若巨大之地產及財富，以及一種經濟發展之含有社會破壞性者，皆

將一一重現於斯世。即就工廠制而言，其發生亦在未有機器與汽力電力之前。工廠制者，初非機器之產品，實為分工之結果。……世有熟讀笛福之書及菲爾丁之政論者，當知在十七世紀尚未告終之際，英國已有召集貧民，予以工作，而使自營其生，自食其力之觀念。即遠在一五一六年發行謨耳所著之《烏托邦》，亦已提及工廠之制度。故工廠制者非機械之發達，乃社會之進化也。」

準是而言，則所謂工業革命者，殆已見於中國春秋戰國之世，而漢唐以還，代有之焉。春秋以前，工業不甚發達，工業產品或為個人之所製造。雖或日中為市，以有餘易不足，然或無大規模之工業企業。至春秋之世，商業都市勃興，則工業制度必受其影響而有變革。如管子之治齊：「官山煮海……勸女紅，獎製器，務盡人巧，使齊衣帶冠履天下。」則從事此種工業之工人，未必盡為自由職業者。而商人以其贏利為資本或政府為雇主以雇傭大隊工人以從事此類工業，或競設立工廠召集隊工以工作，或用點件制度以收集手工產品，如同近世多數手工工廠之所為，殆為必能之結果焉。《管子？小匡》篇有一頗為怪異之主張，「桓公曰：定民之居，成民之事，奈何？管子對曰：士農工商四民者，國之石民也。不可使雜處。……今夫工群萃而州處，相良材，審其四時，辨其功苦，權節其用，論比計制，斷器尚完利，相語以事，相示以功，相陳以巧，相高以知事。旦暮從事於此，以教其子弟。少而習焉，其心安焉，不見異物而遷焉。是故其父兄之教不肅而成，其子弟之學不勞而能。夫是故工之子常為工。」且云制國為二十一鄉，商工之鄉六。意者此六鄉者，專為商工麕集之區，如美國之辟次堡，英國之蘭開夏，江西之景德鎮焉。意者必有「官山」—礦冶—之鄉，「煮海」—製鹽—之鄉，衣帶冠履業之鄉。在前二者，工人之雇主大約為政府。在後者則除自製自貨之工人外，必有商人以大資本經營之工廠，以大規模製造此類精良之貨品，以行銷於天下焉。其他工商業發達之國家，亦當有同樣之經濟發展也。

秦漢以還，代承其餘緒，而益加甚。如漢代冶業甚盛，文帝以銅山賜鄧通使自鑄錢，故財過王者。如卓王孫之先用鐵冶富。秦破趙，遷卓氏於臨邛。即鐵山鼓鑄，傾滇蜀之民，富至僮千人，擬於

人君。程鄭亦鐵冶，富埒卓氏。此皆廣用無產平民以從事工業之資本家也。降至後世，工業益發達。如唐、宋、明、清之瓷器尤為著稱，以近世景德鎮之現狀觀之，可知此種工業久已成近代工業革命後之情況。蓋資本家以鉅資設廠，而雇用技術工人以分工與點工制而作業。工人之數多至百數十萬，產品之行銷遍及全國且至海外。而行會制度且極周密焉。巴、蜀、蘇、浙之絲織業亦然。其他之工業類此者尚夥。蓋後世經濟發達之自然程序，由個人之分別手工生產，變為資本家所控制之集體手工生產，乃自然之趨勢。此種工業革命，蓋各國經濟發達過程中所必有之現象，固不論其有無機械之發明也。

3. 幣制

中國之貨幣起源甚早。最古用生於中國南部之貝殼為貨幣，故財貨之字皆從「貝」。蓋以其美觀而又不易得，為人所珍愛，因而用之為交易之媒介也。用貝恐在三代以前，或係得之於南方楚、越民族者。貝字朋字皆象形也。以貝不易得，故有如在殷墟所發現骨製之貝，其後漸有以銅仿製之貝。再進則以銅仿製為刀形為農具形，是為刀幣與錢幣。錢者，戔也，鏟也。蓋先以真刀真錢為交易之媒介，繼乃以銅製為小形以為貨幣焉。初時在原物上加一環以便貫串，後來並其刀與錢皆去之而僅留一環，是為秦漢迄於今代之制錢。

然除銅幣外，亦用金為貨幣。近年曾發現周代贖爰之金，為方形之小塊，上鑄印「爰」字。除此種罰鍰之金外，尚未見周代成形之金幣。蓋黃金不鑄幣亦可用為貨幣也。「秦兼天下，幣為二等。黃金以鎰，名為上幣。」「古時不以白金為幣，專用黃金，而黃金甚多。」黃金方寸重一斤，在漢以黃金一斤為一金。而秦則以一鎰（二十四兩）為一金。《漢書？食貨志》：「黃金一斤值錢萬。」後「又造銀錫白金……故白金三品：其一曰重八兩，圜之，其文龍，名『白撰』，直三千。二曰：以重差小，方之，其文馬，直五百。三曰：復小，橢之，其文龜。」至元鼎四年以民弗寶用乃廢白金。武帝又「以白鹿皮方尺，緣以繢，為皮幣，值四十萬。」是為「法幣」之始。秦時鑄錢，「文曰：半兩，重如其文。……漢興以為秦錢重而難用，更令民鑄莢錢」「自孝文更造四銖錢。元狩元年，四十餘年，從建元以來用

少，縣官往往即多銅山而鑄錢，民亦盜鑄，不可勝數。錢益多而輕，物益少而貴。」輕錢與私鑄之弊於此始見。「王莽居攝，以周錢有子母相權，於是造大錢，徑寸二分，重十二銖，文曰大錢五十。又造契刀、錯刀。契刀……文曰『契刀五百』。錯刀以黃金錯，其文曰一刀直五千。」「莽即真……乃罷錯刀契刀及五銖錢，而更作金銀龜貝錢布之品。名曰寶貨。……徑六分，重一銖，文曰『小錢直一』；次七分三銖曰「麼錢一十」；次八分五銖，曰「幼錢二十」；次九分七銖曰「中錢三十」；次一寸九銖，曰「壯錢四十」。因前『大錢五十』，是為錢貨六品。」於是錢之等第滋多。自董卓壞五銖錢，更為小錢，錢貨乃不行。魏文帝乃「使百姓以穀帛為市賈。至明帝時錢廢。穀用既久，人間巧偽漸多，競濕穀以要利。作薄絹以為市。雖處以嚴刑，而不能禁也。……帝乃更立五銖錢。」至中世紀而尚以物物交換為貿易，實以此時為最。宋廢帝「永光元年，沈慶之啟通私鑄，由是錢貨亂改，一千錢長不盈三寸。大小稱此，謂之鵝眼錢。劣於此者，謂之綖環錢。入水不沉，隨手破碎，市井不復斷數，十萬錢不盈一掬。斗米一萬，商貨不行。」此種惡錢，在北朝與南朝同，亦不能禁斷。故引起政治經濟之紛亂。至今遠處如嶺南諸州「多以鹽米布交易，俱不用錢。」或如河西諸郡，「或用西域金銀之錢，而官不禁」焉。

隋季錢亦濫惡。主有錫錢，甚或「翦鐵鍱裁皮糊紙以為錢，相雜用之。貨賤物貴，以至於亡。」唐代開元屬禁惡錢。「初置錢監，兩京用錢稍善……其後錢又漸惡……天下盜鑄益起……京師權豪歲歲取之……錢法既屢易，物價騰踊……餓死者滿道……貞元二十年，命市井交易，以綾羅絹布雜貨與錢兼用。」憲宗朝「商賈至京師，委錢諸道。進奏院及諸軍諸使富家以輕裝趨四方，合券乃取之，號飛錢。」是為匯票之始。至宋，歲賦始微銀。金製銀每錠重五十兩，值錢萬貫。凡官俸軍需，皆銀錢兼支。宋代錢有銅鐵二等，蔡京又作夾錫錢。自唐天佑以後，兵亂窘乏，以八十五錢為百。宋初輸官者亦以八十為百，然諸州至有以四十八錢為百者。宋真宗時張詠鎮蜀，患蜀人鐵錢重，不便貿易，乃仿唐之飛錢而設「交子」「質劑」之法。一交一緡，以三年為一界而換之。轉運使薛田、張若谷請置益州交子務，以權其出入，私造者禁之。至大觀中不蓄本錢而增造

交子無藝，至引一緡當錢十數。南宋又有「公據」、「關子」、「會子」等，後皆無法「稱提」（收回），終至紊亂幣制以至於亡國。金、元亦蹈其覆轍。明代亦銀錢兼用。清乃廢錢。而至咸豐太平軍興，錢不敷用，乃鑄當十當五十大錢。其後則山西票號以匯票控制全國之金融。而在北平則錢當業者皆複製極草率之錢票，在南方則錢當業者之錢票印刷精良。皆自由印發，不待得官廳之許可。至末年設廠鑄圓形無孔之銀元與銅元，又開設銀行，發行鈔票。幣制乃現代化。然在邊遠之省如四川，尚濫鑄劣幣，影響物價焉。

總觀中國二千年來，自黃金減少，用銅鑄錢，各代管制錢幣，每不得法，以至影響物價與民生，寖致亡國之禍。然以收稅與班祿兼用錢帛，遂使絲織乃為編戶婦女不可或輟之工作，於人民之生產大有影響。又以錢重，流通不易，故幣不易與實物分離，而投機之害不大，社會組織不易崩潰，有如西羅馬末世之狀態。然歷代惡錢惡幣，貽害已足以破壞民間之經濟，而加速各朝之衰亡。皆由於主持幣制不得其道之故。此則為封建以後資本主義所引起之現象也。

4. 稅制

上古時代，政治簡陋，殆無稅制可言。蓋各人皆營其獨立之生活，無抽稅之需要也。唐虞之稅制無聞。夏殷則五十而貢，七十而助。是為受田之齊民供給政府之一部分農產稅，其都市之稅制亦無聞焉。周制稅斂除農民所供給之農產外，按《周官》則有市官掌稅布，「廛人掌斂市絘布、總布、質布、罰布、廛布，而入於泉府。」「肆長斂其總布。」江永曰：「絘布者，市之屋稅。總布者，貨賄之正稅。廛布者，市之地稅也。」《鄭注》：「質布者，質人所罰，犯質劑者之泉也。罰布者，犯市令之泉也。」「泉府掌以市之征布，斂市之不售，貨之滯於民用者，以其賈買之。物楬而書之，以待不時之買者。買者各從其抵，都鄙從其主。國人郊人從其有司，然後予之。凡賒者，祭祀無旬日，喪紀無過三月。凡民之貸者，與其有司辨而授之，以國服為之息。凡國事之財用取具焉。歲終，則會其出入而納其餘。」蓋政府除徵各種稅外，尚代人民買賣其滯貨，且貸之以泉以供其緩急之需，而取其息焉。關市所收之財賦，則以供王之膳服，以「養死政之老與孤」，即養官吏之遺族也。而有餘之財賦則以

待施惠與養老孤等慈善事業焉。此外又有地稅。《周官‧載師》:「凡任地,國宅無徵,園廛二十而一,近郊十一,遠郊二十而三,甸、稍、縣都皆無過十二。惟其漆林之徵,二十而五。」而遊惰之民且有罰。「載師:凡宅不毛者,有里布。凡田不耕者,出屋粟。凡民無職事者,出夫家之征。」則稅斂中且含有教育之意義焉。至春秋之世,各國費用浩繁,故賦稅亦加重。故魯襄公有「二,吾猶不足,如之何其徹也?」之言。魯宣十五年有「稅畝」之制。即除按農產之數量「什一而籍」之外,又以畝為單位,而加收地稅也。哀十二年「用田賦」,是稅畝之外,又有田賦矣。在齊則管子以鹽鐵歸政府專賣。「其言曰:海王之國,謹正鹽筴。……萬乘之國,人數開口千萬也。禺筴之商,日二百萬。……月人三十錢之籍,為錢三千萬……使君施令曰:吾將籍於諸君吾子,則必囂號,今夫給之鹽筴,則百倍歸於上,人無以避此者數也。」「今鐵官之數曰:一女必有一針一刀,若其事立。耕者必有一耒、一耜、一銚,若其事立。……今針之重加一也,三十針一人之籍。刀之重加六,五六三十,五刀一人之籍也。……其餘輕重,皆准此而行。然則舉臂勝事,無不服籍者。」此所謂「官山海」也。鹽鐵專賣,為漢代稅制一大問題,論者盈廷。而鹽稅遂為吾國三千年來不祧之制。而歷代且有礦稅焉。秦則商鞅主張「重關市之賦」,蓋以使「農逸而商勞」之道,因而收「良田不荒」而「草墾」之良果。蓋藉稅制以行其經濟政策者也。

秦始皇統一中國後「內興功作,外攘夷狄,收泰半之賦,發閭左之戍,男子力耕不足糧餉,女子紡績不足衣服,竭天下之資財以奉其政。」可見秦稅之重。漢興高祖輕田租,什五而稅一。景帝則令民半出田租,三十而稅一。又有算賦、口賦、更賦、戶賦、鹽鐵稅、榷酤(酒稅)。迨後則以財用不足,時有苛雜捐賦,如緡錢、市籍租、稿稅、海租,且用均輸平準之制,使政府得操縱貨物而得厚利。故漢代租稅亦極重也。魏武初平袁紹令田每畝輸粟四升,又每戶輸絹二疋,綿二斤。晉武帝又增為絹三疋綿三斤。南北朝賦稅性質、數量皆與此大同小異。歷代皆有苛斂,民不聊生。唐之賦役分為租、庸、調三種。每丁歲輸租粟二石,調則隨鄉土所產,綾絹絁各二丈,布加五分之一,輸綾絹絁者兼調綿三兩,輸布者麻三斤。

亦因襲兩晉南北朝之制。在開國之初授田之制未敝，丁皆有田，故有田即有租，有丁即有庸，有戶即有調，故賦稅極為均平。後因玄宗不為版籍之書，戶口不實，租庸之法敝。楊炎乃以兩稅之法代之。「凡百役之費，一錢之斂，先度其數而賦於人，量出制入。戶無主客，以見居為簿，人無中丁，以貧富為差。不居處而行商者，在所州縣稅三十之一。度所取與居者均，使無饒利。居人之稅，秋夏兩入之，俗有不便者正之。其租庸雜徭悉省，而丁額不廢。……夏稅盡六月，秋稅盡十一月。」是為後世田稅之所本。兩稅法行之日久，流弊復生。賦不增舊而民愈困。此外又有鹽稅、茶稅、酒稅、關稅以及種種苛稅如所謂「屋間架、除陌錢」「青苗錢」「邸店、行鋪、爐冶稅」「交易貲產奴婢之貫率錢」等等，則所謂取之盡錙銖者矣。

宋無土地法，其稅制田稅與丁稅本於唐之兩稅法。而田賦又分公田之賦與民田之賦。以戶口不實，故租稅至不均勻。雖屢有均稅之計劃皆未能實行。此外又有城郭之賦即宅稅地稅，與雜變之賦如牛革鹽蠶之賦。金元皆同。而官賣品則有鹽、茶、酒、香、礬五品。元則官賣鹽、茶、酒、醋四品。宋後徵商，則性近於苛雜。而國外貿易有稅，坑冶有稅，牙契有稅。遼、金、元亦因之。苛稅之多代不絕書焉。「明初因賦定役，丁夫出於田畝。迨黃冊成而役出於丁。凡役三等，曰甲里，曰均徭，曰雜派。其間累經更制，有銀差、力差、十段錦一條鞭之法。厥後工役繁興，加派無藝，編審輕重無法。里甲之弊，遂與有明一代相終始。」蓋賦役擾民亦與前代同。清初「革里甲加派諸弊。賦役之法，載在全書。悉沿萬曆條鞭舊制。……凡丁賦均合徭里甲言之，曰徭里銀。凡徵丁賦，有分三等九則者，有分一條鞭者，有丁隨丁起者，有丁隨地派者。率因其地之舊，不必盡同……」於是雍正間以次攤入地糧為均徭銀。自丁歸地糧，乾隆五年，遂並停編審，以保甲丁額報造。」蓋完全用一條鞭之法，而成為單稅制。擾民之弊幾以盡革。然黃冊既不編審，遂產生有田無糧，有糧無田各種流弊。使胥吏得以上下其手。且各省賦之輕重不一，尤不均平。如江蘇本因明太祖懲吳人之為張士誠守而加重賦，至清亦未聞核減。而四川在清初以遭闖獻之亂而減賦，後亦不聞更增。因循苟且之政，遺害大矣。又以永不加賦，國用不足，而開捐納之途，遂使仕途混雜，學

校冒濫。至太平軍興，用度不足，乃徵釐金。病商病國，莫此為甚。清季工業不發達，使洋貨居巨額之漏卮，皆釐金惡稅有以致之也。又以養廉不足，增收耗羨，是不當增加正稅，徒以養成貪風，貽譏外人，則尤稅制之弊。而合理之直接稅如所得稅遺產稅者，則無聞焉。斯乃二千年來稅制之缺陷直至今日尚未補正者也。

　　總而論之，中國之政治經濟，以秦為樞紐而劃分為封建與郡縣兩大時期。在前期中華民族之所以能摶合形成，與文化所以能發達者，蓋食封建之賜。迨時移勢易，封建政制不能維持，封建經濟不得不有轉變，則大一統之中央集權政制肇興，而經濟亦由自由兼併之風，而發達至大地主與工商業之資本主義，而工礦業且有如近世工業革命後之形式者矣。故謂中國至今日尚有封建主義者，妄也。謂中國之文化為農業文化者，亦妄也。無論其為良或否，中華民族二千年來，其政治經濟社會，皆受秦漢以來郡縣制度之影響，至幾於無法改革之。封建制度之優點，亦已消失罄盡。至今日則一般民眾，無論貧富，皆習於極端自由之政治經濟制度，故統制經濟，與計劃經濟在中國一時皆難於實行。與德俄日等國之脫離封建制度極晚者，有霄壤之別焉。同時人民習於宗法社會之鄉村自治，視政治為不能幸免之惡制，對之僅有消極之忍受與抵抗，而不欲為積極之參加。所希望者為幸而賢者在位，內亂不生，戰禍不作，則可得若干年之喘息機會，於是於顛沛流離之環境中，重建一度之繁榮。從不知群策群力以共建一良好之政制。同時亦不信統治階級有徹底改革政制之決心與能力。此種苟安之心理，至今日猶普遍存在。蓋二千年來人民所身受之痛苦使之不能不形成此種之觀念。故欲為深切之改革，不啻移山之難，而有賴於普及教育與良好之政治領導也。〔註1887〕

冬，胡先驌撰《傅徽第墓誌銘》。

　　傅徽第與《文山報》社編輯友善，該報刊發加有編者按：「傅君徽第、少年英俊、勤學敬事、為僑輩冠。與本社同人、交誼甚篤，不幸遇敵殉職、良用悲悼。茲特刊其墓誌之銘，亦以略表哀意而已。」此正文與所見局部拓片照片對照，文字稍有出入，當以拓片為準，

〔註1887〕《胡先驌全集》（初稿）第十五卷人文科學文章，第453～471頁。

下為余校對後文本：

　　君姓傅氏，諱徵第、字楫舟，江西高安縣人，心泉先生之三子也。性敏慧，幼失怙，太夫人賈親課以四子書、毛詩，輒欣然神會、旋入育才小學、縣立中學、轉省立第二中學，次第以高第卒業。民國二十三年入上海醫學院，繼轉學國立北平大學農學院，攻農業化學、受農學士學位。任職湖北省農業改進所，繼而奉調中央地質調查所，習土壤學。二十九年、奉令隨侯光炯先生返江西省地質調查所，調查本省土壤，成績優異，理土壤組主任事。所撰著研究論文及調查報告，積數十萬言，為學術界所推重。卅四年一月，泰和各機關奉令疏散，地質調查調查所遷興國。君以其所研究之地區在泰和，且所中大部分圖書儀器，以經費支絀，無法遷移，遂留守永昌鄉小塘洲原址。其時寇氛正逼、流民嘯聚，勢極危殆，君堅守不去；且挺身斥責散匪，所中器物，賴以保全，政府特嘉獎之。七月，日寇沿贛江北竄，君猶困守小塘洲，僚友及鄰人均勸其暫避，君以職責所在不顧也。寇且至，僚友堅促其行，始輕裝入山，不幸與寇遇，以不屈殉難，嗚呼烈矣！地質調查所曩在丁文江、翁文灝兩先生領導之下、英才輩出、皆能攀荊棘、登巉絕、不憚艱困、以完成巨業，故成績燦然、蜚聲海內外。旋以出入邊遠荒區，遭匪患或危疾，以身殉學如趙亞曾、劉輝泗諸先生者，亦數有其人；而君之抗敵殉國，則壯烈遠邁先輩矣。丁喪亂之世，學人抱冥心孤往之死靡他之志，以從事學問，固學人之本色；然在國家則為莫贖之損失也。今所中僚友彙議為君料理身後，呈請政府褒揚入祀忠烈祠，公葬於南昌青雲譜，立殉難碑，造紀念林，於永久所址建紀念坊，築紀念館，編輯其遺稿，匯印紀念特刊，求以慰君在天之靈；亦以君平素謙沖惇篤，孜孜學問，以感人特深也。君生於民國元年壬子九月二十九日，歿於三十四年乙酉六月十七日，春秋三十有四。君兄銘弟痛君之早逝，煢煢孤哀；女復稚弱，未能述先德，乃示君之事略，且告以葬期，而乞銘墓，乃為之銘曰：

　　岳岳傅君，鄉邑之英。幼承母訓，長篤師承。勵志潛修，有為有守。幼學覃思，冠倫超偶。寇軍北竄，形勢蒼黃。效死弗去，獨具剛腸。不忘喪元，不屈非義。以身殉學，多士隕涕。銘阡表賢，封墓妥靈。名垂青史，百禩流馨。

關於傅徵第壯烈犧牲，1946年出版之《地質評論》第一期載有「江西省地質調查所近況」消息，當亦出自所長夏湘蓉之手，其中第一段記述傅徵第最後情形，比墓誌銘稍為詳細，亦不可多得之史料，錄之於此：江西省地質調查所於民國二十七年遷設泰和小塘洲後，即積極展開工作，經過雖然艱苦，但環境尚稱安定。迄三十三年夏，日軍發動湘桂戰爭，贛西亦經一度侵擾，其時該所奉令疏散，於八月間先將重要圖書儀器，分裝卡車兩輛，疏散興國保存。三十四年一月，敵人自湘東進窺贛南，局勢急轉，泰和秩序混亂，以致次要圖書儀器，無法覓得車輛，未克搬運，乃由該所土壤組主任傅徵弟率同一部分同仁留守，該所本部則疏散至興國辦公，同人暨眷屬均係步行，時歲暮天寒，風雪載途，備極幸苦。迨抗戰勝利前夕，盤踞贛南敵沿江北竄，留守泰和人員，於敵人抵達時始往離小塘洲十五里處之山崗村暫避，冀於敵人撤退時得趕速返所，不料敵人赴山搜索，傅君未及迴避，被拘不屈殉職。時三十四年七月二十五日，距日本宣布投降之期僅兩周耳。至於泰和小塘洲所址，為敵軍馬隊駐紮，所存未克搬運之圖書儀器及家具，略有損失。

在日寇投降後數日，近代著名女詞人呂小薇在銀坑驚聞傅徵弟在泰和殉難，即賦《金縷曲》一首悼念。錄之如下：

避難千官走，剩荒村、淒涼文物，書生殉守。落日平蕪思往事，亂世人間難狗。歎溝壑、吾民慣受！忍辱偷生何等事，想刀叢怒目嗔餘醜。留碧血、映牛斗。

論交雁序澄江右，記城郊、春秋佳日，往來杯酒。弱姊心傷誰慰藉？白髮倚門望久，頻入夢、遊魂知否？爭信人間有此別，痛河清不見斯人壽！遙奠處、淚盈袖。〔註1888〕

是年，俞德濬任農林植物所副所長，直至1947年秋因赴英國進修離任。〔註1889〕

〔註1888〕胡宗剛著《胡先驌作〈烈士傅君徵弟墓誌銘〉》，公眾號註冊名稱「近世植物學史」，2022年06月02日。
〔註1889〕中國科學院昆明植物研究所編委會編《中國科學院昆明植物研究所簡史（1938～2008）》，2008年10月版，第3頁。

國立中正大學望城崗校址：

国立中正大学（新建县望城岗旧址1945-1949）

國立中正大學望城崗舊址

南昌大学校门及办公楼（1950-1953）

南昌大學

　　是年，雲南省煙草改進所所長徐天國驅定停辦昆明長坡煙草試驗場，雲南省政府企業局委託農林植物所簽訂進行煙草品種栽培研究試驗與調查工作，簽訂《特約煙草育種及研究試驗合約》。〔註 1890〕

　　是年，雲南農林植物研究所對 15 個烤煙品種進行栽培試驗。

　　　　試驗用的煙草種子有雲南省政府從「Cokirs Pedigrad Seed Co.」引進的種子，也有陳煥鏞、王啟無等留美友人寄來美國費吉尼亞烤煙種子「大金元」（Mammoth-Goia）品種的種子。試驗由俞德濬、鄒家才負責，4 月 6 日開始播種，進行美煙五號（Mammoth Gold，即『大金元』）等 15 個烤煙品種的栽培試驗，進行煙草浸種發芽、苗床覆槁、播種時期、定植時期、肥料配合、株行距、摘心時期、病害防除、蟲害防除等試驗，並從形態、產量和品質方面對十五個品種作了比較。試驗地面積有 20 畝。〔註 1891〕

　　編年詩：《據亂》《河洛師潰志痛》《夜讀文信國公指南錄暨指南後錄敬題一律》《擷華蓮舫見訪漫成長句》《蒿目》《題胡獻雅秋荷橫幅》《不寐望月有作》《建學》《和萬卓觀歲暮書懷韻》《讀天寶遺事有感》《書平蠻三將題名後，即以美鄭洞國師長》《題賀揚靈龍田泣慕記》《出塞曲・為知識青年從軍運動作》（五首）《九月十八日作》《On Metasequoia》。

〔註 1890〕 中國科學院昆明植物研究所編委會編《中國科學院昆明植物研究所簡史（1938～2008）》，2008 年 10 月版，第 3 頁。

〔註 1891〕 中國科學院昆明植物研究所編委會編《中國科學院昆明植物研究所簡史（1938～2008）》，2008 年 10 月版，第 3～4 頁。